KONFERENZ ZUR SCHÖNHEIT UND
LEBENSFÄHIGKEIT DER STADT

BAND 7

Die Architektur der Stadt und ihre Fassaden

DEUTSCHES INSTITUT
FÜR STADTBAUKUNST

CHRISTOPH MÄCKLER /
WOLFGANG SONNE (HG.)

8	**Vorwort** Christoph Mäckler, Wolfgang Sonne
10	**Grußwort** Christoph Mäckler
16	**Grußwort** Ullrich Sierau
20	**Grußwort** Gunther Adler
24	**Einführung** Barbara Ettinger-Brinckmann
30	**Thesen** Wolfgang Sonne, Arnold Bartetzky
38	**Die Fassade als Bestandteil des städtischen Raumes. Museumsinsel versus Kulturforum** Peter Stephan
78	**Porosität** Sophie Wolfrum
86	**FASSADEN IN LÜBECK**
88	**Vortrag 1** Franz-Peter Boden
104	**Vortrag 2** Jost Haberland
108	**Vortrag 3** Anne Hangebruch
112	**Vortrag 4** Samuel Lundberg
114	**Vortrag 5** Christoph Ingenhoven
120	**Vortrag 6** Helmut Riemann
124	**Diskussion**
	Moderation Arnold Bartetzky
	Peter Berner, Franz-Peter Boden, Dankwart Guratzsch, Anne Hangebruch, Helmut Holzapfel, Christoph Ingenhoven, Petra Kahlfeldt, Rob Krier, Christoph Mäckler, Michael Mönninger, Franz Pesch, Jan Pieper, Helmut Riemann, Christoph Sattler, Boris Schade-Bünsow, Ingo Siegmund, Wolfgang Sonne, Hans Stimmann, Thomas Will, Gerwin Zohlen
144	**FASSADEN IN HAMBURG, LEIPZIG UND DÜSSELDORF**
146	**Vortrag 1** Matthias Sauerbruch
154	**Vortrag 2** Ansgar Schulz
158	**Vortrag 3** Johannes Kister
160	**Diskussion**
	Moderation Arnold Bartetzky
	Ludger Brands, Klaus Theo Brenner, Jörn Düwel, Peter Fassl, Helmut Holzapfel, Christoph Ingenhoven, Johannes Kister, Christoph Mäckler, Michael Mönninger, Matthias Sauerbruch, Boris Schade-Bünsow, Klaus Schäfer, Ansgar Schulz, Wolfgang Sonne, Michael Stojan, Andrea Krupski von Mansberg, Thomas Will, Gerwin Zohlen

178	**FASSADEN IN MÜNCHEN**
180	**Vortrag 1** Christoph Sattler
184	**Vortrag 2** Johannes Kuehn
192	**Vortrag 3** Ludwig Wappner
200	**Diskussion**
	Moderation Arnold Bartetzky
	Wolfgang Dunkelau, Johannes Kuehn, Christoph Mäckler, Christoph Sattler, Klaus Schäfer, Wolfgang Sonne, Ludwig Wappner
208	**FASSADEN IN BERLIN UND BONN**
210	**Vortrag 1** Jan Kleihues
216	**Vortrag 2** Uwe Schröder
222	**Vortrag 3** Tobias Nöfer
232	**Vortrag 4** Petra Kahlfeldt
240	**Diskussion**
	Moderation Arnold Bartetzky
	Andreas Denk, Jörn Düwel, Dankwart Guratzsch, Helmut Holzapfel, Petra Kahlfeldt, Christoph Mäckler, Michael Mönninger, Tobias Nöfer, Franz Pesch, Jan Pieper, Boris Schade-Bünsow, Wolfgang Sonne, Peter Stephan, Jürg Sulzer, Ludwig Wappner, Gerwin Zohlen
254	**FASSADEN IN FRANKFURT AM MAIN**
256	**Vortrag 1** Volker Staab
262	**Vortrag 2** Wouter Suselbeek
268	**Vortrag 3** Stefan Forster
274	**Vortrag 4** Meinrad Morger
280	**Vortrag 5** Till Schneider
290	**Diskussion**
	Moderation Arnold Bartetzky
	Rob Krier, Meinrad Morger, Jörn Walter, Thomas Will
294	**Resümee** Wolfgang Sonne, Christoph Mäckler
296	**Impressionen**
302	**Kurzbiografien**
310	**Danksagungen**

Vorwort

Stadtarchitektur – obwohl die häufigste Bauaufgabe – ist zwischen die Mühlsteine geraten: Stadtplanern fehlen von ihrer Ausbildung her oftmals Grundkenntnisse der Architektur; Architekten übersehen gerne die gesellschaftlichen Anforderungen an Stadthäuser und entwerfen originelle Solitäre. Stadtarchitektur hat viele Aspekte: Es geht um Haustypen, die am Straßenrand den öffentlichen Stadtraum bilden können und eine urbane Nutzung des Erdgeschosses ermöglichen. Es geht um Grundrisstypen, die nicht auf eine Funktion oder eine soziale Schicht festgeschrieben sind, sondern vielfältig und langfristig nutz- und umnutzbar sind. Es geht um Konstruktionsweisen, die haltbar und im baulichen Verbund der Stadt anschlussfähig sind. Und es geht ganz zentral um Fassaden, mit denen die meist privaten Stadthäuser den öffentlichen Stadtraum bilden.

Stadtarchitektur verlangt als eine der wichtigsten baulichen Herausforderungen den von Architekten in den vergangenen Jahrzehnten verachteten Entwurf der Fassade, denn durch sie entsteht baulich das, was gesellschaftlich die Stadt ausmacht: die Grenze zwischen öffentlichem und privatem Leben.

Die Fassade der Straße gestaltet den öffentlichen Raum, einen der wesentlichen Bestandteile für die Erfolgsgeschichte der europäischen Stadt. Fassadengestaltung ist deshalb kein subjektives und privates Luxusvergnügen, sondern eine gesellschaftlich notwendige und öffentliche Angelegenheit, der sich alle Entwerfer stellen müssen! Dabei stellen sich elementare Fragen: Welche Materialien sind grundsätzlich in der Lage, einen Straßen- oder Platzraum zu definieren? Was ist das angemessene Verhältnis von Öffnung und Schließung in der Fassade, um die doppelte Funktion des Stadthauses zum Ausdruck zu bringen: dem privaten Raum Schutz zu bieten und ihn zugleich mit dem öffentlichen Raum kommunizieren zu lassen? Wie verhalten sich neue Fassaden zu den bestehenden Fassaden ihres Umfelds, ergänzen sie diese oder setzen sie ihnen bewusst etwas entgegen?

Wie viel Ornament und Detailgenauigkeit braucht die Fassade, damit das private Haus zum Schmuck der Stadt und zur öffentlichen Wertschätzung beiträgt?

Um diese Fragen zu erörtern, haben wir die Konferenz einer speziellen Versuchsanordnung unterworfen: Jeder Architekt und jede Architektin sollte zwei eigene Fassaden, von denen eine von uns bestimmt und die andere frei wählbar war, unter den drei folgenden Gesichtspunkten vorstellen:

1. Der Charakter der städtischen Fassade
Wie trägt die Fassade zur Urbanität des öffentlichen Raums bei? Mit welchem Material schafft sie Raum, ist dieses Material alterungsfähig? In welchem Verhältnis stehen Wand und Öffnungen, wie wird dadurch die Kommunikation zwischen privatem Haus und öffentlichem Raum geformt?

2. Das Erdgeschoss und der Hauseingang
Was geschieht im Erdgeschoss aus Sicht der Passanten? Mit welchen Materialien und Formen wendet sich das Haus an Bewohner und Passanten? Wie kommuniziert das Haus im Erdgeschoss mit der Öffentlichkeit? Wie formuliert der Eingang den Übergang zwischen Öffentlichkeit und Privatheit?

3. Das Detail in der Fassade
Wie feingliedrig und präzise ist die Oberfläche des Hauses gestaltet? Welches Ornament bietet die Fassade zum Vergnügen des Betrachters und zum Schmuck der Stadt? Was erzählt das Haus im öffentlichen Raum?

Die Konferenz hat gezeigt, dass anstelle weitläufiger ideologischer Diskussionen, wie sie die Architekturdebatte die vergangenen 60 Jahre bestimmt haben, dieses Besprechen der konkreten Wirkungen der Architektur weitaus fruchtbarer war – und dass selbst unterschiedlichste architektonische Haltungen darüber ins Gespräch finden konnten. Doch lesen und entscheiden Sie selbst!

Unser herzlicher Dank gilt allen, die uns bei der Durchführung der Konferenz und der Entstehung dieses Bandes unterstützt und geholfen haben: allen Mitarbeiterinnen und Mitarbeitern des Instituts, allen Referenten, Gästen und Beratern sowie allen finanziellen Unterstützern.

Dortmund, im Dezember 2016
Die Herausgeber

Grußwort
Christoph Mäckler

Ich wünsche Ihnen allen einen guten Morgen. Wolfgang Sonne und ich begrüßen Sie sehr herzlich zur siebten *Konferenz zur Schönheit und Lebensfähigkeit der Stadt* mit dem Titel *Die Architektur der Stadt*. Bisher haben wir uns mit Planungen auseinandergesetzt, dieses Mal mit Architektur, entsprechend unserer *Kölner Erklärung*, die zur Grundlage hat, dass erst Planung und Architektur zusammen Städtebau ergeben.

Die Veranstaltung steht unter der Schirmherrschaft der Präsidentin des Deutschen Städtetages. Darüber sind wir sehr glücklich. Wir freuen uns auch, Herrn Staatssekretär Gunther Adler und den Oberbürgermeister der Stadt Dortmund Ulrich Sierau unter uns zu wissen.

Wir freuen uns ganz besonders, dass Bausenator Franz-Peter Boden aus Lübeck zu uns gekommen ist. Sein Fassadenwettbewerb zum Gründungsviertel in Lübeck ist Teil unserer heutigen Veranstaltung. Es ist außergewöhnlich, dass ein Planer etwas macht, was für Architekten heute noch immer schwierig ist: einen Fassadenwettbewerb. Bei diesem Wettbewerb sind Ergebnisse herausgekommen, die durchweg von einer jüngeren Generation gezeichnet wurden.

Wir freuen uns über alle Architekten, Kunsthistoriker, Kritiker, Dezernenten, Journalisten, und schätzen uns glücklich, dass auch die Bauherrenschaft vertreten ist. Alle sind sie hier, um mit uns gemeinsam zu diskutieren. Wir freuen uns, dass Sie zu uns kommen und die Veranstaltung damit bereichern.

Wir danken auch allen Kooperationspartnern, allen voran Barbara Ettinger-Brinckmann und der Bundesarchitektenkammer.

Wir freuen uns über unsere Kooperationspartner: die Architektenkammern aus Nordrhein-Westfalen, Hessen und Schleswig-Holstein. Interessant sind übrigens die Namen dieser Architektenkammern: Die eine heißt Architektenkammer, die andere

[1] Eckbebauung der Sechzigerjahre

[2] Nutzlose Restflächen einer Eckbebauung

Architekten- und Stadtplanerkammer und die dritte nennt sich Architekten- und Ingenieurkammer. Alle Namen stehen eigentlich für nur einen Berufsstand.

Wir freuen uns als Kooperationspartner den BDA Nordrhein-Westfalen unter uns zu haben, den BDLA, die DASL und das Architektur Centrum Hamburg. Dafür sind wir sehr dankbar.

Wir haben auch viele Förderer: Die TU Dortmund, die Gesellschaft der Freunde der TU Dortmund und Architektenkammer Nordrhein-Westfalen und Hessen unterstützen uns dankenswerterweise. Und wir werden von Sponsoren aus der Industrie und von Handwerksbetrieben unterstützt.

[3] Die Hochparterreterrasse als Teil des Straßenraumes

Ich möchte die Veranstaltung anhand einiger Abbildungen einführen. Jeden Morgen, wenn ich meine Kinder in die Schule fahre, halte ich an einer furchtbar hässlichen Straße. Dazu habe ich Bilder mitgebracht, um Ihnen zu zeigen, über was wir heute diskutieren wollen: Wir Architekten müssen mit unseren Gebäuden den städtischen Raum formen, statt solitäre Einzelbauten ohne Bezug zum Ort zu gestalten.

Ich zeige Ihnen hier eine typische offene Ecke. [1] Wenn man sieht, wie das Haus die Straßenecke besetzt, wird einem klar, dass das so nicht richtig gut sein kann, nicht zuletzt, weil ungeordnete, ungestaltete Restflächen bleiben. [2] Vergleichbare Situationen finden Sie in unseren Städten überall. Dabei geht es nicht um die Architektur des Hauses. Sie finden hervorragende Häuser aus den Sechzigerjahren. Es geht darum, dass dieses Haus den städtischen Raum an dieser Straßenecke nicht formt, sondern als solitärer Siedlungsbau nur der Flucht einer der beiden aufeinanderstoßenden Straßen folgt. Statt einer dreieckigen Hausform, wurde eine rechteckige gewählt.

Auf dem nächsten Bild ist zu sehen, wie man über die Anhebung des Erdgeschosses im Hochparterre auf einer Terrasse ohne Störung am Straßenleben teilnehmen kann. [3] Das Hochparterre ist für das städtische Wohnhaus unverzichtbar, um ein ungestörtes Leben im Erdgeschoss zu ermöglichen.

Auf der nächsten Abbildung sehen Sie auf der linken Seite im Vordergrund Fassaden, die sich mit großen Fenstern, Balkon und Eingang zur Straße hinwenden und dahinter ein Haus, dass der Stadt den *Rücken* zuwendet. [4] Damit wird die Architektur des Straßenraumes an dieser Stelle erheblich beeinträchtigt. Das Haus zerstört den öffentlichen Raum, es nimmt nicht am Leben der Straße teil.

[4] Abweisende und in den Stadtraum hinein kommunizierende Fassaden

Dieser Eingang ist fast schön. [5] Er ist, trotz Tür und Briefkasten, akzeptabel, weil dort ein Baum gepflanzt wurde, der den gestaltlosen Hauseingang markiert und ihn räumlich fasst.

Ich möchte Ihnen noch einen weiteren Eingang zeigen. [6] Er ist mit dem Vordach durchaus aufwendig gemacht, versucht damit einen einladenden Gestus zu entwickeln und ist doch durch das Spiegelglas völlig abweisend. Die gesamte Fassade verschließt sich der Straße, weil sie aus verspiegeltem Glas besteht, und auch hier steht das Haus wie im ersten Beispiel nicht an der Straße, sondern wird durch einen hilflosen Restgrünstreifen von dieser getrennt. Das sind Fassaden, das ist Architektur, die den städtischen Raum, den Lebensraum, in dem wir alle leben, zerstören.

[5] Einladender Eingang

[6] Abweisende Wirkung und Trennung vom öffentlichen Raum durch Spiegelglas und Restgrünstreifen

[7] Eckhaus der Neunzigerjahre in Frankfurt

Auf den nächsten beiden Fotos sind zwei Eckhäuser zu sehen. [7, 8] Das eine ist ein wunderschönes Eckhaus aus den Fünfzigerjahren in Dortmund, das sich mit seiner Fassade dem städtischen Raum zuwendet, und das andere ist ein Eckhaus, das tatsächlich gar kein Eckhaus ist. Schauen Sie, was es dort alles gibt: Garagen, Mülltonnen, Betonmauern und undefinierbare Kästen, die das Haus von der Straße trennen. In der Fassade darüber aber sind keinerlei Fenster, die die Wohnungen in den städtischen Raum hineinentwickeln würden. Ein Buch über das Eckhaus, das unser Institut herausgegeben hat, wird schon bald in der dritten Auflage erscheinen. Die Nachfrage ist deshalb so groß, weil wir Architekten nicht gelernt haben, wie die Organisation des Grundrisses dieses Haustyps funktioniert.

[8] Eckhaus der Fünfzigerjahre in Dortmund

[9] Straße in Frankfurt

[10] Straße in Bremen

Wenn wir Architekten uns nicht um Städtebau kümmern, dann sieht eine Straße aus wie in diesem Neubaugebiet in Frankfurt. [9] Die Architektur scheint sehr aufwendig gemacht zu sein. Dann jedoch finden wir Wellblechkisten und Mülltonnenboxen, die den gesamten Straßenraum verunstalten. Wollen wir lieber in einer solchen Straße oder in dieser Bremer Straße leben? [10] In beiden Fällen handelt es sich um eine zweigeschossige Bebauung einzelner Häuser. Auch Investoren und Entwickler werden sich fragen müssen, welche Variante besser zu vermarkten ist.

Nun möchte ich auf das zentrale Thema dieser Konferenz kommen: die Fassade. In einem Artikel in der *Bauwelt* hieß es über den Fassadenwettbewerb zum Lübecker Gründungsviertel, dass es sich um ein *Kostümfest* handele. Lieber Herr Bausenator Boden, Sie haben eine klare Vorgabe gegeben, wie die Häuser des Gründungsviertels gestaltet sein sollen, um dem öffentlichen Raum an dieser Stelle den Charakter der Lübecker Stadtstraße zu geben. Dabei ging es nicht um Kostümierung, sondern darum, einem bestimmten Lübecker Haustyp zu folgen, um die Architektur eines Lübecker Straßenraumes entwickeln zu können.

Wenn wir auf dieser Konferenz über Fassaden reden, so sprechen wir nicht über Stil. Wir reden über die Gestaltung der Fassade und ihre Anmutung. Wir reden über den städtebaulichen Impetus der Fassade. Wir reden darüber, wie die Fassade in den städtischen Raum hineinwirkt. Wir reden darüber, wie der Eingang und die Sockelzone des Hauses sich zur Straße hin öffnen oder schließen. Und wir reden über das Detail in der Fassade.

Über diese Probleme wollen wir heute mit Ihnen sprechen und wir sind sehr auf die Diskussionen gespannt. Haben Sie vielen Dank für Ihr Kommen.

Grußwort
Ullrich Sierau

Sehr geehrte Frau Prof. Gather,
sehr geehrte Frau Ettinger-Brinckmann,
sehr geehrte Damen und Herren,

was macht ein Dortmunder in Düsseldorf und dann auch noch zum Thema *Schönheit der Städte*? Nun, Dortmund ist eine Stadt voller Dynamik, eine Stadt in Bewegung, die den Strukturwandel meistert und in der täglich etwas Neues passiert. Wir sind eine Stadt des Mittelstandes, ein Technologie- und Finanzstandort, mit einer anspruchsvollen Forschungs- und Hochschullandschaft. Die Wissenschaft ist der eigentliche Motor bei uns. Dortmund hat sich innerhalb von 30 Jahren zu einer der führenden Forschungs- und Technologiemetropolen entwickelt. Aber der Strukturwandel ist auch eine besondere Herausforderung.

Städte liegen mir am Herzen, nicht nur wegen meiner beruflichen Ausbildung zum Stadtplaner. In Dortmund haben wir in den vergangenen Jahren einige Themen fachlich entwickelt, die eine gewisse Aufmerksamkeit erlangt haben. Diese Themen, beeinflusst von den Rahmenbedingungen des wirtschaftlichen Strukturwandels und der sozialen und kulturellen Entwicklung, von denen jede Stadt in Mitteleuropa erfasst wird, geben Anregungen, was im Bereich der Stadterneuerung und der Quartiersentwicklung in den kommenden Jahren zu tun ist.

Eines vorweg: Wir leben im Zeitalter der Vielfalt. Diese Vielfalt gilt es zu pflegen, sodass sie Einheit und Zusammenleben ermöglicht. Vielfalt darf nicht dazu führen, dass der gesellschaftliche Lebenszusammenhalt auseinanderfällt. Vielfalt muss so organisiert sein, dass sie handhabbar ist. Vielfalt organisiert sich in Milieus, dem müssen die Städte Spielräume geben. Das macht die Stärke der Städte aus und das ist die Überlebensformel für die nächsten Jahrzehnte.

Die Mitwirkungskultur ist eine der wichtigsten Ressourcen der Stadt. Wir brauchen Mutbürger statt Wutbürger. Durch die verbesserte Einbeziehung der Bürgerinnen und Bürger, der lokalen Politik und der vielen anderen Partner aus Verbänden, Unternehmen, Institutionen etc. gelingt es, gemeinsam Grundlagen für eine zukunftsweisende Stadtentwicklung zu erarbeiten. Dafür benötigen wir eine ausgeprägte Planungskultur mit neuen Instrumenten der räumlichen Planung – Masterpläne, Integrierte Stadtbezirksentwicklungskonzepte – sowie neue Formen der Bürgerbeteiligung, die konsequent fortgesetzt werden und eine Weiterentwicklung erfahren. Ein umfassender und auf Partizipationsprozesse setzender Planungsansatz erbringt hervorragende Ergebnisse.

Masterpläne haben sich als ein sehr hilfreiches Instrument in der Planung erwiesen. Sie dienen als Instrument zur Information, Kommunikation, Diskussion, Koordination, Integration, Reflexion und nicht zuletzt Innovation. Sie sind prozessorientiert und beziehen alle relevanten Akteure mit ein. In ihnen werden die Aktivitäten öffentlicher und privater Akteure gebündelt und koordiniert. Masterpläne zeigen Leitbilder für die künftige Entwicklung der Stadt auf und definieren Zielsetzungen und Instrumente zur Erreichung. In Dortmund gibt es bereits Masterpläne zu den Themen Wohnen, Mobilität, Umwelt, Einzelhandel, Wirtschaftsflächen, Integration, Energiewende und Wissenschaft.

Ein weiteres wichtiges Planungsinstrument bilden die Integrierten Stadtbezirksentwicklungskonzepte. Hierbei handelt es sich um stadtbezirksbezogene, integrierte Masterpläne. Sie zeigen die Leitlinien für die mittelfristige Entwicklung, also die nächsten 10 bis 15 Jahre, auf. Hierfür werden die räumlichen Entwicklungsbereiche flächengenau analysiert und Entwicklungsziele definiert. Die Integrierten Stadtbezirksentwicklungskonzepte wurden in Dortmund für alle 12 Stadtbezirke entwickelt.

Flankierend gilt es, verschiedene Konsultationskreise und Foren zu etablieren, um die fachliche Diskussion über Architektur und Städtebau zu fördern. Städtebauliche Wettbewerbe und Workshops tragen zur Entwicklung optimaler Lösungen für verschiedene stadtplanerische Aufgaben bei.

Eine verantwortliche Stadtpolitik muss einen Rahmen setzen, der stadtverträglich ist. Damit meine ich: Sie muss regulieren, denn die Probleme, die wir heute haben, sind durch Deregulierung entstanden. Aber: Die Regeln müssen durch Partizipation zustande kommen, nicht durch Bevormundung oder Verbote. Wir sind dazu verpflichtet, inhaltliche Diskussionen auf verschiedenen Ebenen zu führen. Die Stadtrepublik in der Toskana im Mittelalter ist dafür ein Vorbild. Es gibt in Städten die Bereiche, die alleine *laufen* und die, um die man sich kümmern muss. Hier gilt es, eine Stadtteilgerechtigkeit zu schaffen. Der Staat hat die Verantwortung, für einen Ausgleich zwischen Starken und Schwachen, zwischen innerstädtischen und Stadtrandgebieten, zwischen Bürgerinnen, Bürgern, Investoren und der Politik zu sorgen.

Ein Beispiel: der Zukunftsstandort PHOENIX in Dortmund-Hörde: Im Rahmen dieses Projektes wurde auf dem Gelände zweier ehemaliger Stahlwerke ein Standort für Wohnen und Arbeiten sowie Erholung, Freizeit und Kultur entwickelt. Das Projekt ist durch die Landesregierung NRW als Zukunftsstandort anerkannt und wurde im Rahmen der Großprojektförderung durch die EU gefördert. Insgesamt hat das Areal eine Fläche von 200 Hektar. Auf der 110 Hektar umfassenden Fläche des ehemaligen Hochofenwerks PHOENIX-West wurde im Rahmen der Reaktivierung ein multifunktionaler Standort entwickelt. Hier werden Unternehmen aus den Bereichen Mikrosystemtechnik, Informationstechnologie sowie Freizeit- und Kulturwirtschaft angesiedelt. Neben der Ansiedlung von Unternehmen wird auf diesem Standort großzügig Landschaft zurückgewonnen.

Den anderen Teil des gesamten Großprojekts bildet der PHOENIX-See. Die 96 Hektar umfassende Fläche wurde für Büro- und Dienstleistungsbetriebe, Hotel- und Gastronomiebetriebe, freizeitorientierte Nutzungen, Natur und Umwelt, und nicht zuletzt für attraktives Wohnen am Wasser rund um den See entwickelt. Mit dem PHOENIX-See verfügt Dortmund schon heute über ein städtebauliches Alleinstellungsmerkmal mit enormer überregionaler Anziehungs- und Strahlkraft. Nach Fertigstellung des gesamten Areals wird der PHOENIX-See zusammen mit dem Technologiestandort PHOENIX-West als Synonym für einen erfolgreichen Strukturwandel in Dortmund und der Region stehen.

1990 habe ich als Leiter des Referates ›Grundsatzfragen der Stadtentwicklung und des Städtebaus, Entwicklungsmaßnahmen‹ im Ministerium für Stadtentwicklung, Wohnen und Verkehr des Landes Nordrhein-Westfalen ein Grundsatzpapier geschrieben. Darin habe ich die Qualität des Stadtbildes und dessen Bedeutung für die Zukunft der Städte unter dem Motto *Die schöne Stadt* thematisiert. Damals haben alle gelacht, über Stadtbaukunst, die Schönheit und Lebensfähigkeit wurde zumindest in der Metropole Ruhr noch nicht diskutiert. Es ist aber ein Paradigmenpapier gewesen und ist heute ein zentrales Thema. Ähnlich war es beim Dortmunder PHOENIX-See. In der örtlichen und politischen Öffentlichkeit wurde das Projekt zunächst ungläubig als eine der üblichen luftigen Ankündigungen bewertet. Dabei hatten wir rechtzeitig politisch informiert. Als sich die Dimension und Ernsthaftigkeit offenbarte, wurden zunächst die technischen, ordnungs- (*Privat vor Staat*) und finanzpolitischen Bedenken in allen Facetten laut. Aber private Investoren zeigten damals kein ernsthaftes Interesse an einer ganzheitlichen Entwicklung der Gesamtfläche. Dann haben wir es eben selbst gestemmt und gezeigt, dass der öffentliche Dienst innovative Projekte kann.

Vor einiger Zeit sind wir als nachhaltigste Großstadt in Deutschland ausgezeichnet worden, unter anderem auch wegen des PHOENIX-Projekts!

Stadtentwicklung funktioniert nicht mit einfachen Antworten, sondern nur mit komplexen Konstruktionen. Man muss die Bürger umfassend beteiligen, Einblicke und Informationen geben, zur Kooperation ermutigen und die Plausibilität des eigenen Handelns in Politik und Verwaltung darstellen. Daraus entstehen Ideen und Akzeptanz, man spart zudem Zeit und damit auch Geld. Früher sind die Menschen wegen der fossilen Bodenschätze zu uns nach Dortmund gekommen. Das hat sich grundlegend geändert.

Im Wettbewerb der Städte gilt es jetzt, in Lebensqualität zu investieren, die Anziehungskraft durch attraktive Wohnangebote, Flächen für Sport und Erholung sowie kulturelle Qualität zu steigern. Sichtbar wird das in Dortmund durch Symbole wie das Konzerthaus, das Dortmunder U als Zentrum für Kunst und Kreativität und insbesondere PHOENIX. Dies alles zeigt, Dortmund ist eine Stadt im Aufbruch. Das bedeutet aber auch gleichzeitig harte und ständige Arbeit. Die Herausforderungen der Zukunft sind vielfältig.

Dortmund ist – als größte Stadt Westfalens und der Metropole Ruhr – eine lebenswerte und lebendige Stadt. Und alle, die Dortmund noch nicht kennen, lade ich gerne ein, sich davon persönlich zu überzeugen. Gerne bald, aber spätestens 2018 zur Eröffnung des Baukunstarchivs NRW. Insgesamt hat Dortmund erheblich an Lebensqualität gewonnen und es ist ein Plus an Bürgernähe erreicht worden. Die neuen Planungsinstrumente und Beteiligungsmöglichkeiten sind fest etabliert – ein Zeichen für die städtebauliche Qualität und die Nachhaltigkeit der neuen Planungskultur.

Die Konferenz wird heute und morgen viele Beispiele guter Planungs- und Städtebaukultur zeigen und Anlass für gute Diskussionen und Gespräche geben. Solche Plattformen sind wichtig für die Weiterentwicklung unserer Städte. Deshalb danke ich zum Schluss den Verantwortlichen des Deutschen Instituts für Stadtbaukunst und den Moderatoren für die Durchführung dieser Konferenz. Ich wünsche allen viel Erfolg bei Ihren vielfältigen Unternehmungen und grüße nach guter Bergmannsart mit einem herzlichen *Glück auf*!

Grußwort
Gunther Adler

Sehr geehrter Herr Prof. Mäckler,
sehr geehrte Frau Ettinger-Brinckmann,
meine sehr geehrten Damen und Herren,

Sie diskutieren heute ein Thema, von dem man meint, es wäre gerade nicht wirklich relevant angesichts der Herausforderungen, vor denen wir stehen.
Können wir es uns leisten, vor dem Hintergrund der aktuellen Herausforderungen über die Schönheit der Stadt zu diskutieren?
Tagtäglich erleben wir heftige Debatten um Flüchtlinge, um Integration, um eine sich auseinander dividierende Gesellschaft, die Rückkehr des Ressentiments und von Populismus in der öffentlichen Debatte.
Sie dreht sich, das muss uns allen klar sein, im Kern um unser Zusammenleben in den Städten, Quartieren und Dörfern.
Ich habe die Frage, ob wir nichts Besseres zu tun haben, als derzeit über Architektur zu diskutieren, eben darum auch so provozierend gestellt, weil ich sie direkt selbst beantworten will.
Ja, gerade jetzt müssen wir über Architektur und Stadt diskutieren.
Gerade jetzt braucht es eine Debatte über Qualitäten von Architektur als auch Städtebau.
Architektur ist ein ganz wichtiger Teil gesellschaftlicher Veränderungsprozesse.
Architektur wird konkret gebraucht, weil ich fest davon überzeugt bin, dass sich in dem Beruf Verantwortung, Innovation und Nachhaltigkeit verbinden.
Wir müssen uns solche Debatten leisten, weil sie notwendig sind.

Meine Damen und Herren,
vor welchen Herausforderungen stehen wir, im Bund, im Bundesbauministerium derzeit?
Wir stehen vor der großen Aufgabe, mindestens 350.000 Wohnungen pro Jahr neu zu bauen.
Nicht ausschließlich aufgrund von Zuwanderung.
Wir brauchen generell vor allem bezahlbaren Wohnraum, wenn Integration funktionieren soll und damit der soziale Frieden aufrecht erhalten bleibt.

Das Bundesbauministerium ist fest entschlossen, alle Kraft und starke Investitionen in bezahlbaren Wohnraum für alle einzubringen.
Integration findet zudem in den Quartieren und Nachbarschaften statt. Daher müssen wir auch dort helfen, mit baulichen Maßnahmen, mit Aufwertungen, mit Quartiersmanagement.
Dafür haben wir uns breit aufgestellt:
Das vom Bundesbauministerium ins Leben gerufene Bündnis für bezahlbares Wohnen und Bauen hat vor kurzem einen umfangreichen Maßnahmenkatalog beschlossen, wie wir den Wohnungsbau ankurbeln und die Kosten dafür senken können.
Der Bund selbst hat seine Liegenschaften geöffnet und sie zu Flüchtlingsunterkünften umgebaut und den Gemeinden mietzinsfrei überlassen:
Auf den Liegenschaften des Bundes wurden bis Januar 2016 rund 150.000 Menschen untergebracht.
Am 17. März 2016 hat das Bundesbauministerium eine Kommunalkonferenz zu den Themen Bauen, Wohnen, Stadtentwicklung und Integration einberufen. Hier wurde besprochen, wo weiterer Handlungsbedarf besteht.
Diesen Dialog mit den Verantwortlichen vor Ort setzen wir fort. Integration und soziale Verantwortungsgemeinschaften gelingen vor Ort.
Wichtig für die Schaffung bezahlbaren Wohnraums ist der soziale Wohnungsbau. Hier haben wir die Mittel, die der Bund den Ländern zur Verfügung stellt, bereits auf über eine Milliarde Euro jährlich für die nächsten vier Jahre verdoppelt.
Derzeit wird im Haushalt noch einmal eine halbe Milliarde on top verhandelt. Das ist der höchste Investitionsstand im Wohnungsbau seit vielen, vielen Jahren.
Auch müssen Baustandards und Normen entschlackt und das Bauordnungsrecht vereinfacht und vor allem vereinheitlicht werden.
Derzeit hat jedes Land seine eigene Bauordnung. Ich plädiere daher für die Einführung einer einheitlichen Musterbauordnung in allen Ländern.

Die Baukosten können wir auch durch Modulbau und serielles Bauen senken. Ich weiß, das hören Sie mit gemischten Gefühlen.
Aber wir brauchen beides, intelligente Lösungen am Ort, und, wo möglich, auch schnell kostengünstigen Wohnraum.
Zudem glaube ich nicht daran, dass diese Bauweisen automatisch Qualität ausschließen.
Und zur Stärkung der Nachbarschaften wollen wir einen Investitionspakt *Soziale Integration* mit rund 300 Millionen Euro auflegen.
Damit können Kommunen nicht nur ihre Turnhallen wieder instand bringen, sondern auch Wohngegenden verbessern, Grünanlagen, Spielflächen, Begegnungszentren finanzieren und aktuelle Herausforderungen bei der Unterbringung und Integration der Flüchtlinge meistern.
Das Programm *Soziale Stadt* wird damit mehr und mehr zum Leitprogramm der Städtebauförderung. Um das zu unterstützen, arbeiten wir derzeit auch an der Gründung einer Bundesstiftung *Soziale Stadt*. Da müssen wir allerdings noch Überzeugungsarbeit beim Koalitionspartner leisten ...

Meine Damen und Herren,
wie gehen diese Aufgaben zusammen mit der Forderung nach schönen Fassaden?
Für mich ist das entscheidende Ziel, für möglichst viele Menschen eine lebenswerte und qualitätvolle Umwelt zu schaffen.
Das ist eine der vornehmsten Aufgaben von Architektur und Städtebau.
Ein Beispiel aus *unserer* Praxis:
Wir ändern aktuell das Baugesetzbuch und führen dabei eine neue Baugebietskategorie ein, das *Urbane Gebiet*.
Der Kern dabei ist, dass wir den Kommunen ermöglichen wollen, darin höhere Lärmwerte zuzulassen. Gleichzeitig gehen wir an die Lärmvorschriften für Sportstätten und ermöglichen dort mehr Flexibilität für den Sport von Kindern und Jugendlichen.

Das mag sich trocken und gesetzestechnisch anhören. Aber dahinter steht die Idee, in unserem Haus neue Nachbarschaften, ein neues urbanes Miteinander in den Quartieren zu ermöglichen. Mit mehr Dichte, mit mehr Funktionsmischung, auch dem Kleingewerbe im Erdgeschoss.
Und mit der Aufgabe, in großem Maßstab mehr Wohnraum zu schaffen, wird eine höhere Bebauungsdichte unweigerlich genauso wie neue Wohnkonzepte mit geringem Flächenverbrauch pro Kopf einhergehen. Umso bedeutsamer wird die Qualität der Architektur, vor allem aber die Qualität des öffentlichen Raums. Wir brauchen Quartiere, in denen man sich wohlfühlt, Plätze, auf denen man sich gern trifft.

Meine Damen und Herren,
die Architektur der Fassaden bestimmt den öffentlichen Raum wesentlich mit.
Sie ist die Grenze und gleichzeitig die Vermittlung zwischen außen und innen, zwischen privat und öffentlich. Sie kann zu einer Atmosphäre des Wohlfühlens im öffentlichen Raum beitragen, eine Aufenthaltsqualität schaffen, in der Bewohner gern verweilen, Nachbarn und Fremde sich begegnen und ins Gespräch kommen.
Fassaden sind gleichzeitig für die Bewohner in den Gebäuden Ausdruck dessen, wie sie leben wollen. Die Gestaltung von Fassaden und damit das Verhältnis einer Architektur zu ihrer Umgebung drückt die Einstellung unserer Gesellschaft zum Grad der Privatheit und der Offenheit für die Allgemeinheit aus.
Fassaden sind Sinnbild dafür, wie sorgsam wir mit unserem baukulturellen Erbe umgehen, in welchen Kontext wir dieses setzen.
Und wie wir aktuelle Fragen entscheiden. Da denke ich besonders an die Aufgaben der Energieeinsparung und Nachhaltigkeit.
Dies kann nicht heißen, unsere Häuser ohne individuelle Konzepte einheitlich in Wärmedämmverbundsysteme zu packen, sondern das muss heißen, innovative Lösungen mit cleveren Baustoffen in einem hohen gestalterischen Anspruch umzusetzen.

All diese Aspekte, die Ausdruck in Fassaden finden, tragen natürlich dazu bei, Baukultur im alltäglichen Leben zu vermitteln, so ganz nebenbei beim täglichen Weg zur Arbeit, zur Schule oder zum Sport.

Die Fassade eines Gebäudes ist also ein äußerst wichtiges Element unserer gebauten Umwelt. Aber ich möchte die qualitätvoll gebaute Umwelt nicht auf diesen Ausdruck der Fassade reduziert wissen.

Das Bundesbauministerium setzt sich für eine umfassende Stadtentwicklungs- und Baukulturpolitik ein. Dabei schenken wir den Aspekten der sozialen, partizipativen Stadt- und Architekturentwicklung als auch den ökonomischen Grundlagen gebührende Beachtung.

Ich denke, auch Sie als Planer sollten sich keinesfalls auf die Gestaltung der Fassaden reduzieren lassen. Über die sogenannten Fassadenwettbewerbe gehen die Meinungen bekanntlich durchaus auseinander. Ich bin der Auffassung: Immer sollte ein ganzheitliches Planungskonzept angestrebt werden.

Wir brauchen eine durchgehende Planungsqualität! Das Leistungsbild deutscher Architektinnen und Architekten ist nicht auf den Entwurfsprozess begrenzt, sondern erstreckt sich über den gesamten Projektverlauf.

Gerade mit ihren umfassenden Kompetenzen punkten deutsche Planer.

Liebe Gäste,
die Diskussion um innovative, harmonische, avantgardistische Fassaden und ihre Wirkungen ist hochinteressant. Doch sie kann nicht isoliert geführt werden. Dieser Diskurs muss mit dem Anspruch nachhaltiger Stadtentwicklung und qualitätvoller Gestaltung der öffentlichen Räume geführt werden.

Meine Damen und Herren,
ich wünsche Ihnen einen regen Gedankenaustausch, bereichernde Gespräche und viele neue Erkenntnisse! Herzlichen Dank.

§ 6a
Urbane Gebiete

(1) Urbane Gebiete dienen dem Wohnen sowie der Unterbringung von Gewerbebetrieben und sozialen, kulturellen und anderen Einrichtungen, die die Wohnnutzung nicht wesentlich stören. Die Nutzungsmischung muss nicht gleichgewichtig sein.

(2) Zulässig sind

1. Wohngebäude,
2. Geschäfts- und Bürogebäude,
3. Einzelhandelsbetriebe, Schank- und Speisewirtschaften sowie Betriebe des Beherbergungsgewerbes,
4. sonstige Gewerbebetriebe,
5. Anlagen für Verwaltungen sowie für kirchliche, kulturelle, soziale, gesundheitliche und sportliche Zwecke.

(3) Ausnahmsweise können zugelassen werden

1. Vergnügungsstätten, soweit sie nicht wegen ihrer Zweckbestimmung oder ihres Umfangs nur in Kerngebieten allgemein zulässig sind,
2. Tankstellen.

(4) Für urbane Gebiete oder Teile solcher Gebiete kann festgesetzt werden, dass in Gebäuden

1. im Erdgeschoss an der Straßenseite eine Wohnnutzung nicht oder nur ausnahmsweise zulässig ist,
2. oberhalb eines im Bebauungsplan bestimmten Geschosses nur Wohnungen zulässig sind,
3. ein im Bebauungsplan bestimmter Anteil der zulässigen Geschossfläche oder eine im Bebauungsplan bestimmte Größe der Geschossfläche für Wohnungen zu verwenden ist, oder
4. ein im Bebauungsplan bestimmter Anteil der zulässigen Geschossfläche oder eine im Bebauungsplan bestimmte Größe der Geschossfläche für gewerbliche Nutzungen zu verwenden ist.

Auszug aus dem Entwurf eines Gesetzes zur Umsetzung der Richtlinie 2014/52/EU im Städtebaurecht und zur Stärkung des neuen Zusammenlebens in der Stadt, mit dem der Bundesgesetzgeber das Zusammenleben in der Stadt stärken will. Ziel ist es, unterschiedliche Nutzungen, wie Wohnen, Gewerbebetriebe sowie soziale, kulturelle und andere Einrichtungen, in gemischten Stadtquartieren in räumlicher Nähe zu ermöglichen.

Einführung
Barbara Ettinger-Brinckmann

Sehr geehrter Herr Staatssekretär,
sehr geehrter Herr Professor Mäckler,
lieber Christoph,
sehr geehrter Herr Professor Sonne,
sehr geehrte Damen und Herren,
liebe Kolleginnen und Kollegen,

zunächst möchte ich mich sehr herzlich für die Einladung bedanken und zum Ausdruck bringen, wie sehr ich mich freue, die BAK als Kooperationspartner dieser spannenden Konferenzen dabei zu wissen. Hier werden wichtige Themen zur Sprache gebracht und diskutiert und vor allem Stadtplaner und Architekten in gemeinsamer Verantwortung für die Stadt eingebunden. Ein großes Kompliment an die beiden Initiatoren, dem sich mit besten Grüßen auch Reiner Nagel anschließt, der Vorstandsvorsitzende der Bundesstiftung Baukultur, der aufgrund unglücklicher Terminkollision – heute findet in Iphofen eine seiner Baukulturwerkstätten statt – dieses Mal nicht dabei sein kann.

Heute wollen wir uns also in einer weiteren Folge dieser spannenden Reihe von Konferenzen mit der Architektur der Stadt als Garantin ihrer Schönheit und Lebensfähigkeit beschäftigen. Es dürfte nicht so schwer sein, hier unter den Teilnehmern Einigkeit über wirklich gelungene Stadträume herzustellen, insbesondere dann, wenn sie nicht gerade in jüngster Zeit entstanden sind. Schönheit und Lebensfähigkeit sind das Ergebnis harmonierender Maßstäbe, die Nutzungen, Proportionen und Materialien bestimmen, und das Ergebnis des Zusammenspiels der verschiedenen Elemente des Stadtbildes – Gebäude, Nutzungsdichte, Straßen und Plätze, Stadttechnik, Möblierung, Bäume beziehungsweise Grün und so weiter – und damit auch des Zusammenspiels vieler Akteure. Es gibt hierfür Beispiele aus vielen Jahrhunderten, in vielen Ländern Europas. Betrachten wir diese Quartiere, Plätze, Straßenzüge sehen wir einerseits eine Vielfalt an Formen für unterschiedliche Nutzungen, stellen andererseits aber auch fest, dass unsere Vorgänger, die Baumeister dieser Städte und ihrer Gebäude, sich und die übrigen Akteure bestimmten Grundprinzipien der Gestaltung unterwarfen. Obwohl wir, die Profession der Architekten und Stadtplaner, also durchaus eine gemeinsam getragene Vorstellung von gelungener Stadt haben, sind wir uns nicht so einig, warum es uns in den letzten Jahrzehnten – in Deutschland jedenfalls seit und mit dem Wiederaufbau – so wenig gelungen ist, die Grundprinzipien guten Städtebaus fortzuschreiben und den gewandelten Ansprüchen an Stadt entsprechend weiterzuentwickeln. Was macht es heute so kompliziert, für Harmonie und Proportion in der Architektur der Stadt als Gesamtschau zu sorgen? Warum haben wir in den vergangenen Jahrzehnten ausgezeichnete Gestaltung von Gebäuden, aber mediokre Gestaltung der Städte?

Dabei gilt es zu fragen: Wem hat die Architektur primär zu dienen: dem Nutzer des Innenraums des einzelnen Bauwerks oder dem Betrachter des Gebäudes als Teil der Stadt? Der Minderheit innen oder der Mehrheit draußen? Hat der private Wunsch nach Erfüllung funktionaler Anforderungen und/oder der Selbstdarstellung (des Bauherrn oder des Architekten) Vorrang vor dem öffentlichen Interesse nach Einordnung? Oder ganz generell: Ist Architektur des Einzelhauses wichtiger als Städtebau oder nur wirklich gut, wenn zugleich Städtebau? Denn wir alle hier sind uns sicher schnell darin einig, dass uns das Resultat der Gesamtheit des Bauens, die aus vielen Häusern entstehende und bestehende Stadt, mehr interessiert, interessieren muss, als das einzelne Haus – jedenfalls soweit wir nicht selbst dessen Bauherr, Architekt oder Nutzer sind. Wenn das aber so ist, so müsste auch die Entstehung und Weiterentwicklung der Stadt im Zentrum des Interesses für das Bauen stehen, müsste dort der Schwerpunkt unserer Profession sein und müsste die Stadt die höchste Aufmerksamkeit bei allem öffentlichen Bauen, bei allen Förderprogrammen und auch beim Bau- und Planungsrecht wie bei der kommunalen Baukontrolle und auch bei der Vergabe von Planungsaufträgen genießen.

Aber in der realen Welt ist die Verantwortung für die Gestaltung der Stadt äußerst diffus: Viele Architekten sehen an erster Stelle den möglichst eigenständigen Entwurf, der Freiraumplaner ist an die Grundstücksgrenze gebunden, für den Investor, für den Bauherrn sind Wirtschaftlichkeit, Funktionen, vielleicht noch die eigene Repräsentation oder die Vermarktungsmöglichkeiten bedeutsam und für die Kommune sind es Bebauungsplan und Baunutzungsverordnung und die Meinung der Öffentlichkeit.

Und so geht es weiter: Die Energiepolitik sieht das wärmegedämmte Haus und fördert die Energieeffizienz. Die Verkehrspolitik hat zwar nicht mehr die autogerechte Stadt im Fokus, sieht aber ihren Auftrag nicht als Teil der Stadtgestaltung, wie wir an der an Betriebs- und Technikeffizienz orientierten *Verbahnhofung* unserer Innenstädte als Folge des Ausbaus des ÖPNV erkennen können. Und die technische Infrastruktur darf sich nach ihren eigenen Vorstellungen verwirklichen, die wohl kaum ästhetisch basiert sind, und mit grau gestrichenen Schränken – die natürlich Anreiz für andere Anstriche sind – den öffentlichen Raum ohne Rücksicht vollmüllen.

Wo bleibt der Städtebau? Wer könnte sich hier und heute überhaupt mit städtebaulichen Argumenten erfolgreich durchsetzen? Sicher, gelegentlich der Denkmalschutz, aber wer sonst? Wer wäre denn überhaupt Adressat städtebaulicher Forderungen und Ziele? Und wo sollte unsere Profession ansetzen, um die Aufmerksamkeit auf Schönheit und Lebensfähigkeit zu lenken?

Ich möchte drei Felder ansprechen, die wir gemeinsam und aus unterschiedlichen Richtungen beackern sollten:
— Die Kompetenz für Städtebau in den Kommunen;
— die Einbeziehung von städtischer Schönheit und Lebensfähigkeit als Maßstab in alle Förderprogramme von EU, Bund und Ländern;
— das politische Engagement der Kolleginnen und Kollegen.

Natürlich ist die Ausbildung ein wichtiges Feld, die bei der letztjährigen Konferenz Thema war: Architektur in die Stadtplanerausbildung und Stadtplanung in die Architektenausbildung. Dieses Thema bleibt, und heute geht es aber eher darum, wie wir mit dieser gegenseitigen Erkenntnis einer zwingenden Abhängigkeit in der Praxis dastehen.

Zum ersten Feld: Eine der früheren Konferenzen hatte die großen Stadtbaumeister zum Thema und damit das jeweilige Engagement der Stadt in Bezug auf ein langfristig angelegtes städtebauliches Konzept und auch in Bezug auf eigene Aktivitäten als Grundstückseigentümer wie als Bauherr. Erfolgreiche Stadtgestaltung beruhte nicht zuletzt auf einer klugen Bodenpolitik wie auch auf einem erheblichen Anteil am öffentlichen Bauen selbst.

Die kommunale Politik und damit auch die Besetzung kommunaler Ämter wird seit Jahren zunehmend von der Auseinandersetzung der Parteien und der Periodizität der Wahlen bestimmt. Da zugleich auch der Wähler volatiler geworden ist und Beratungsgremien wie auch partizipative Strukturen kaum einmal über langen Atem verfügen, haben städtebauliche Konzepte und Personen in entsprechenden Positionen eine geringe Halbwertzeit. Aber: Städtebau vollzieht sich nun mal nicht in Fünfjahresperioden.

Wir müssen versuchen, zu mehr Kontinuität zu kommen. Und dieses verstetigte Bemühen um den Städtebau muss auch wieder eine bessere personelle Basis in den Kommunalverwaltungen gewinnen. Wir müssen uns gemeinsam dafür einsetzen, dass die Arbeit in den Ämtern und Behörden für die allerbesten Kolleginnen und Kollegen attraktiv wird und diese Ämter und Behörden so attraktiv wie möglich ausgestattet werden. So wie Stadtplanungsämter zusammengeschmolzen sind, kann man dort gerade mal den Alltag bewältigen, aber nicht mit Investoren intensiv verhandeln oder mit Bürgern – ob mit oder ohne Wut – zu überzeugenden Lösungen kommen.

Und wenn schließlich der Stadt das Geld oder der Mut fehlt, um Bodenvorratspolitik zu betreiben und/oder selbst als Bauherr für öffentliche Bauten tätig zu werden, dann vergibt die Kommune die wichtigsten Gestaltungsinstrumente. Dabei gilt es die – auch die ausgelagerten – Betriebe der Stadt einzubinden, die mächtige Instrumente des Städtebaus sein könnten, aber meist nur ganz mangelhaft in die Gesamtpolitik der Stadt eingebunden sind – auch ein personelles Problem, verursacht durch ungenügende Ausstattung der Beteiligungssteuerung. Ohne provokative Kommunen kein Städtebau!

Zum zweiten Feld: In der vergangenen Woche hat die BAK eine Tagung gemeinsam mit der KfW veranstaltet mit dem Ziel, die enormen Impulse der Energiewende für die Förderung der Baukultur zu nutzen. So jedenfalls habe ich den Fokus zu legen versucht. Generell können wir ja feststellen, dass Neu- und Umbau der Städte und Dörfer nicht nur von privater Initiative bestimmt wird, sondern dass die vielfältigen Förderprogramme öffentliche und private Investitionen lenken, was ja auch das erklärte Ziel solcher Förderungen ist. Fassaden sind das Thema heute, aber finden wir in den Förderzielen für energetisch optimierte Hüllen – also Fassaden, Dach und Fenster – das *Nebenziel* der Schönheit und Lebensfähigkeit der so erneuerten Quartiere? Und sollte nicht das Projekt besser gefördert werden, das mit Energieeinsparung zugleich einen positiven stadtgestalterischen Beitrag leistet? Wir können diese Frage nach der Beachtung von gestalterischen Auswirkungen (Nebenwirkungen) an alle Förderprogramme stellen, ob Krankenhaus- oder Hochschulbau, ÖPNV, Straßen und Brücken, Entwässerung: Selbst bei der Wohnungsbauförderung spielt wohl mal das Wohnumfeld eine Rolle, aber die Stadt insgesamt?

Mit dieser Monofunktionalität, Einsinnigkeit, die die Teilelemente einer Stadt fördert, aber die Stadt als Ganzes nicht mit in den Blick nimmt, verspielen wir ein gewaltiges Gestaltungspotenzial. Bei jeder Förderentscheidung müsste genau der Beitrag zur Stadtgestalt eine entscheidende Rolle spielen oder doch zumindest überhaupt eine Rolle! Wir sollten dieses Thema verstärkt in die Öffentlichkeit bringen und mit der Politik diskutieren, denn es könnte eine Win-win-Situation werden, wenn dies gelänge. Hier sehe ich ein wichtiges Feld für die Bundesarchitektenkammer, das ich auch weiterhin beackern will.

Und nun zum dritten Feld: dem eigenen Engagement unserer Profession in der Stadtpolitik. Liebe Kolleginnen und Kollegen, es ist sicher nur für wenige möglich, dass sie politisch aktiv werden, sich wählen lassen, politische Mandate übernehmen, um dem Städtebau zu politischer Aufmerksamkeit zu verhelfen. Sicher gibt es letztlich zu wenige Peter Conradis unter uns. Aber was wir machen können, ist, sich in Verbänden zu organisieren, sich bei Informationsveranstaltungen im Ortsbeirat zu neuen Projekten zu Wort zu melden, Planungswettbewerbe einzufordern, sich für Gestaltungsbeiräte einzusetzen und sich in diesen zu engagieren. Ich greife das soeben zitierte Wort von Johannes Rau auf: Die Kommune ist der Ernstfall der Demokratie. Ja, so ist es auch in unserem Metier: Auf der kommunalen Ebene fallen die Entscheidungen, hier wird gebaut und hier müssen wir Baukultur einfordern, also einfordern, dass jedes einzelne Haus und der Freiraum als Teil der Stadt betrachtet werden muss.

Niklas Maak schrieb vor einigen Monaten im Zusammenhang mit der Frage nach der Unterbringung von Flüchtlingen, dass die Architekten schweigen. Ich habe ihm widersprochen. Aber, die Wahrnehmung, dass man von uns offensichtlich noch immer zu wenig hört, ist sicher nicht falsch. Erheben wir unsere Stimme! Mischen wir uns ein, gestalten wir auch im politischen Prozess stärker als bisher mit! Unser Wissen, unsere gesamtheitliche Weise zu denken, muss stärker als bisher einfließen in den Raum, in dem die politischen Weichenstellungen erfolgen. Nutzen wir diese *windows of opportunity* für das Gute der Stadt, leisten wir einen Beitrag dazu, dass unsere Städte eine Architektur erhalten, die über die Zeit nützlich, schön und wirtschaftlich ist. Als Architekten, Stadtplaner und Freiraumplaner mit der viel zitierten und von uns allen auch sehr ernst genommenen gesamtgesellschaftlichen Verantwortung sind wir jedoch gefordert, noch hörbarer und damit am Ende auch sichtbarer zu zeigen, dass es uns vor allem um die Stadt geht.

Aber sehen wir auch das Positive: Bei unserer Diskussion darf, so meine ich, nicht in den Hintergrund geraten, dass – wie im Ergebnis der letzten Konferenz festgehalten – nicht alles schlecht in unseren Städten ist – und es gibt sie, die engagierten Politiker, die sich für ihre Stadt und deren Qualität einsetzen, wie uns Oberbürgermeister Sierau bereits eindrücklich vor Augen geführt hat und Senator Boden im Verlauf der Konferenz zeigen wird. Wir sind in den Dialog mit der Stadt und ihrer Architektur zurückgekehrt. Es gibt mehr als einen Silberstreifen am Horizont! Dennoch: Eine riesige Aufgabe für uns ist noch immer das Werben für zeitgenössische Architektur, die sich als Beitrag zur Stadt versteht, die ebenso selbstbewusst wie angemessen im Hinblick auf das Vorhandene und das Zukünftige gestaltet ist.

Ich freue mich auf diesen Tag, für den ich uns allen viele neue Erkenntnisse wünsche! Ich bin hier, um Anregungen mitzunehmen, um meine berufspolitische Arbeit mit den richtigen Themen aufzuladen. Vielen Dank!

Der Veranstaltungsort: die Düsseldorfer Rheinterrasse

Thesen
Die Architektur der Stadt und ihre Fassaden
Wolfgang Sonne
Arnold Bartetzky

Wolfgang Sonne

Warum reden wir nicht über bezahlbaren Wohnraum für Migranten? Warum reden wir nicht über die Bodenfrage? Warum reden wir über ein scheinbar oberflächliches Luxusproblem – die Fassade? Es hilft nicht, das eine Problem gegen das andere ausspielen zu wollen: Wenn unsere Städte tatsächlich schön und lebensfähig sein sollen, müssen alle Probleme angegangen werden, auch das Problem der urbanen Gestaltung der Stadthäuser und ihrer Fassaden. An der Fassade gelingt oder scheitert die Architektur der Stadt, denn die Fassade sitzt an der Schnittstelle des Privaten und Öffentlichen und definiert den öffentlichen Raum.

Die angemessene Formulierung dieser Schnittstelle ist so entscheidend für den Städtebau, da sie die gesellschaftliche Grundbedingung des Städtischen berührt: die Unterscheidung der öffentlichen und der privaten Sphäre. Erst in der Stadt hat sich das Private als vom Öffentlichen unterschieden herausgebildet. Seit der griechischen Polis konstituiert diese Differenzierung städtische Gesellschaften. Eine Auflösung der Unterscheidung von Privatheit und Öffentlichkeit, wie sie in den totalitären Systemen aller *Couleur* des 20. Jahrhunderts Programm war, hat auch das Ende der städtischen Gesellschaft und damit der Stadt zur Folge.

Die Differenzierung von Privatheit und Öffentlichkeit als Grundbedingung einer städtischen Lebensweise hat paradigmatisch der Soziologe Hans-Paul Bahrdt in seinem Buch *Die moderne Großstadt* 1961 als »unvollständige Integration« beschrieben.[1] Im Unterschied zum Land- oder Hofleben habe der Städter die Möglichkeit, unterschiedlichen sozialen Gruppen anzugehören. Daraus ergebe sich die Unterscheidung des Privaten und Öffentlichen als Charakteristikum der Stadt: »Eine Stadt ist eine größere Ansiedlung von Menschen, in der die sich aus dem Zusammenwohnen ergebenden sozialen Kontakte und Institutionalisierungen die Tendenz zeigen, entweder privat oder öffentlich zu sein.«[2] Dieser Trennung von sozialen Sphären entsprach auch eine räumliche Trennung: »Die klassische Gestalt der europäischen Stadt ist ein Ausdruck der Tatsache, dass sich das Leben in ihnen nach der Grundformel der Polarität und Wechselbeziehung von öffentlicher und privater Sphäre ordnete.«[3]

Die konstituierende Bedeutung des öffentlichen Lebens für die Stadtgesellschaft betonte der Soziologe Richard Sennett in seinem epochalen Werk über den *Verfall und Ende des öffentlichen Lebens. Die Tyrannei der Intimität*, dessen amerikanische Originalausgabe 1977 erschien. Das Verwischen der Grenze zwischen Privatem und Öffentlichem sowie der Verfall des öffentlichen Lebens durch eine distanzlos übergreifende Privatheit diagnostizierte er als zentrales Kultur- und Gesellschaftsproblem seiner Zeit: »Die Überzeugung, wahre zwischenmenschliche Beziehungen bestünden in Enthüllungen von Persönlichkeit zu Persönlichkeit, hat auch unser Verständnis für die Zwecke der Stadt verzerrt. Die Stadt ist das Instrument nichtpersonalen Lebens, die Gußform, in der Menschen, Interessen, Geschmacksrichtungen in ihrer ganzen Komplexität und Vielfalt zusammenfließen und gesellschaftlich erfahrbar werden. Die Angst vor der Anonymität zerbricht diese Form. In ihren hübschen, säuberlichen Gärten unterhalten sich die Leute über die Schrecken von London oder New York; hier in Highgate oder Scarsdale kennt man seine Nachbarn; gewiß, es ist nicht viel los, aber dafür ist das Leben sicher. Das ist die Rückkehr ins Stammesleben.«[4]

Ein Städtebau und eine Stadtarchitektur, die diese sozialen Grundbedingung des Städtischen nicht ignorieren oder verwischen, sondern angemessen urban ausformulieren wollen, müssen folgende Thesen beachten:

1.
Die Architektur markiert baulich die Grenze zwischen öffentlichen und privaten Bereichen in der Stadt. Die normale städtebauliche Konfiguration ist deshalb die Blockrandbebauung. Städtische Architektur besteht aus Haustypen, die am Blockrand Stadtraum bilden können.

2.
Das wesentliche architektonische Element zur Fassung des öffentlichen Raums ist die Fassade. Die Fassade bestimmt den öffentlichen Raum in seinen Dimensionen und prägt seinen Charakter durch die Art ihrer Gestaltung. Sie muss im Kontext der benachbarten Fassaden zu einem stimmigen Eindruck des öffentlichen Raums beitragen.

3.
Die Fassade bildet die Schnittstelle zwischen Öffentlichkeit und Privatheit. Sie muss genügend Geschlossenheit aufweisen, um den Schutz des privaten Raums zu gewährleisten; sie muss genügend Offenheit aufweisen, um die Kommunikation mit dem öffentlichen Raum zu ermöglichen.

4.
Die Fassade muss aus Materialien bestehen, die raumbildend wirken können.

5.
Die Fassade muss einen Grad an Feinheit und Gliederung aufweisen, die sie als Produkt urbaner Kultiviertheit ausweist.

6.
Im Erdgeschoss und am Eingang muss die Fassade ihre Beziehung zum öffentlichen Raum im Detail ausformulieren und auch haptisch ansprechend sein.

Dass die Fassade auch eine moderne Bauaufgabe darstellt, mag Werner Hegemanns Buch über *Reihenhaus-Fassaden* von 1929 belegen. Im Unterschied zu einer funktionalistischen Auffassung räumte Hegemann der Gestaltung der Fassade ein Eigenrecht ein. Dies begründete er phänomenologisch mit der unsausweichlichen Sichtbarkeit der Fassaden, egal wie sie nun konzipiert seien: »Da solche Fassaden nun einmal unvermeidlich und täglich vor unseren Augen sind, da die künstlerische Wirkung nicht nur der Straßen und Plätze, sondern auch der öffentlichen Gebäude, die das Stadtbild beherrschen sollen, von diesen *Fassaden* abhängt, lohnt es sich wohl, über ihre Gestaltung ernsthaft nachzudenken oder, besser, das Auge für sie zu schulen.«[5]

Diese lange verachtete Bauaufgabe der Fassade stellt die wichtigste bauliche Herausforderung der Stadtarchitektur dar, denn durch sie entsteht baulich das, was gesellschaftlich die Stadt ausmacht: die Grenze zwischen öffentlichem und privatem Leben. Fassadengestaltung ist deshalb kein subjektives und privates Luxusvergnügen, sondern eine gesellschaftlich notwendige und öffentliche Angelegenheit, der sich alle Entwerfer stellen müssen.

Arnold Bartetzky

Ich will im Folgenden an einigen Beispielen aus meiner Heimatstadt Leipzig verdeutlichen und illustrieren, was Wolfgang Sonne eingangs gesagt hat: Wenn wir uns auf dieser Konferenz dem Thema Fassaden zuwenden, sprechen wir mitnichten über ein Luxusproblem. Wir reden nicht über Geschmäcklerisches, nicht über kosmetische Finessen und auch nicht nur über Detailqualität. Wir reden vielmehr über grundlegende Fragen von Gestaltung und Sozialverhalten, die für die Tauglichkeit des öffentlichen Raums und damit für die Funktion der Stadt von zentraler Bedeutung sind.

[1]

Die hier abgebildeten Beispiele der Leipziger Alltagsarchitektur aus jüngster Zeit zeigen, welchen Schaden dem öffentlichen Raum allein schon ein paar antiurbane Fassaden zufügen können. Dies lässt sich besonders an den sogenannten Stadthäusern beobachten. Mehrere Hundert solcher in Reihen angeordneter Eigenheime sind in den letzten eineinhalb Jahrzehnten in den traditionellen Wohnvierteln Leipzigs entstanden. Mit Erdgeschossfronten aus Garagentoren, blickdichten Türen, Klofenstern und Müllverschlägen oder auch durchgehenden, nackten Mauern zeigen die meisten von ihnen der Nachbarschaft die kalte Schulter, um nicht zu sagen den Stinkefinger. [1–5] Das Wort Fassade, so haben wir es gelernt, kommt ursprünglich von *faciem*, dem lateinischen Wort für Gesicht. Beim Anblick mancher Stadthausfront, meint der Leipziger Architekturbeobachter Matthias Breckheimer, könnte man die Etymologie überdenken und Fassade mit *Faeces* in Verbindung bringen.

[2]

[3]

[4]

[5]

[6]

[7]

Einige wenige Häuser dieser Art können eine Straße als öffentlichen Raum ruinieren. Wegen mittlerweile stark gestiegener Grundstückspreise ist der Einfamilienhausbau in historischen Quartieren Leipzigs inzwischen zwar ein Auslaufmodell. Doch das ist kein Grund zur Entwarnung, denn auch die jüngeren Geschosswohnungsbauten in der stark wachsenden Stadt lassen mit ihren so ungestalteten wie abweisenden Erdgeschossen nur allzu oft an Festungen denken. [6–9]

Fassaden sind ihrer Funktion nach, wie es Wolfgang Sonne formuliert, eine Schnittstelle des Privaten und des Öffentlichen. Sie sollten dementsprechend in ihrer Gestaltung die Balance halten zwischen dem privaten Interesse nach Intimität des Wohnraums und dem öffentlichen Interesse an ansprechendem städtischem Raum. Bei den hier abgebildeten Beispielen ist diese Balance ganz offenkundig gekippt. Sie illustrieren den Siegeszug eines antistädtischen Egoismus, der mit einer Miss- oder gar Verachtung der Nachbarschaft Hand in Hand geht. Sie stehen für eine im Wortsinn asoziale Architektur.

Die Gründe für dieses Phänomen liegen nicht in erster Linie in den oft beklagten systembedingten Sachzwängen des heutigen Bauwesens. Verantwortlich für diese Fassaden sind nicht die berüchtigten, nur an Rendite interessierten anonymen Investoren, denen die Stadt, in der sie bauen, vollkommen gleichgültig ist. Wir haben es hier vielmehr überwiegend mit Bauherren zu tun, wie sie in den Architekturdiskussionen herbeigesehnt werden: mit Stadtbürgern, die, oftmals in Baugruppen zusammengeschlossen, Häuser für den eigenen Bedarf und für eine lange Nutzungsdauer errichten. Die Schäbigkeit der Fassaden ist auch nicht allein mit dem Kostendruck zu erklären, denn sie ist keineswegs nur an den billigsten Häusern zu beobachten. Vielmehr scheinen die Bauherren und ihre Architekten – sofern solche für den Entwurf überhaupt herangezogen werden – gerade dem der Öffentlichkeit zugewandten Teil des Hauses den geringsten Wert beizumessen.

Das Problem ist deshalb wohl vor allem in einer Erosion sozialer Standards oder, altmodisch gesagt, einem Sittenverfall zu sehen. Bei den Leipziger Beispielen zeigt dies vor allem ein Vergleich mit den überwiegend aus der Gründerzeit und den Jahrzehnten um 1900 stammenden Altbauten in der Nachbarschaft. Auch damals waren die Erdgeschosse für Bauherren und Architekten von Wohnbauten eine Problemzone. Denn damals wie heute hatten die Bewohner ein legitimes Bedürfnis nach Schutz der Privatsphäre vor der Öffentlichkeit der Straße. Nur: Die damaligen Architekten hatten dafür meist Lösungen gefunden, die dank gestalterischer und materieller Qualität die Öffentlichkeit nicht brüskieren und den Stadtraum nicht degradieren.

[8] [9]

Die Erosion der Verhaltensstandards ist, in Leipzig wie auch andernorts, nicht nur im Wohnungsbau zu beobachten. Besonders brutale Formen nimmt sie bei Handelsbauten an. So okkupiert etwa, um nur ein Beispiel zu zeigen, der Riesenklotz eines Supermarkts einen Baublock in einem attraktiven Leipziger Wohnviertel und bietet den Bewohnern der benachbarten Gründerzeitbauten monströse, haushohe Betonmauern dar. [10]

Jeder Neubau, sei es ein kleines Haus oder ein großes Einkaufszentrum, ist potenziell auch ein Referenzbeispiel für künftiges Bauen. Wenn solche Bauten von der Öffentlichkeit hingenommen werden, ziehen sie Nachahmungseffekte nach sich. Deshalb ist es so wichtig, auch über schlechte Architektur zu reden. Ganz besonders über die Fassade. Denn, so Wolfgang Sonne, an der Fassade gelingt oder scheitert die Architektur der Stadt. Mit der Frage der Fassade steht damit die Zukunft der Urbanität auf dem Spiel.

1 Hans Paul Bahrdt, *Die moderne Großstadt. Soziologische Überlegungen zum Städtebau*, Reinbek bei Hamburg 1961.
2 Hans Paul Bahrdt, *Entstädterung oder Urbanisierung. Soziologische Gedanken zum Städtebau von morgen*, in: *Baukunst und Werkform*, Bd. 12, 1956, S. 653–657, hier S. 653.
3 Ebd., S. 655.
4 Richard Sennett, *Verfall und Ende des öffentlichen Lebens. Die Tyrannei der Intimität*, Frankfurt am Main 1983, S. 382.
5 Werner Hegemann, *Reihenhaus-Fassaden. Geschäfts- und Wohnhäuser aus alter und neuer Zeit*, Berlin 1929, S. 5.

[10]

Die Fassade als Bestandteil des städtischen Raumes. Museumsinsel versus Kulturforum
Peter Stephan

1 Typologische Prämissen

1.1 Die Stadtfassade: Das Ausgreifen der Wandfläche in den bespielten Raum

Wie die auf Vitruv zurückgehende Theorie zur Urhütte zeigt, ist es die originäre Aufgabe der Wand, ein Gebäude nach außen hin abzuschirmen. Schon die Unterteilung des Inneren in mehrere Räume gilt als eine nachrangige Funktion. Architektur bedeutet also per se das Gestalten von Außenwänden – und damit zwangsläufig auch das Gestalten des umgebenden Freiraums oder der Freifläche.

Erfolgt diese Gestaltung so, dass das Gebäude ein Gesicht erhält und einem Typus zuzuordnen ist, wird die Außenwand zur *Fassade* (lat. *facies* = Gesicht). Als Fassade wiederum verortet die Wand das Gebäude innerhalb eines Stadtraums: indem sie es ausrichtet und ihm durch eine besondere Eingangssituation eine Adresse verleiht. [1, 5, 6, 31] Zudem kann die Außenwand die Architektur der angrenzenden Bebauung aufgreifen beziehungsweise ihre Architektur auf die angrenzende Bebauung übertragen und im Gegenzug die Struktur des Gebäudeinneren nach außen hin erkennbar machen. Wo dies gelingt, tritt das Bauwerk zu seiner städtischen Umgebung in eine *Wechselbeziehung*. [1]

Diese Beziehung lässt sich intensivieren, wenn die Fassade in sich raumhaltig ist und eine Übergangszone zwischen Innen und Außen schafft. [1, 5, 6] Jedoch wirken diese Übergangszonen sehr schnell tot, wenn sie nicht dynamisch sind. Eine *Dynamik* kann entstehen, wenn eine Fassade in den Stadtraum ausgreift und/oder diesen in sich einlässt. Damit eine solche Dynamik wirkt, bedarf sie *szenografischer Qualitäten*. [31] Und damit sie keine leere Geste bleibt, benötigt sie eine *ikonografische Aussage*.

Zudem sollten Szenografie und Ikonografie einen *Widerhall im sozialen Geschehen* finden. Die aktive Fassade ist auf Menschen als Mitakteure angewiesen. Doch wird es dem Habitus und dem Typus eines Bauwerks oftmals nicht gerecht, wenn Fassadenräume von Nutzern oder Passanten nur irgendwie bespielt werden. Aus der Bespielung muss ein wirkliches Mitspielen werden. [2] Gelingt es, die Gestaltung einer Fassade und ihre Bespielung aufeinander abzustimmen, kann aus der Wechselbeziehung eine Interaktion werden, in der die Gestalt und die gedankliche Aussage der Fassade und das Verhalten der Menschen eine Einheit bilden. Im Idealfall verleiht diese *Interaktion* dem Stadtraum eine besondere Dramaturgie.

Bis zum Ende des 19. Jahrhundert hatte sich eine sehr reiche Fassadenkunst entwickelt, die den eben genannten Kriterien auf vielfältige Weise entsprach. Geschosse, Gliederungselemente, Öffnungen, Materialien, Oberflächentexturen besaßen in ihrer differenzierten Formensprache und hierarchischen Anordnung eine klare Typologie und Semantik. Sie waren ikonografisch kodiert und erwiesen sich nicht selten als zitathafte Anspielungen. [6] Mit diesen Eigenschaften vermochten sie über den Charakter eines Gebäudes dezidiert Auskunft zu geben: über seine Funktion, seinen Rang und seinen Anspruch, aber auch über den Habitus, den sozialen Status, die Mentalität und das Selbstverständnis des Auftraggebers oder der Bewohner. Selbst einzelne Gebäudeteile oder Stockwerke ließen sich in ihrer Bedeutung unterscheiden.

Überdies wurden die Fassaden durch Risalite, Pavillons und Türme rhythmisiert. Diese Elemente wiederum stellten eine Beziehung zum Stadtraum her, indem sie als Endpunkte von Sichtachsen dienten oder bestimmte Bereiche einer Platzanlage akzentuierten. Gesteigert wurde die Verbindung zum Stadtraum, wenn die Fassadengliederung in die dritte Dimension überführt wurde. Eine glatte Fläche konnte in mehreren Stufen Plastizität erlangen. Blendarkaden wurden zu Bogengalerien, Türrahmen zu Portalgewänden, Lisenen zu Strebepfeilern, Pilaster zu Halb- oder Vollsäulen, Vertäfelungen zu Nischen, Brüstungen zu

[1] Die Fassade von Santa Maria Maggiore in Rom in der Front der Platzfront

[2] Giovanni Paolo Pannini: Die Piazza Navona in Rom unter Wasser gesetzt (Öl auf Leinwand, 1756)

40 Die Fassade als Bestandteil des städtischen Raumes.
Museumsinsel versus Kulturforum

Balkonen. Wurden diese Elemente freigestellt, also vom Wandspiegel abgerückt, so kam es sogar zur Ausbildung raumhaltiger Strukturen. Nun entstanden Galerien, Kolonnaden, Arkaden, Laufgänge, vorgehängte Maßwerkschleier, Loggien und Portiken. [1, 5, 6, 15, 24, 25, 31] Die Zwischenräume, die sich dabei ergaben, waren meist begehbar und gehörten sowohl dem Gebäude als auch dem öffentlichen Raum an; Baukörper und Stadtraum verschränkten sich in ihnen. Diese Bindegliedfunktion verstärkte sich, wenn Kolonnaden, Arkadengänge oder Freitreppen sich vom eigentlichen Baukörper so weit lösten, dass sie sich als eigenständige Architekturen innerhalb des Stadtraums fortsetzten. [1] Zugleich konnten raumhaltige Fassadenelemente aber auch in gegenläufiger Richtung zu den Innenräumen vermitteln, etwa wenn sie sich in ihrer Struktur als Ausläufer von Durchfahrten, Wandelgängen, Vestibülen oder Treppenhäusern erwiesen. [5]

1.2 Der Bedeutungsverlust der Fassade im 20. Jahrhundert

Die in zweieinhalb Jahrtausenden entwickelte Kunst, Fassaden zu gestalten und sie in Beziehung zum Stadtraum zu setzen, ging zu Beginn des 20. Jahrhunderts innerhalb von zwei Generationen verloren. Ein Grund war, dass der Sinn von Fassaden nicht mehr verstanden wurde. Bei ihrer kritischen Auseinandersetzung mit dem eklektischen Historismus des späten 19. Jahrhunderts hatten die Architekten und Theoretiker der Bauhaus-Moderne den Eindruck gewonnen, die primäre Aufgabe von Fassaden sei es, mit ihrer Gliederung und ihrem Dekor das konstruktive, aber auch das soziale Innenleben der Häuser nach außen hin zu kaschieren, ja es durch Vorspiegelung einer falschen Wirklichkeit zu leugnen. Die Großmannssucht und die Scheinheiligkeit der Bourgeoisie, so schien es ihnen, hatten in der Fassade ihre bauliche Manifestation gefunden. Aber auch die pittoresken Fachwerkfassaden des Mittelalters wurden beschuldigt, »das Abschreckende durch die Maske der Schönheit« zu verdecken. Le Corbusier sprach »vom Elend der historischen Fassade«.[1] *Fassadismus* wurde zum Inbegriff von Verlogenheit und Doppelmoral, und schon bald standen auch die Häuserfronten aller anderen Epochen unter dem Generalverdacht der Lüge.

Gegen diese Lüge schwang die entrüstete Moderne mit moralischer Unerbittlichkeit ihr Richterschwert – und bisweilen auch die Abrisskeule. Wo historische Fassaden nicht als falsche Zeugen eliminiert wurden, brachte man sie durch die subventionierte Entfernung ihrer Formensprache (*Stuckabschlagsprämie*) zum Schweigen. Oder man entlarvte ihre vermeintliche Falschaussage durch verfremdende Zutaten. Zugleich versuchte die Moderne, ihrem eigenen Anspruch auf Sachlichkeit und Ehrlichkeit durch eine völlig neuartige Architektursprache Geltung zu verschaffen. Dabei entwickelte sie zwei unterschiedliche Diktionen. Einerseits begegnete sie der traditionellen Fassaden-Rhetorik mit lakonischer Zurückhaltung, indem sie das architektonische Vokabular auf ein Minimum reduzierte. Andererseits legte sie bekennerhaft das Innenleben der Häuser offen: indem sie durch große Glasflächen Einblick gewährte oder die Infrastruktur demonstrativ nach außen kehrte. Einen Scheideweg markiert in dieser Hinsicht die Hochhausarchitektur in Chicago. Hatten Louis Sullivan, John Mead Howells und Raymond M. Hood die Stahlkonstruktionen noch mit Naturstein ummantelt und so gemäß dem Prinzip *form follows function* der Sockelzone und der Dachbekrönung eine andere Typologie gegeben als den Zwischengeschossen, verzichteten beim Wettbewerb für den Tribune Tower Mies van der Rohe, Walter Gropius, Bruno und Max Taut sowie Ludwig Hilberseimer auf diese Umkleidung, indem sie entweder die nackte Stahlkonstruktion oder die reine Betonbauweise favorisierten. Simon & Simon, Bertram Godhue und William Gordon Beecher wiederum hielten an der massiven Ummantelung fest, vermieden aber weitgehend eine Instrumentierung derselben. Die moderne Replik auf die Tradition, die in Chicago vielfach zu eindrucksvollen Ergebnissen führte, ist andernorts weitgehend gescheitert – vor allem in der europäischen Stadtarchitektur. Was als schweigsame Zurückhaltung intendiert war, geriet oft zur nichtssagenden Monotonie. Was als ein Gestus der Offenheit gedacht war, entpuppte sich vielfach als exhibitionistische Geschwätzigkeit. In ihrer Introvertiertheit wie in ihrer Extravertiertheit hatte die Moderne vergessen, dass Fassaden, wenn man sie richtig einsetzt, auf weitaus subtilere Weise über ein Gebäude und seine Nutzer Auskunft geben können.

Die Preisgabe der Fassaden bedeutete jedoch nicht, dass die Moderne auch auf deren Plastizität und Performanz verzichten wollte. Den Verlust an reliefierten und geschichteten Oberflächen suchte sie durch Balkonbänder, verspringende Stockwerksfluchten, aber auch durch eine nach außen gekehrte Gebäudetechnik zu kompensieren. Zur Verlebendigung und Bespielung sollten transparente Wände und eine nach außen gesetzte Erschließung (Treppen, Korridore, Fahrstühle) beitragen. Doch wie das Centre Georges Pompidou beispielhaft zeigt, blieben diese Elemente, anders als bei einer traditionellen Fassadengliederung, selbstreferenziell. Vor allem gelang es nur selten, mit ihnen eine stimmige Beziehung zum Stadtraum herzustellen.

Freilich war eine solche Beziehung auch gar nicht mehr gewollt. Den alten Fassaden war nämlich auch zum Vorwurf gemacht worden, sie hätten, indem sie den Dialog mit anderen Gebäuden suchten und sich den Gestaltungsprinzipien eines ganzen Straßenzugs oder eines Platzes unterordneten, die Individualität des einzelnen Hauses verraten. Im Bestreben, diese Individualität zurückzugewinnen, entwickelte die Moderne den freistehenden Solitär. Der Verzicht auf die Fassade, aber auch auf jede andere Form der Adressbildung, sollte verhindern, dass das Erscheinungsbild eines völlig frei stehenden Körpers beeinträchtigt wurde. Sofern der *freie* Solitär nicht mit anderen Solitären eine Gruppe bildete, zelebrierte er nachgerade den Bruch mit seiner Umgebung. Auch hierfür ist das Centre Pompidou ein anschauliches Beispiel.

1.3 Der Bedeutungsverlust: Raum versus space

Wie der Vorwurf, die Fassade sei per se unwahrhaftig, einem einseitigen Geschichtsbild geschuldet ist, so geht die Unterstellung, eine einheitliche Fassadengestaltung beraube die einzelnen Bauten ihrer Individualität, auf ein einseitiges räumliches Denken zurück. Architekten wie Stadtplaner übersahen, dass Fassaden nicht nur die Außenwände von Baukörpern sind, sondern auch die Innenwände von Straßen- und Platzräumen, und dass diese Räume eine soziale Konnotation besitzen, die durch den Charakter der Fassaden veranschaulicht wird. Fassaden können sogar ein ganzes Stadtbild (und damit das Bild, das eine Stadt von sich selbst hat) prägen. Damit definieren sie die Stadt gleichermaßen als einen gestalteten und als einen sozialen Raum.

Im Unterschied dazu erweist sich der fassadenlose Solitär, der kein integraler Bestandteil einer übergeordneten Raumeinheit ist, nicht als autonom, sondern als separatistisch. Gefördert wird diese Desintegration durch die Tatsache, dass der öffentliche Raum sich seit Jahrzehnten in Auflösung befindet, und zwar in sozialer wie in städtebaulicher Hinsicht. Dabei ist besonders bemerkenswert, dass die Negierung des Raumes nicht als eine solche bezeichnet wird. Vielmehr wird der Raumbegriff bis zur Unkenntlichkeit aufgeweicht. Ausgerechnet die Moderne, die sonst so rigoros nach Geometrisierung strebt, hat die geometrische Definition des Raumes als eines durch Hüllen umgrenzten, kartesianischen Volumens aufgegeben. Seither gelten auch die Ebene und das sich nach allen Seiten hin auflösende Gebäude als Räume. Die entsprechenden Wortschöpfungen lauten »fließender Raum« und »offener Raumkörper«.

Ihren Ursprung hat diese *Entgrenzung* in der synonymen Verwendung der Vokabel *Raum* mit dem englischen Begriff *space*, der auch einen *Bereich*, ein *Gebiet*, einen *Abstand* oder einfach nur eine *leere Stelle* bezeichnen kann. Verstärkt wird diese falsche

Synonymie durch den in den Achtzigerjahren von den Sozialwissenschaften entwickelten *Spatial turn*.[2] Nutzte die Postmoderne dieses Paradigma noch dazu, den umbauten Raum als eine architektonische Größe wiederzuentdecken, so ist die gegenwärtige Architektur dazu übergegangen, jeden irgendwie gestalteten Bereich zum Raum zu deklarieren, etwa die Schwelle, die Übergangszone oder die Öffnung. Selbst Objekte, die irgendein *Dazwischen* bilden, konstituieren neuerdings einen Raum.[3]

Darüber hinaus hat sich die Architektur darauf eingelassen, im Bund mit den Sozialwissenschaften den Raum als einen Ort zu begreifen, der durch die Lebenswirklichkeit derer, die sich an ihm aufhalten, bestimmt wird.[4] Die Natur wird so zum Natur-Raum, die freie Fläche zum Frei-Raum, die Landschaft, ganz gleich ob es sich um eine von Felswänden gesäumte Schlucht oder um die weite Fläche eines Hochplateaus handelt, zum Landschafts-Raum. Durch diese inflationäre, geradezu widersinnige Handhabung wird der Begriff *Raum* im buchstäblichen Sinne verflacht. Die Fassade wiederum, die als ein vertikales Strukturelement dieser Verflachung entgegensteht, wird ihrer raumbildenden Dimension beraubt. Nun sinkt sie wirklich zu dem herab, als das sie seit fast hundert Jahren denunziert wird: zur Attrappe und Kulisse.

2 Die Notwendigkeit einer (Neu-)Definition von Fassade und Raum

Der eben aufgezeigte Zirkelschluss ist jedoch nicht die einzige gedankliche Fehlleistung der Moderne in Bezug auf Fassade und Raum. Neben der einseitigen Rezeption der Baugeschichte und dem einseitigen Raumdenken ist die Abwertung der Fassade das Ergebnis einer Geisteshaltung, die glaubt, gesellschaftliche und gestalterische Freiheiten dadurch gewinnen zu können, dass sie klare Definitionen durch unverbindliche Vorstellungen ersetzt; dass sie der freien Assoziation den Vorzug gegenüber der gedanklichen Präzisierung gibt. Betroffen von diesen Veränderungen ist gerade der durch Umgrenzung gebildete Raum, der wie keine andere Architekturform für das Prinzip der Definition steht.

Das Prinzip der Definition ist für das Denken in Räumen deshalb konstitutiv, weil der lateinische Begriff *definitio* genau das bezeichnet, was Raumbildung ausmacht, nämlich *Ein-* und *Abgrenzung* (lat. *finis* = Grenze). Die Regel, dass Dinge geschaffen werden, indem man sie von anderen separiert, gilt auch für jene Akte, die Voraussetzung beziehungsweise Resultat einer Definition sind: die Kritik (griech. *krísis* = Unter-Scheidung), die Differenzierung (lat. *differre* = auseinanderhalten), die Präzisierung (lat. *praecidere* = ab-trennen) und der Schaffung einer Terminologie (lat. *terminus* = Grenzstein; griech. *lógos* = Lehre, Rede).

Dass das Definieren und die damit verbundenen Akte der Differenzierung der terminologischen Präzisierung und der kritischen Beurteilung seit jeher als eine unabdingbare Voraussetzung architektonischen Gestaltens galten, lehren die Schöpfungsmythen. Im biblischen Buch Genesis beispielsweise überwindet der göttliche Baumeister des Universums das Chaos, indem er die Elemente voneinander scheidet, um sie dann zu formen. Damit einher geht die sprachliche Benennung. Die Scheidung bewirkt die Unterscheidung: die amorphe Masse wird zur *definierten* Form. Die Form wiederum wird durch ihre Benennung zum Gegenstand. Seinen Abschluss findet der göttliche Schöpfungsakt in der kritischen Beurteilung: Der Schöpfer sieht, dass das, was er hervorgebracht hat, gut und schön ist. Erst jetzt hat das Geschaffene seinen Sinn.

Wie die Etymologie drückt der Mythos eine anthropologische Grunderfahrung aus: Der Mensch denkt, urteilt und nimmt wahr, wie er spricht. Und, so lehrt uns die Architekturtheorie, er baut und gestaltet, wie er denkt. Die sprachliche – und mithin auch die gedankliche und die kognitive – Fähigkeit, zu definieren, bildet also eine wesentliche Voraussetzung für eine differenzierte und reflektierte architektonische Gestaltung.

Übertragen wir diese Erkenntnis auf das Raumparadigma, so bedeutet dies Folgendes: Wenn wir Räume nicht mehr präzise benennen und sie nicht mehr von anderen geometrischen Figuren wie der Fläche oder der Ebene unterscheiden, können wir sie auch nicht mehr denken. Dann können wir auch keine funktionierenden räumlichen Bezüge, keine Raumdramaturgien und keine Raumtypologien mehr schaffen. Dann wissen wir auch nicht mehr, welche Rolle die Fassade innerhalb eines Raumes spielt.

Darüber hinaus verlieren wir die Maßstäbe, um die Qualität von Räumen und Fassaden angemessen beurteilen und ihre architektonische Gestaltung kritisch reflektieren zu können. Eine Architektur, die auf der Grundlage einer undifferenzierten Terminologie Räume mit Flächen, Raumkörper mit Gegenständen und Fassaden mit Attrappen verwechselt, ist im buchstäblichen Sinne un-*kritisch*. Ihre un-*differenzierte* Terminologie wird nun selber zur Attrappe, die ein un-*präzises* Denken kaschiert.

Es ist daher nicht verwunderlich, dass sich überall dort ein Paradoxon ergibt, wo die Ideologeme des fassadenlosen Solitärs, des »Landschaftsraums« beziehungsweise der »Raumlandschaft«[5], des »fließenden Raumes« und des »offenen Baukörpers« als Grundlage von Stadtplanung dienen.

Nominell wird der Ort zu einem Raum aufgewertet, faktisch aber wird der Raum auf einen Ort reduziert. Ein Ort, der wie ein Raum funktionieren soll, aber nicht wie ein Raum gestaltet ist, wird jedoch zum Unort. An einem solchen Unort wirkt das Haus ohne Fassade aber nicht autonom, sondern autistisch. Eines der prominenten Fallbeispiele ist das Berliner Kulturforum.

3 Fallbeispiel Kulturforum: Die Negation von Fassade und Raum

3.1 Scharoun und das Postulat von »Stadtlandschaft« und »fließendem Raum«

1959 beschloss der Berliner Senat, das vormalige Villenviertel zwischen Tiergarten und Landwehrkanal, das bis auf Friedrich August Stülers Matthäuskirche der nationalsozialistischen Stadtplanung, den Bombenangriffen des Zweiten Weltkriegs und der anschließenden *Enttrümmerung* zum Opfer gefallen war, als Kulturforum neu zu bebauen. Den Masterplan hierfür entwickelte Hans Scharoun. [3]

Als Gegenentwurf zu der nun im Ostteil Berlins gelegenen Museumsinsel wollte Scharoun eine »Stadtlandschaft« schaffen. An die Stelle klar definierter und in sich strukturierter umbauter Räume sollte ein entgrenzter, organisch »fließender Raum« treten, der ähnlich wie der englische Landschaftsgarten Ausdruck einer freiheitlich-antiautoritären Gesellschaft war. Daher folgte die Bebauung weder hierarchischen noch typologischen Kriterien. Dass Hans Scharouns Konzept die völlige Eliminierung der historischen Bebauung voraussetzte, verstand sich von selbst. Letztlich wurde diese Kausalität sogar als eine logische Konsequenz der Geschichte betrachtet und stand somit gleichfalls für den gesellschaftlichen Neuanfang – wenngleich die Verwirklichung dieser demokratischen Stadtlandschaft paradoxerweise auf denselben Voraussetzungen beruhte wie die totalitäre Stadtplanung Albert Speers, nämlich der Negierung der Geschichte und des Genius Loci.

In der Folge errichteten Scharoun und sein Mitarbeiter Edgar Wisniewski mit der Philharmonie, der neuen Staatsbibliothek, dem Institut für Musikforschung und dem Kammermusiksaal vier Solitäre, die in einer lockeren Beziehung zueinander stehen. Fassaden, die den Bauten eine bestimmte

[3] Berlin, Kulturforum, Gesamtansicht, um 1967

Ausrichtung gegeben oder Sichtachsen erzeugt hätten, fehlen. Stattdessen sind geschwungene oder trapezoide Dach- und Wandschalen zu polygonalen Blöcken verbunden.

3.2 Mies van der Rohe und das Postulat des »offenen Baukörpers« und des »fließenden Raumes«

Einen fünften Solitär schuf Mies van der Rohe mit der Neuen Nationalgalerie. [4] Im Unterschied zu Scharoun verfolgte er jedoch kein städtebauliches Gesamtkonzept. Und schon gar nicht verband er seinen Entwurf mit einem programmatischen Schlagwort. Er versah die Neue Nationalgalerie lediglich mit einem signifikanten Gestus, indem er sie auf einen podiumsartigen Sockel mit kurvierter Deckplatte stellte und die acht Stützen, die er als »seine Säulen« bezeichnete, analog zur ionischen Ordnung proportionierte – einschließlich der Entasis. Außerdem bemerkte er, seine Nationalgalerie stehe »mit ihrem klaren und strengen Bau (...) im Einklang mit der Schinkelschen Tradition Berlins«.[6]

Aus dem antikisierenden Gestus der Neuen Nationalgalerie und dem Bekenntnis zur klaren Formensprache der von Schinkel geprägten Stadtarchitektur Berlins hat die Forschung sechs Schlüsse gezogen. Erstens sei die Neue Nationalgalerie eine in Stahl gegossene Neufassung des antiken Tempels – vor allem wegen ihres kurvierten Podiums, ihrer ionisierenden Stützen und ihrer tektonischen Stringenz.[7] Zweitens: Gerade als Neuformulierung des antiken Tempels stehe die Neue Nationalgalerie auch in der Tradition des von Schinkel maßgeblich geprägten Berliner Klassizismus, insbesondere des Alten Museums und der von Johann Heinrich Strack entworfenen Alten Nationalgalerie. [5,6] Denn mit diesen Bauten teile sie nicht nur dieselbe klassische Grundhaltung, den Solitärcharakter und die museale Nutzung, sondern auch die Rückbesinnung auf die antike Tempelarchitektur, also den griechischen Peripteros und den römischen Podiumstempel. [7][8] Drittens: Der griechische Tempel mit seiner umlaufenden Peristasis sei, wie schon Le Corbusier am Beispiel des Parthenon erkannt habe, der Prototyp des »offenen Raumes«.[9] Außerdem antizipiere der griechische Tempel mit

[4] Berlin, Neue Nationalgalerie

seiner in Säulenreihen aufgelösten, »undefinierten (!) Wand« den »fließenden Raum«. Dasselbe gelte natürlich für das Alte Museum und die Alte Nationalgalerie. Diese »fließenden Räume« habe Mies nun in seinem Œuvre weiterentwickelt und gesteigert, nicht zuletzt durch die Auflösung der Ecken: zunächst am Weltausstellungspavillon in Barcelona, dann aber auch an der Neuen Nationalgalerie.[10] Daraus folgt viertens: Durch die Vermittlung der Schinkelschen Architektur Berlins, aber auch durch den unmittelbaren Rekurs auf den gemeinsamen antiken Prototypen sei Mies eine Neuformulierung des »fließenden Raumes« beziehungsweise des »offenen Raumkörpers« gelungen.[11] Dieser »offene Raumkörper« nun, so die fünfte Schlussfolgerung, gehe »fließend« in Scharouns »Stadtlandschaft« über, die ihrerseits gleichfalls fließend sei beziehungsweise aus »fließenden Raumgrenzen« bestehe.[12] Sechstens: In letzter Konsequenz bedeutet dies, dass der fließende und offene Charakter des Raumes genau das ist, was die Neue Nationalgalerie mit der Berliner Stadtarchitektur verbindet und sie damit selbst zur Stadtarchitektur macht. Mies schien die Gegensätze von Stadtarchitektur und Stadtlandschaft aufgehoben zu haben. Für den »offenen Raumkörper« ließ sich wie für die Stadtlandschaft ein gesellschaftspolitisches Paradigma formulieren: Als Teil des Kulturforums stand die Neue Nationalgalerie für die Offenheit und die Transparenz West-Berlins beziehungsweise der Bundesrepublik Deutschland.

3.3 Das Kulturforum als ein städtischer Unort

Obwohl alle Neubauten des Kulturforums der Grundidee des »fließenden Raumes« – und damit einem einheitlichen Konzept – zu folgen scheinen, werden sie nicht als ein in sich stimmiges Ensemble wahrgenommen. Stattdessen ist immer wieder von einem »Unort« die Rede.[13]

Für das unstimmige Erscheinungsbild lassen sich vier einfache Erklärungen finden. Erstens: Scharouns Masterplan ist nicht konsequent umgesetzt worden. Das Gästehaus, das Philharmonie und Staatsbibliothek verbinden sollte, blieb unausgeführt. Die Potsdamer Straße wurde auf sechs Spuren verbreitert, was zur Abschnürung der Staatsbibliothek führte. Zweitens: Mies und Scharoun wählten gänzlich verschiedene Architektursprachen. Die Gliederbauweise der Neuen Nationalgalerie, die den Gesetzen der Tektonik folgt und als eine klassische Pavillon-Architektur die Masse auf ein Minimum reduziert, hat mit der flächigen Wandbauweise Scharouns, der die Massen nach den Kriterien des Designs skulptural formte, nur den Solitärcharakter gemein. Es spricht sogar manches dafür, dass Scharoun selbst die Neue Nationalgalerie innerhalb seines Masterplans als einen Fremdkörper wahrnahm und sich von ihr demonstrativ abgrenzte. So eröffnet der Bolivar-Saal der Staatsbibliothek, der dem Mies-Bau am nächsten steht, keinen Blick auf sein Gegenüber, sondern schottet sich von diesem ab. Drittens: Keiner der Bauten nimmt auf die Matthäuskirche Bezug, die zwar gleichfalls als ein Solitär konzipiert ist, in der Konfiguration verschiedener Körper wie des stehenden Quaders (Turmsockel), des oktogonalen beziehungsweise des fünfseitigen Prismas (Turmaufbau, Kirchenschiffe), des halben Zylinders (Apsiden) und der achtseitigen Pyramide (Turmdach) aber einer völlig anderen, streng kubistischen Architekturauffassung folgt. Viertens: Es fehlt eine die Bauten sinnvoll verbindende Gestaltung der Zwischenflächen. Der von Zufahrten und Busparkplätzen umgebene Lesegarten Hermann Matterns genügt dieser Anforderung nicht.

Darüber hinaus sehe ich zwei weitere Gründe für das Scheitern des Kulturforums. Der eine besteht in der Tatsache, dass das Postulat des »fließenden Raumes« sowie die daraus abgeleiteten Vorstellungen von »Stadtlandschaft« und »offenem Raumkörper« städtebaulich keinen Sinn ergeben – ungeachtet dessen, was die Forschung mit ihrer soziologischen Interpretation des Raumes und ihrer typologischen Herleitung der Neuen Nationalgalerie suggeriert. Darüber hinaus laufen alle diese Konzepte auf eine Negierung der Topografie hinaus. Die Ortlosigkeit – und damit die Beziehungslosigkeit zum Menschen – ist ihnen inhärent. Diese Behauptungen gilt es nun zu beweisen.

[5] Karl Friedrich Schinkel: Altes Museums in Berlin (kolorierter Stich, um 1840)

3.4 Das Paradoxon der »Stadtlandschaft«

Beginnen wir mit der Idee der »Stadtlandschaft«. Da Scharouns Bauten von ihrer Konzeption her ein Umfeld voraussetzen, das zwar gemeinhin als Landschafts-*Raum* bezeichnet wird, in Wahrheit aber keinerlei räumliche Qualitäten besitzt, würden sie innerhalb eines klar gefassten Raumes noch deplatzierter wirken als in ihrer jetzigen Situation. Vor allem eine klassische Platzanlage würde die Divergenzen der verschiedenen Solitäre zusätzlich betonen. Im Umkehrschluss bedeutet dies: Statt von einem Platz müssten die Solitäre des Kulturforums von einer wirklichen Landschaft umgeben sein.

[6] Berlin, Alte Nationalgalerie, um 1900

Die Philharmonie stünde im Idealfall an einem Ufer, vergleichbar dem Opernhaus in Sidney, dem Guggenheim-Museum in Bilbao oder der Hamburger Elbphilharmonie. Wie diese Bauten könnte ihr skulptural modellierter Baukörper als eine erratische *Land*-Marke wirken. An ihrem realen Standort müsste sich die Philharmonie mit einem großen Bassin begnügen, in dessen ebener Fläche sie sich spiegeln könnte. Jedoch käme sie auf diese Weise weitaus besser zur Geltung als in ihrer jetzigen Umgebung.

Für die Neue Nationalgalerie wiederum wäre die Einbindung in eine Parklandschaft ideal. Dann verbände

[7] Römischer Sesterz, Revers: Concordia-Tempel, 36 n. Chr.

[8] Brüssel, Deutscher Weltausstellungspavillon

sich Mies van der Rohes linear-transparente Architektur mit der Natur auf ähnliche Weise wie das Farnsworth House, der Weltausstellungspavillon von Egon Eiermann oder der Bonner Kanzlerbungalow von Sep Ruf. [8]

Selbst Stülers Kirche könnte in einem Park als Solitär wirken. Ohnehin stand sie längere Zeit, ähnlich der Friedenskirche in Potsdam, auf einer begrünten Fläche, ehe sie Ende des 19. Jahrhunderts in Abwandlung des ursprünglichen städtebaulichen Konzepts eine blockhafte und etwas zu hohe Umbauung in Gestalt des Matthäikirchplatzes erhielt.[14]

Das Beispiel des Kulturforums führt uns zu folgender Erkenntnis: Ihre endgültige Verwirklichung, oder besser: ihre konzeptionelle Korrektur findet die Idee der vermeintlichen »Stadtlandschaft« in einer künstlerisch gestalteten Naturlandschaft. Eine solche natürliche Umgebung, die im Fall des Kulturforums den Tiergarten bis zum Landwerkanal verlängern und die Staatsbibliothek als Stadtkante nutzen würde, wäre kein Raum, sondern ein offenes Feld, das man – geometrisch durchaus korrekt – als ein Bewegungsfeld oder – mit Blick auf die soziale Dimension – als ein Erlebnisfeld bezeichnen kann. Dieses Feld kann innerhalb einer Stadt oder an deren Rand liegen, doch ist es in keiner Weise stadtspezifisch.

Scharouns Grundfehler besteht darin, dass er die Gestaltungsprinzipien des englischen Landschaftsparks mit seinen fließenden Flächen, auf der einzelne Solitäre wichtige Landmarken bilden, auf die Stadt übertragen hat. Damit seine Solitäre wirken können, muss man den Anspruch auf Urbanität gänzlich aufgeben und das gesamte Umfeld aus dem städtischen Kontext herausnehmen. Ebenso muss man sich vom Raumparadigma nicht nur partiell, sondern vollständig lösen. Erst dann ist der innere Widerspruch, den das Modell der »Stadtlandschaft« in sich trägt, aufgehoben.

3.5 Das Paradoxon des »fließenden Raumes« und der »fließenden Raumgrenzen«

Noch widersinniger als das Modell »Stadtlandschaft« ist der Topos des »fließenden Raumes« beziehungsweise der »fließenden Raumgrenzen«. Allein schon die Formulierung »fließende Grenzen« ist, wenngleich längst sprichwörtlich, ein Oxymoron. Eine Grenze, die nicht trennt, ist keine Grenze. Fließend sind nur Übergänge. Analog dazu gibt es keine fließenden Räume, sondern nur Räume, die mit angrenzenden Räumen kommunizieren, etwa, weil die Zwischenwände durchlässig sind. Ebenso können Räume sich miteinander verschränken. Fließend können hingegen, wie in Kapitel 1.3 schon festgestellt wurde, nur Flächen sein. Um dies an einem einfachen Beispiel zu veranschaulichen: Ein Eiswürfel tritt als ein raumhaltiger Körper nur so lange in Erscheinung, wie er nicht zur Fläche zerfließt.

Wie paradox das Postulat eines »fließenden Raumes« ist, zeigt auch die Genese dieses Begriffs. 1930 lobte der Musik- und Kunsthistoriker Walter Riezler Mies van der Rohes Barcelona-Pavillon dafür, dass »die verschiedenen Räume ganz ohne feste Begrenzung ineinander fließen« und »der ganze Bau gegen die Umgebung sich öffnet.«[15] 17 Jahre später erhob Philip Johnson den »flowing space« zu einem Markenzeichen von Mies' Œuvre: »Indoors and outdoors are no longer easily defined; they flow into each other. This concept of an architecture of flowing space, channeled by free-standing planes, plays an important rôle (sic) in Mies's later development and reaches its supreme expression in the Barcelona Pavilion of 1929.«[16]

Der von Johnson eingeführte Begriff des *flowing space* spielt auch in Hilberseimers Beschreibung des Barcelona-Pavillons eine zentrale Rolle: »The building was embellished not only by the richness of the colorful marbles used but also through the succession of different space compartments. No one was closed. All led from one to the other. The space seemed to be in motion, flowing from one part to another, merging with the enclosed water court and finally with the outside space. As the inside and the outside space united, so did the rational of the structure with the irrational of the space concept (...).«[17]

Lukas Zurfluh zufolge führten die eben zitierten Äußerungen zu einer inflationären Verwendung des Begriff »fließender Raum«.[18] Betrachtet man sie indes näher, so stellt man fest, dass sie sich gar nicht als Begründung für dieses Paradigma eignen. Riezler erweckt den Eindruck, als Kunst- und Musikwissenschaftler habe er die Strukturen des Barcelona-Pavillons gar nicht mit den Augen eines Architekten gesehen, sondern sie ähnlich wahrgenommen wie Klänge oder Farbflächen, die ja tatsächlich ineinander fließen können.

Liest man Hilberseimer genauer, fällt auf, dass er überhaupt nicht von Räumen spricht, die fließend ineinander übergehen, sondern von einem *space*, der sich in verschiedene Kompartimente *(space compartments)* gliedert. Von diesen Kompartimenten führt eines zum anderen, sodass sich eine Abfolge *(succession)* ergibt. Die damit verbundene Bewegung bewirkt, dass die einzelnen Teile *(parts)* ineinander fließen *(flowing)* und sich mit ihrer äußeren Umgebung vermischen *(merging)*. Letztlich beschreibt Hilberseimer nur einen Bereich, dessen Binnenstruktur in sich und nach außen hin offen ist. Noch weniger als der Begriff *space* sind die Wörter *inside* und *outside* mit dreidimensionalen Räumen konnotiert. Dasselbe gilt für die von Johnson verwendeten Vokabeln *indoors* und *outdoors*.

Noch aufschlussreicher als die Analyse der Mies-Rezeption ist freilich, dass Mies selbst niemals von einem fließenden Raum gesprochen hat. Zu seinem Projekt *Landhaus in Backstein* von 1924 bemerkte er lediglich, er habe »das bisher übliche Prinzip der Raumumschließung verlassen und statt einer Reihe von Einzelräumen eine Folge von Raumwirkungen angestrebt«. Die Wand habe ihren abschließenden Charakter verloren und diene nun der Gliederung des Hausorganismus.[19] Von einem weiteren Projekt, dem *Museum für eine kleine Stadt* sagte Mies, eine offene Raumgestaltung vor dem Hintergrund der umgebenden Landschaft führe zu einem »nicht umschließenden Raum«.[20]

Letztlich erhebt Mies nur den Anspruch, dass seine einzelnen Räume – im Unterschied zur herkömmlichen Bauweise – weniger in sich geschlossen und weniger umschlossen sind. Sie ergeben eine organische Abfolge, die nun als Ganzes eine Wirkung erzielt. Solche Abfolgen und organischen Einheiten können aber nur mit Strukturen geschaffen werden, die sich nicht auflösen und nicht ineinander fließen – eben weil sie Räume sind!

Der Denkfehler der deutschsprachigen Literatur besteht also darin, dass sie die »flowing spaces« von Johnson und Hilberseimer und die »offene Raumgestaltung« von Mies kombiniert und zu einem gänzliche neuen Phänomen, nämlich zum »fließenden Raum«, umgedeutet haben. Dieser Topos ist aber eine terminologische Chimäre. Somit sind wir wieder bei der Problematik der Definition und der Differenzierung angelangt.

3.6 Das doppelte Paradoxon: Der »offene Raumkörper« als Teil der Berliner Stadtarchitektur

Nicht weniger paradox sind die von der Forschung vorgebrachte Deutung der Neuen Nationalgalerie als eines »offenen Raumkörpers« und die von Mies suggerierte Analogie zur Berliner Stadtarchitektur. Zunächst verstößt auch dieses Paradigma gegen physikalische Gesetze: Ein Raumkörper kann nicht offen sein, sondern nur die ihn umgebende Hülle, und er kann nicht von einem anderen Raum durchflossen werden. Wie für den Körper, so gilt für den Raum das physikalische Prinzip: Wo einer ist, kann kein anderer sein.

Darüber hinaus ist aber auch die in Kapitel 3.2 referierte typologische Herleitung nicht aufrechtzuerhalten. Zum einen lassen weder Mies' Schinkel-Referenz, noch seine eigenwillige Formung der Stützen auf eine konkrete Rezeption des Alten Museums und der Alten Nationalgalerie, geschweige denn auf eine echte Neuformulierung des Parthenon schließen. Zum anderen irrte Le Corbusier mit seiner Deutung des griechischen Peripteros als eines »offenen Raumkörpers«. Sieht man vom Solitärcharakter ab, besteht die einzige Gemeinsamkeit all dieser Bauten in ihrer tektonischen Bauweise – und nur dies macht ihre *klassische Grundhaltung* aus. Darüber hinaus ist der griechische Peripteros – im Unterschied zum römischen Podiumstempel, aber auch zum Alten Museum und der Alten Nationalgalerie – eben keine Stadtarchitektur. Zu behaupten, Mies habe mit der Rezeption des Parthenon sowohl einen »offen Raum« als auch eine Entsprechung zur Berliner Stadtarchitektur geschaffen, ist daher ein doppelter Widerspruch. Doch der Reihe nach!

Zunächst ist die Neue Nationalgalerie keine Neudeutung des klassischen Tempels. Gerade in ihrem Raumverständnis unterscheiden sich beide Bauten deutlich voneinander. Nicht nur der römische Podiumstempel, bei dem die Säulen in der Regel an drei Seiten mit der Cellawand verschmolzen sind, sondern auch der griechische Peripteros mit seinem umlaufenden Säulenkranz bildet einen klar definierten Raum aus. Zwar bedingen die Interkolumnien eine gewisse Offenheit, doch sind sie nur so breit, dass die einzelnen Säulen als rundumansichtige und autonome Glieder wahrgenommen werden können. Der Charakter einer kontinuierlichen linearen Reihung ist keinesfalls aufgehoben. Eben diese Reihung bildet eine Konvexhülle, die so stark ist, dass sich der Bereich hinter der Peristasis, also die Ringhalle, vom Außenraum als ein eigenes Raumvolumen abgrenzt. Verstärkt wird die bauliche Definition dieses Raumvolumens durch drei Faktoren: die Betonung der Ecken (Verringerung der Interkolumnien nach außen, Ecktriglyphen in der dorischen, Eckvoluten in der ionischen Ordnung); die Kohärenz von Dachkante, Gebälk und Säulenkranz (Bündigkeit von Architrav und oberem Säulenschaft); die Tatsache, dass die Kassettendecke zwischen Cella und Säulenkranz bis zum Geison hinaufreicht, sodass der deutlich tiefer liegende Architrav eine klare Abschlusskante bildet. Zu dieser raumumschließenden Architektur verhält sich die Neue Nationalgalerie antithetisch. Der enorme Abstand der Stützen, die demonstrative Auflösung der Ecken und der Überstand der Stützen gegenüber der Dachkante schwächen die Konvexhülle so sehr, dass diese nicht mehr als Raumgrenze wirken kann. Überhaupt ist das eigentliche Thema von Mies nicht der Tempel, sondern das Dach, das in seiner Masse über den acht filigranen Stahlträgern fast zu schweben scheint (und diesen Trägern tatsächlich auch als eine autonome, sich selbst tragenden Konstruktion nachträglich aufgesetzt wurde, während die Architravblöcke und Kassettierungen des griechischen Tempels sich nach dem Abstand der Säulen richten).

Mit anderen Worten: die Neue Nationalgalerie ist kein »offener Raumkörper« und »kein fließender Raum«, sondern eine offene Konstruktion, die auf einer erhöhten Ebene (der Oberfläche des podestartigen Unterbaus) steht. Ebendarum ist sie auch keine Stadtarchitektur. Selbst wenn sie in einem echten Stadtraum stünde, würde sie diesen lediglich partiell übergreifen, doch nicht zu ihm in Beziehung treten. Dazu bedürfte sie wenigstens eines eigenen Raumes – und einer Fassade! Doch selbst das würde noch nicht genügen. Auch der griechische Peripteros, der einen eigenen Raum und eine giebelbekrönte Stirnseite besitzt, ist nicht für ein urbanes Umfeld konzipiert worden. Die meisten Peripteroi standen entweder auf einer Anhöhe außerhalb der Stadt oder in der freien Landschaft. In den eher seltenen Fällen, in denen sie sich innerhalb der Stadt befanden (wie etwa das Hephaistaion von Athen) bedurften sie aufgrund ihrer Rundumansichtigkeit großer, den Stadtraum unterbrechender Abstandsflächen.

Es ist daher kein Zufall, dass die Römer, als sie den Tempel zu einem zentralen Objekt ihrer Stadtbaukunst machten, von den Griechen zwar die Säulenordnungen übernahmen, nicht aber die Typologie des Peripteros. Stattdessen griffen sie auf den Typus des etruskischen Podiumstempels zurück. Der römische Tempel erhielt einen hohen Sockel, der Teil seiner Kubatur war. Ferner trat an die Stelle der umlaufenden Krepis eine deutlich größere, dafür aber auf den Eingangsbereich beschränkte Freitreppe. An den Nebenseiten schließlich wurden die Säulen an die Cellawand gebunden – sofern sie nicht ganz entfielen. Im Gegenzug stieg die Anzahl der Freisäulen im Bereich der Tempelvorhalle. Auf diese Weise erhielt der Podiumstempel eine repräsentative raumhaltige Fassade, die über die Freitreppe in den Stadtraum führte und ihn innerhalb desselben klar verortete. Darüber hinaus betteten die Römer ihre Tempel häufig in ein Forum ein, das mit seinen umlaufenden Brandwänden und Säulenhallen seinerseits einen klar definierten städtischen Raum ergab.

Selbst der Innenraum der römischen Tempel stand – ganz im Gegensatz zum Adyton der griechischen Sakralarchitektur – in Beziehung zum Stadtraum, wobei die Tempelvorhalle eine Art Verbindungsraum bildete. Besonders deutlich ist dies auf den bewusst stilisierten Darstellungen einiger Münzen dokumentiert:

[9] Lucca, Piazza del'Anfiteatro

Die Kultbilder, die am hintersten Ende des Innenraums stehen, sind aus der Tiefe herangezoomt, um, von der Portikus wirkungsvoll umrahmt, zu einem Teil der Gesamtarchitektur zu werden. [7] Dabei bilden sie mit dem Skulpturenschmuck der Cella, des Giebels und der Treppenwangen, aber auch mit den Denkmälern des Vorplatzes eine Gruppe. Im Gegenzug waren, wie wir von archäologischen Grabungen wissen, Freidenkmäler, die wie die Bildsäule oder das Reiterstandbild des Trajansforums auf einem Platz standen, axial auf die Fassaden römischer Tempel und Basiliken bezogen.

Nichts von diesen städtebaulichen Bezügen findet sich an der Neuen Nationalgalerie. Eine raumhaltige Fassade, die den Baukörper ausrichtet und mit dem Stadtraum verbindet, gibt es nicht. Zwar existieren Vortreppen, doch endet die eine abrupt am Gehweg der Potsdamer Straße, während die andere parallel zur Kante des Unterbaus verläuft. Der Unterbau selbst ist breiter als das Dach und gleicht somit eher einer Terrasse oder einem Podest als einem Podium; selbst wenn der Bau einen Raumkörper besäße, wäre dieser über den Unterbau nicht im Stadtraum verankert. Im Innern gibt es keine zentrale Skulptur oder einen anderen Gegenstand, der das Ende einer Blickachse bildet. Ebenso wenig stellen die Skulpturen, die außerhalb auf dem Podest stehen, einen Bezug zur Umgebung her. Damit bestätigt sich die in Kapitel 3.3 aufgestellte Behauptung: Bis auf den Solitärcharakter und die abstrakte Idee einer tektonischen Gliederbauweise entspricht die Neue Nationalgalerie in keiner Weise der antiken Tempelarchitektur. Ebenso wenig steht sie in de Tradition der Museumsbauten Schinkels und Stracks, die mit ihren Portiken, ihren Freitreppen, ihren nach innen führenden Sichtachsen und ihrem figürlichen Fassadenschmuck denkbar eng mit dem Stadtraum verbunden sind (Kapitel 4.1 bis 4.5).

3.7 »Stadtlandschaft«, »fließender Raum« und »offener Raumkörper« als Negierungen der Topografie

Räume geben Orten einen Charakter und eine Bedeutung. Wo immer ein Raum definiert wird, wird auch der Ort, an dem er sich befindet, definiert. Raumbildung bedeutet Ortsbestimmung, bedeutet Verortung. Das gilt für Gebäude, aber auch für Menschen. Ein Mensch, der auf dem offenen Meer treibt, weiß nicht, wo er ist, ebenso wenig wie derjenige, der in den endlosen Weiten der Wüste umherirrt. Aus diesem Grund sind Bereiche, die räumlich nicht definiert sind, Unorte, an denen Menschen sich fremd fühlen, an denen sie nicht heimisch werden können, an denen ihre Identitätsfindung erschwert wird.

Allerdings bringen nicht nur Räume Orte hervor. Orte schaffen sich auch ihre Räume. Das gilt insbesondere für die Stadtarchitektur. Stadträume müssen sich organisch entwickeln, sie entstehen aus einer Metamorphose vorhandener Strukturen: vorhandene Substanz wird um- und überbaut wie in Lucca, wo aus dem römischen Amphitheater ein mittelalterlicher Platz entstanden ist [9]; Straßenzüge werden verlängert und ausgebaut wie die Friedrichstraße in Berlin, die als krönenden Abschluss den Belle-Alliance-Platz mit dem Halleschen Tor erhalten hat [10]; topografisch bedeutsame Punkte werden durch neue Achsen miteinander verbunden wie die Pilgerkirchen Roms durch die unter Sixtus V. angelegten Prozessionswege [11]; um die historischen Stadtkerne legen sich neue Schichten wie in Wien die Ringstraße samt den angrenzenden Bezirken.

Innerhalb dieses Wechselverhältnisses von Raumbildung und Verortung fällt der Fassade jene Schlüsselfunktion zu, die in Kapitel 1.1. bereits beschrieben wurde: Sie gibt dem Haus ein Gesicht und eine Adresse und setzt es so zum Stadtraum in eine gestalterische und ikonografische Beziehung. Im Gegenzug verleiht sie dem städtischen Raum eine Fassung und

[10] Dismar Degen: Der Belle-Alliance-Platz in Berlin (Öl auf Leinwand, 1734; Kriegsverlust)

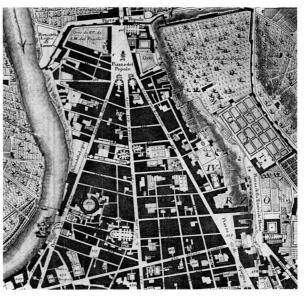

[11] Giambattista Nolli: Detail aus dem Rom-Plan von 1748

einen Bezugspunkt. Im Idealfall wird sie sogar zu einer Manifestation des Genius Loci.

Am Berliner Kulturforum hingegen hat sich kein Ort einen Raum geschaffen und das, was dort steht, hat auch keinen Bezug zu einem Ort gefunden. Denn bevor das Kulturforum entstand, wurde die historische Topografie eliminiert. Das Kulturforum verdankt seine Existenz nachgerade der Vernichtung des Genius Loci. Darüber hinaus gehen die beiden prominentesten Bauten, die Philharmonie und die Neue Nationalgalerie, auf Entwürfe zurück, die ursprünglich für ein ganz anderes Ambiente geschaffen waren. Die Ausschreibung für den Neubau der Philharmonie hatte als Bauplatz ein Grundstück an der Bundesallee vorgesehen. Mies wiederum überarbeitete Pläne für ein unausgeführt gebliebenes Verwaltungsgebäude der Firma Bacardi in Santiago de Cuba und für das Museum Georg Schäfer in Schweinfurt. In einer anderen Umgebung hätte die Realisierung von Scharouns und Mies' Plänen mehr Sinn ergeben.

Es ist unbestritten, dass der Konzertsaal der neuen Philharmonie und der Kammermusiksaal großartige Innenräume sind, die nicht nur der Musik eine würdige Heimstatt geben, sondern auch für Künstler und Publikum einen eindrucksvollen Rahmen bilden. Ebenso bietet die Neue Nationalgalerie ein grandioses Entree für die ausgestellten Kunstwerke. Doch weder Scharouns und Wisniewskis Innenräume noch Mies van der Rohes schwebendes Dach leisten eine urbane Verortung. Städtebaulich gesehen sind sie Strandgut.

3.8 Das Kulturforum: Ein gescheiterter Mythos

Letztlich beruhen die Konzeption und die Rezeption des Kulturforums auf einer Reihe von Prämissen, die historisch nicht haltbar und in sich widersprüchlich sind. Dazu zählen neben dem Paradigma der »Stadtlandschaft«, das sich zu Unrecht auf den englischen Landschaftsgarten beruft, die Paradoxa des »fließenden Raumes«, der »fließenden Grenzen« und des »offenen Raumkörpers« sowie die davon abgeleiteten Schein-Analogien: zum einen zwischen dem Barcelona-Pavillon, der Neuen Nationalgalerie, dem Parthenon und den Bauten der Museumsinsel, zum anderen zwischen der Neuen Nationalgalerie und dem römischen Podiumstempel. Ebenso problematisch ist die einseitige Auslegung des englischen Schlüsselbegriffs *space* im Sinne von Raum, die eine gedankliche und damit auch gestalterische Unschärfe provoziert. Und schließlich führt die Vorstellung in die Irre, man könne Architektur durch Negierung der Topografie eigenmächtig erschaffen.

Das gedankliche – oder sagen wir ruhig das ideologische Fundament des Kulturforums ist nicht mehr als ein Mythos. Auf der Grundlage dieses Mythos eine neue Stadtarchitektur schaffen zu wollen, war eine Hybris, die nicht mehr hervorbringen konnte als einen Hybrid. Das Kulturforum ist an seinem eigenen Mythos gescheitert.

4. Fallbeispiel Museumsinsel: Die Fassade als Membran zwischen Baukörpern und Raumkörpern

4.1 Die offene Fassade als Teil des Stadtraums

Obwohl der von der Forschung gezogene Vergleich der Neuen Nationalgalerie mit dem Alten Museum und der Alten Nationalgalerie einerseits und der griechischen und römischen Tempelarchitektur andererseits nicht trägt, ist er besonders aufschlussreich. Er verdeutlicht nämlich, wie verschieden die jeweiligen Bauwerke in ihrer Typologie und Raumauffassung tatsächlich sind.

Eben weil der römische Podiumstempel im Unterschied zum griechischen Peripteros eine genuine Stadtarchitektur war, rezipierten ihn Schinkel und Strack. Bei der Alten Nationalgalerie ist diese Analogie besonders evident.[6] Doch auch das Alte Museum besitzt Elemente des Podiumstempels: Das Untergeschoss wird an der dem Lustgarten zugewandten Seite zum Sockel mit integrierter Freitreppe. [5] Diese führt in eine offene Säulenhalle, die sich deutlich von der glatten Wandarchitektur der Nebenseiten abhebt. Das Ergebnis ist eine raumhaltige Fassade, die zum Stadtraum in einer ähnlichen Beziehung steht wie eine römische Tempelvorhalle.

Diese Beziehung schließt das Innere des Baukörpers ein. Schinkel ließ die Freitreppe hinter der Kolonnade in ein doppelläufiges Treppenhaus übergehen. Dessen Arme münden auf der Ebene des zweiten Obergeschosses in eine Aussichtsplattform, die sich in der Säulengalerie des angrenzenden zentralen Rotundensaals fortsetzt. [12] Im ersten Obergeschoss dagegen durchzieht eine Blickachse das Treppenhaus und den Rotundensaal bis hin zu der berühmten Bronzefigur des Betenden Knaben, die im hintersten Raum steht und von dort zurück in das Kuppelgewölbe der Rotunde blickt. Der Betende Knabe ist sogar der Point de vue einer Sichtachse, die einst am anderen Ende der Stadt, am Alten Cöllner Rathaus, begann und die Breite Straße, den Eosanderhof des Schlosses und den Lustgarten durchzog. Diese Achse wurde im Lauf der Zeit mit weiteren Figuren möbliert. Schinkel selbst hatte der Figur des Betenden Knaben die antiken, die zwischen den Säulen der Rotunde standen, sowie die Rossebändiger und die Famen auf dem Dach vorgeschaltet. Später wurden die Treppenwangen – ganz im seinem Sinne – mit Tierkampfgruppen besetzt. Hinzu kamen das Reiterdenkmal Friedrich Wilhelms III. im Lustgarten, ferner die Rossebändiger vor dem Portal IV des Schlosses und der den Drachen besiegende Heilige Georg im Eosanderhof. Motivisch nahmen diese Figuren die Tierkampfgruppen und die Dioskuren am Alten Museum vorweg. Vor dem Portal II, am Übergang von Breiter Straße und Schlossplatz, stand schließlich der Neptun-Brunnen, der anstelle des von Schinkel geplanten Borussia-Brunnens geschaffen worden war. Die römische Tradition, das Kultbild im Innern eines Heiligtums,

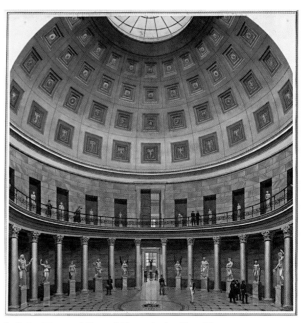

[12] Carl Emanuel Conrad: Rotunde des Alten Museums in Berlin (Aquarell, nach 1830)

mittels einer offenen, figurengeschmückten Fassade zum Teil einer mit Denkmälern möblierten Stadtarchitektur zu machen, war von Schinkel also gleichfalls aufgegriffen und von den späteren Stadtbaumeistern fortgeführt worden.

Ganz ähnlicher städtebaulicher Prinzipien bediente sich Strack, wenngleich er die einzelnen Gestaltungselemente etwas variierte. So steigerte er die Freitreppe vor der Alten Nationalgalerie zu einer monumentalen doppelläufigen Anlage, die auf einen Vorplatz führt. Dieser Vorplatz wird von Stülers Säulengängen des Neuen Museums eingefasst, was ihm den Charakter eines Forums oder eines Temenos verleiht. [17] Einen besonderen Akzent setzte das Reiterstandbild Friedrich Wilhelms IV. auf dem Wendepodest der Freitreppe.

Unterhalb des Wendepodests führt ein Portal in eine Vorhalle, der sich das Vestibül und ein Treppenhaus anschließen. Der untere Lauf des Treppenhauses endet vor einer Nische, in der Johann Gottfried

Schadows berühmte Prinzessinnengruppe steht. Diese Gruppe bildet den Endpunkt einer weiteren Blickachse, die beim Portal I an der Südseite des Schlosses ansetzt, durch den Schlüterhof führt und dann über die Straße Am Lustgarten verläuft. Auf der oberen Ebene der Innentreppe führt dieselbe Achse im umgekehrter Richtung über das Reiterdenkmal Friedrich Wilhelm IV. auf das Schlossportal V zu.

4.2 Raumfolgen als städtebauliche Dramaturgie

Indes stellen die von Schinkel und Strack geschaffenen Achsen nicht nur Sichtbezüge her; sie konstituieren auch eine besondere Raumdramaturgie. In seiner Gesamterscheinung ist das Alte Museum ein blockhafter Baukörper, der das Treppenhaus als einen klar definierten Raum umfasst. [5] Die Säulenreihe bildet einen weiteren Raum in Gestalt der Vorhalle aus. Während das Treppenhaus mit dem Innenraum des Rotundensaals verbunden ist, kommuniziert die Vorhalle mit dem Außenraum des Lustgartens. Aufgrund dieser doppelten Bindegliedfunktion können die Zwischenräume von Treppenhaus und Vorhalle auch als Schwellenräume bezeichnet werden. Dieser meist zu unspezifisch verwendete Terminus[21] ergibt in diesem Fall wirklich Sinn.

Der Lustgarten, auf den Schinkel sich bezog, war freilich erst mit dem Bau des Alten Museums zu einem Raum geworden. Mit ihm suchte Schinkel den Anschluss an die bereits vorhandenen Räume im Süden: die Durchgangsräume der Schlossportale IV und II, den Binnenraum des Eosanderhofs sowie den Stadträumen des Schlossplatzes und der Breiten Straße. Über die Denkmäler des Stadtraums und des Alten Museums, die gewissermaßen eine figürliche Kette bildeten, waren diese höchst unterschiedlichen Räume zu einer Art Freilicht-Enfilade verbunden. Die *flowing space compartments*, die Hilberseimer im Barcelona-Parvillon gesehen hatte, sind in Schinkels Berliner Stadtarchitektur tatsächlich gegeben, und zwar im Sinne einer echten Raumdramaturgie.

4.3 Die Konversion / Reziprozität von Raumkörper und Baukörper

Im Unterschied zum Alten Museum besitzt die Alte Nationalgalerie nur einen Schwellenraum: die Tempelvorhalle. Auf einen zweiten Schwellenraum, etwa in Gestalt eines offenen Treppenhauses, verzichtete Strack. Anstelle einer nach innen gezogenen Treppe schuf er mit der Freitreppe einen nach außen verlagerten Treppen-Körper, der zu Schinkels Treppenhaus in einem dialektischen Verhältnis steht: Im einen Fall ist die Treppe nach innen, im anderen Fall nach außen gestülpt.

In ihrer ganzen Dimension erfassbar wird das dialektische Verhältnis zwischen dem Treppenhaus des Alten Museums und der Freitreppe der Alten Nationalgalerie aber erst, wenn man Schinkels Treppen-Raum gleichfalls als einen Körper begreift, und zwar als einen Raumkörper, der einen Komplementär zu Stracks Treppen-Baukörper bildet. Stracks Treppen-Körper ist ein umbauter Raum, Schinkels Treppen-Raum ein umbauter Körper.

Indes sind auf der Museumsinsel die Komplementäre Raumkörper und Baukörper einander nicht nur dialektisch zugeordnet. Schinkel unternahm es auch, Baukörper in Raumkörper zu verwandeln. Ein besonders eindrucksvolles Beispiel für diese Art von *Konversion* ist die Rotunde. [12] Als ihr Vorbild wird immer wieder das Pantheon in Rom genannt.[22] Jedoch gibt es meiner Meinung nach noch einen weiteren Prototypen, nämlich Donato Bramantes Tempietto in Rom. [13] Bekanntlich handelt es sich beim Tempietto um die Weiterentwicklung einer griechischen Tholos: Bramante stockte die Cellawand der Tholos auf und überkuppelte sie. Den freistehenden Säulenkranz ließ er unangetastet. Diese Architektur hat Schinkel nun nach innen gekehrt. Aus dem zylindrischen Körper mit aufgesetzter Halbkugel ist eine überwölbte Hohlform geworden, aus der Außenwand eine innere Hülle, aus dem umlaufenden Säulenkranz mit Balkon eine inwendige Kolonnade mit Galerie. Dank dieser Konversion konnte Schinkel auch zur klaren Trennung von Wandschale und Säulenkranz, die im Pantheon aufgegeben worden war, zurückkehren, ohne den Boden der überlieferten Typologie zu verlassen. Als Antwort auf Schinkel verschmolz Strack in der Rotunde der Alten Nationalgalerie die Säulen wieder mit der Wand. [14] Zugleich bestückte er sie mit Figuren.

Das Prinzip der Konversion von Baukörpern zu Raumkörpern begegnet uns an der Museumsinsel vielfach, vor allem beim Bode-Museum. An dessen zylindrischem Kopfbau stellte Ernst von Ihne Bramantes Außenbau-Typologie wieder her, verschmolz aber im Sinne der römischen Wandbauweise den Säulenkranz mit der Cellawand. [15] Im kleinen Treppenhaus paraphrasierte er das Innere von Schinkels Rotunde, wobei er die Freisäulen auf Pilaster reduzierte und die Figuren, die bei Schinkel frei in den Interkolumnien stehen, in Wandnischen schob. [16] Als Repliken auf Schinkel werden diese Architekturen aber erst erkennbar, wenn man sie als konvertierte Komplementäre begreift.

[13] Rom, Tempietto von San Pietro in Montorio

Das Alte Museum und die Alte Nationalgalerie waren also nicht nur mit dem Stadtraum räumlich verbunden. Durch die Dialektik von Wand- und Gliederbauweise, das Wechselverhältnis von Außen- und Innenwand sowie die Reziprozität von Baukörper und Raumkörper waren diese Bauten einschließlich des Bode-Museums auch zu einem Ensemble verbunden.

4.4 Die Verschränkung von Baukörper und Raumkörper

Eine zweite Möglichkeit, Baukörper und Raumkörper zueinander in Beziehung zu setzen, besteht darin, sie zu verschränken. Ein Beispiel hierfür ist der Kopfbau des Bode-Museums. [16] Über die offenen Erdgeschoss-Arkaden dringt der durch zwei Flussarme gefasste Platzraum in den Baukörper ein, der seinerseits über die Fensterbalkone des Obergeschosses in den

[14] Berlin, Rotunde der Alten Nationalgalerie

[15] Berlin, Bode-Museum

[16] Berlin, kleines Treppenhaus im Bode-Museum

Stadtraum ausgreift. Wie ein Gesicht die Luft, so atmet die Fassade den Raum gleichsam ein- und wieder aus.

Eine ähnliche Durchlässigkeit besitzt die Fassade des Neuem Museums, wo Stüler eine ganz andere Art der Verschränkung gelang. An der Ostseite führte er die Kolonnaden, die den Vorplatz mit der Alten Nationalgalerie umfassen, an die Fassade so weit heran, dass sie zu einem Portiko wurden. [7] Diesen Portiko ließ er am Treppenhausrisalit in einer Breite von drei Achsen in eine dreigeschossige Säulenarchitektur übergehen. Die Säulen hinterlegte er mit Pfeilern, in deren Interkolumnien er wiederum Fenster setzte. Auf diese Weise wurden die Kolonnaden bis ins Innere des Treppenhauses verlängert. [18] Dort, im zweiten Obergeschoss, fanden die Pfeiler eine Entsprechung in einer Korenhalle, die das Schlusspodest der Treppe überfing. Die Korenhalle war ein Zitat des Erechtheions auf der Athener Akropolis. Die Säule, die Vitruv als das Abbild des *homo bene figuratus* beschrieben hatte, wurde durch die Figur der Karyatide abgelöst. Diese Anthropomorphisierung der Architektur setzte sich im übrigen Figurenschmuck der Treppe fort und kulminierte in der Bespielung des Museums durch die realen Menschen, die, aus dem Stadtraum kommend, zusammen mit der Säulenarchitektur die Fassade als eine doppelte Membran durchquert hatten.

4.5 Die Verschachtelung von Baukörper und Raumkörper

Eine weitere Möglichkeit, Körper und Raum zueinander in Beziehung zu setzen, ist die Verschachtelung. Dass ein Baukörper einen oder mehrere Raumkörper in Gestalt von Innenräumen umfasst, ist eine Selbstverständlichkeit. Eine weit größere Herausforderung ist es, das Gegenteil zu versuchen: in einen Raumkörper einen oder mehrere Baukörper zu setzen, womöglich sogar so, dass diese Baukörper ihrerseits einen neuen Raumkörper bilden, etwa indem sie einen Stadtraum simulieren.

[17] Berlin, Neues Museum mit Kolonnaden

[18] Anonym: Treppenhaus des Neuen Museums in Berlin (Stahlstich, 1850)

Auch in dieser Hinsicht erwies sich Stüler als wegweisend. Zunächst fügte er mit der Replik des Erechtheion tatsächlich einen Baukörper in den Raumkörper seines Treppenhauses ein. Zugleich implantierte er in dieses Treppenhaus aber auch einen städtischen Raum. Eine Schlüsselrolle fiel dabei der Ikonografie der Treppe zu. Im Sinne einer Erziehung des Menschen durch Ästhetik, wie sie die Weimarer Klassiker und die Gebrüder Humboldt gefordert hatten, paraphrasierte das Begehen der Treppe den Aufstieg zu jenem Heiligtum, das wie kein anderes in der antiken Welt für Vollkommenheit und Schönheit stand: die Akropolis. Auf Stülers Stufen vollzog der Museumsbesucher im Geiste den Prozessionsweg der Panathenäen nach, wobei ihm die Koren als Tempeldienerinnen gleichsam entgegenschritten.

Ikonografisch überlagert wurde dieser attische Prozessionsweg von drei weiteren Wegen. Zu Füßen der beiden oberen Treppenläufe standen Abgüsse der Dioskuren. Deren Originale, so glaubte man im 19. Jahrhundert, hätten die Treppenwangen des Castor-und-Pollux-Tempels auf dem Forum Romanum geziert und damit die zum Kapitol führende Via Sacra gesäumt. Ferner wusste Stüler, dass Michelangelo das göttliche Brüderpaar bei der Neugestaltung des Kapitols an das obere Ende seiner großen Freitreppe setzen wollte. 1585 fanden die Figuren dann auf dem Platz vor dem Quirinalspalast Aufstellung – als Teile des sogenannten Rossebändiger-Brunnens und als Blickpunkte eines von der Porta Pia kommenden Pilgerwegs.

Indem er die Korenhalle mit den Rossebändigern kombinierte, führte Stüler die Ikonografie von drei heiligen Wegen aus drei Epochen zusammen: der griechischen Klassik, der römischen Antike und der christlichen Neuzeit. Zugleich ließ er vier Stadträume wiedererstehen: die Akropolis, das Forum Romanum, den Kapitolsplatz und die Piazza del Quirinale. Auf diesen Plätzen und Wegen wurden die Besucher auf eine doppelte Reise mitgenommen, die gleichfalls dem Humboldt'schen Bildungskonzept entsprach und die auch das übrige Konzept des Museums bestimmte: auf eine Zeitreise im Geiste des Historikers Wilhelm von Humboldt und auf eine Weltreise im Geiste des Naturforschers Alexander von Humboldt. Auf dieser Reise fungierte die Fassade wie ein Bühnenvorhang, der die Grenze, aber auch das Bindeglied zwischen dem Heute und dem erinnerten Gestern, dem Hier und dem ersehnten Dort bildet.

Das Eintauchen in fremde Räume, die Stüler durch die Implantierung imaginierter Stadträume in den Baukörper seines Museums (sowie in den angrenzenden

[19] Berlin, Pergamonmuseum. Markttor von Milet (links) und Grabanlage des Trajaneums (rechts)

[20] Karl-Friedrich Schinkel: Bühnenbild im Schauspielhaus (Stich, um 1840)

Sälen durch entsprechende Freskomalereien) suggerierte, evozierten auch Alfred Messel und Ludwig Hoffmann beim größten Bau der Museumsinsel, dem Pergamonmuseum. Allerdings arbeiteten sie nicht mit Kopien von Skulpturen und Fresken, sondern mit realen archäologischen Monumenten. So konnten sie Teile der babylonischen Prozessionsstraße samt Ischtar-Tor rekonstruieren. Diese Straße mündet in den Miletsaal, der mit dem Markttor und dem gegenüberliegenden Altar des Trajaneums eine Agora assoziieren lässt. Zudem war das Markttor in Milet gleichfalls Teil einer Prozessionsstraße gewesen, wie übrigens auch der im benachbarten Raum befindliche Pergamonaltar. [19]

Hatte Schinkel eine museale Enfilade als die Verlängerung einer städtischen Raumfolge konzipiert, so machten Messel und Hoffmann städtische Plätze zu Stationen einer musealen Raumdramaturgie. In einem zweiten Schritt erhielten diese innermusealen Stadträume wieder den Charakter von Innenräumen. Das Markttor von Milet wirkt wie die Scenae frons eines Theaters, während die gegenüberliegende Halle des Trajaneums zur Zuschauerloge wird. Nachdem der Museumsraum zum Außenraum geworden ist, wird er wieder zum Innenraum. Mit dem Changieren zwischen Theater- und Stadtraum hatte schon Schinkel gespielt, als er bei der Einweihung des Schauspielhauses den Prospekt des Gendarmenmarkts zum Bühnenbild machte. [20] Nun wurden der Platzraum zu einem Bühnenraum und der Zuschauerraum zu einem Platzraum. Die Dialektik der Raumkonversion war hier auf eine ganz eigene Weise formuliert worden.

Eine weitere Variante der Raumkonversion entwickelte Ihne am Bode-Museum. In dem rundtempelartigen Kopfbau, der an der Gabelung von Spree und Kupfergraben den Abschluss (beziehungsweise den Auftakt) der gesamten Museumsinsel bildet, integrierte er ein riesiges Vestibül. [21] In dessen Mitte stellte er eine Kopie von Schlüters Großem Kurfürsten. Dank dem Reiterstandbild erschien der von zwei seitlichen Treppenläufen gefasste Raum als das innere Gegenstück des Vorplatzes, der von zwei Brückenarmen flankiert wurde und bis 1945 mit einem Reiterstandbild Kaiser Friedrichs III. besetzt war. Einen der angrenzenden Säle gestaltete Ihne als eine Renaissancebasilika. Dem Besucher wurde somit der Eindruck vermittelt, er komme von einer Piazza in eine Kirche. Den Abschluss der Raumfolge bildete das schon erwähnte kleine Treppenhaus, das sich als eine nach innen gewendete Paraphrase des Kopfbaus gab. Hatte Ihne im Vestibül die Infrastruktur des Vorplatzes nach innen gespiegelt, so invertierte er im kleinen Treppenhaus die Fassade des Vorplatzes.

[21] Berlin, Vestibül des Bode-Museums

Im Neuen Museum, dem Bode-Museum und dem Pergamonmuseum erlangte die Reziprozität von Raumkörper und Baukörper eine besondere Vielschichtigkeit. In die Innenräume von Baukörpern wurden kleinere Baukörper gestellt (Korenhalle, Ischtar-Tor, Markttor von Milet, Trajaneum, Pergamonaltar), die ihrerseits neue Räume hervorbrachten: Innenräume (wie die Fassadenräume des Markttors, die Kolonnaden des Pergamonaltars oder die Galerie des Trajaneums), aber auch ganze Stadträume (die Prozessionsstraßen von Athen, Babylon und Pergamon, die Pilgerwege Roms, die Agora von Milet, der Kapitolsplatz und Piazza al Quirale in Rom sowie ein fiktiver Berliner Platz mit dem Schlüterdenkmal).

4.6 Zwischenbilanz

Als Zwischenbilanz lässt sich festhalten:

Die Einbindung des Bauwerks in die Stadt wird auf der Museumsinsel durch ein komplexes Raumkonzept erreicht:

— Räume sind geometrisch klar definiert.

— Räume bilden gebäudeübergreifende Sequenzen.

— Räume stehen als Körper in einem dialektischen Verhältnis zu Baukörpern.

— Raumkörper können als invertierte Baukörper gelesen werden.

— Raumkörper verschränken und verschachteln sich mit Baukörpern.

— Die Kombination von Baukörpern und anderen Raumkörpern besitzt szenografische Qualitäten.

— Die Verbindung von Raum- und Baukörper wird durch eine (überwiegend) sakrale Ikonografie gedanklich überhöht.

— Alle Raum- und Baukörper vollziehen eine geistige Verortung, indem sie entweder auf die historische Topografie Bezug nehmen oder einen fiktiven Genius Loci evozieren.

Innerhalb dieses Raumkonzepts besitzt die Fassade zwei Eigenschaften:

— Als Membran grenzt sie Baukörper und Raumkörper voneinander ab, verbindet sie zugleich aber auch miteinander.

— Als Außenwand richtet sie Baukörper, als Innenwand Raumkörper aus.

Schon die Gemeinsamkeiten, die Schinkels und Stracks Museumsbauten mit der römischen Tempelarchitektur aufweisen, zeigen, dass die Museumsinsel in einer langen städtebaulichen Tradition steht. Noch mehr gilt dies freilich für die hier eruierten Raum- und Fassadenkonzepte. Sie sind sogar, wir mir scheint, ein fester Bestandteil der vormodernen Stadtbaukunst. Einige ältere Fallbeispiele mögen diese Behauptung untermauern.

5 Ältere Fallbeispiele: Die vormoderne Vorstellung von Fassade und Raumkörper

5.1. Innenraum und Stadtraum als konvertierte Komplementäre

Beginnen wir mit dem komplementären Verhältnis von Innenraum und Stadtraum, das sich schon für die Spätantike nachweisen lässt. Das frühchristliche Baptisterium im Lateran und das Mausoleum im Diokletianspalast zu Split können als invertierte Tholoi gedeutet werden. Analog dazu vollzieht die frühchristliche Basilika mit ihren von Kolonnaden oder Arkaden gesäumten Schiffen eine Inversion des griechischen Peripteros mit seinem Säulenkranz. Darüber hinaus paraphrasieren die das Mittelschiff säumenden und zum sogenannten Triumphbogen führenden Kolonnaden und Arkaden antike Prozessionsstraßen. Wie der Römer auf das Stadttor von Palmyra oder auf den kaiserlichen Triumphbogen von Timgad zuging, so strebte der Christ dem Tor des himmlischen Jerusalem entgegen, wobei er – wie etwa in San Sabina zu Rom – anstelle des realen Himmels durch eine mit Sternen bemalte Holzdecke überfangen wurde. [22, 23] Mit dem imaginierten Wechsel von einem diesseitigen in einen jenseitigen Stadtraum vollzog sich der Übergang von der Gegenwart in die Zukunft.

Nach Lothar Kitschelt und Hans Seldlmayr bildet der christliche Sakralbau sogar eine ganze römische Stadtanlage ab: Die Fassade mit ihren Portalen entspreche den verschiedenen Formen des spätantiken Stadttors, das Langschiff der typischen ein- oder zweigeschossigen Arkadenhallenstraße antiker Städte, das Kreuzschiff mit Nebenschiffen dem Cardo, der *Triumphbogen* den in den Straßenzug angefügten spätantiken Triumph- oder Ehrenbogen. Wie im Diokletianspalast in Split ende die Straße in einem Thronsaal, der in der Kirche zum Sanktuarium geworden sei (also dem Ort, in dem die Kathedra des Bischofs steht und der die Königsherrschaft Christi vergegenwärtigt; Anm. d. Verf.).[23]

In den Florentiner Uffizien hat Vasari diese Inversion wieder rückgängig gemacht. [24] Die Kolonnaden, die wie in einer Kirche mit Figuren geschmückt sind, trennen die seitenschiffartigen Korridore von der mittelschiffartigen Straße. Die Fassaden gleichen Hochschiffwänden, das Kopfende mit der Tordurchfahrt ist ein Mittelding zwischen Lettner und Vierungsbogen.

Aber auch in den Stadtarchitekturen Bolognas oder Turins erinnern viele Straßenzüge an das Innere von Kirchen. Plätze, auf denen die Straße auf eine Querstraße trifft, kommen einer Vierung nahe. An einigen Ecken, an denen zwei Straßen zusammenlaufen, bilden die Arkaden sogar ein Halbrund, das an den Säulenkranz eines nach außen gekehrten Chorumgangs denken lässt. [25]

Im Gegenzug können Plätze den Charakter von Innenräumen erlangen. Im 18. Jahrhundert geschah dies besonders durch entsprechende Inszenierungen, etwa wenn die Honoratioren Roms die Fassade des Palazzo Pamphilij einerseits wie ein Proszenium bespielten, andererseits wie aus einer Ehrenloge auf die Piazza blickten. [1] Das Treiben, das dort wie auf einer Bühne stattfand, wurde auch von den übrigen Anwohnern verfolgt, deren Balkone, Loggien und Fenster nun Zuschauerrängen glichen. Der Platz hatte sich nicht nur – ähnlich wie in Lucca [9] – durch eine allmähliche Überbauung organisch aus der Struktur eines Theaters beziehungsweise einer Arena entwickelt (nämlich des

[22] Palmyra, Prozessionsstraße

[23] Rom, Santa Sabina

[24] Florenz, Uffizien

[25] Turin, Ecke Via Pietro Micca und Via Giuseppe Barbaroux

Domitianischen Zirkus), sondern er wurde durch temporäre Ereignisse auch selbst zum Freilichttheater.

Was aber lag nun näher, als dieses Verhältnis wieder umzukehren und den Stadtraum ins Theater zu holen, wie beispielsweise Palladio und Scamozzi es im Teatro Olimpico in Vicenza taten, wo sie in einem städtischen Theater eine Theaterstadt schufen? Wie in Rom ist eine Palastfassade zum Proszenium geworden. Dessen obere Stockwerksordnung zieht sich um das Zuschauerrund wie um einen öffentlichen Platz. [26]

Den Höhepunkt dieses Wechselspiels bilden wiederum die Platzanlagen des römischen Barock. Bei der Fontana di Trevi mutieren die Fassade und der Vorplatz des Palazzo Poli durch den Skulpturenschmuck des Brunnens zu einer Freilichtbühne, auf der sich versteinerte und lebende Akteure begegnen. Beim päpstlichen Segen Urbi et Orbi werden die Fassade des Petersdoms mit der Benediktionsloggia zur Kulisse und das Oval des Petersplatzes zum *teatro*.

Darüber hinaus ist der Petersplatz ein Beispiel dafür, dass Stadtarchitektur nicht nur durch entsprechende Inszenierungen einen Innenraum simulieren, sondern durch entsprechende Übergänge auch schrittweise in einen solchen übergehen kann. In der Scala Regia, die Bernini in axialer Verlängerung seiner Petersplatzarchitektur anlegte, wiederholen die freistehenden Säulenreihen des unteren Treppenlaufs die Kolonnaden der Piazza, während die Doppelpilaster des oberen Treppenlaufs samt den zu Parallelogrammen verzogenen Blendrahmen die Außengliederung der Korridore, welche die Kolonnaden mit dem Vestibül der Scala verbinden, paraphrasieren. [27] Der unter den Kolonnaden verlaufende

[26] Vicenca, Teatro Olimpico

Pilgerweg setzt sich im Innern des Apostolischen Palastes in einem Zeremonialweg fort, der auch die Ikonografie einer antiken Prozessionsstraße aufruft und sie somit nach innen kehrt.

Jedoch ließen sich Konversionen nicht nur erreichen, indem man die Typologie eines Außenraums auf einen Innenraum übertrug und umgekehrt; ein Gebäude konnte auch durch Umbau konvertiert werden. Wie in Kapitel 3.7 erwähnt, wandelte sich in Lucca der Innenraum des römischen Amphitheaters infolge der mittelalterlichen Überbauung in einen Platzraum. [9]

Gelegentlich konnte ein Bauwerk auch mehrfach zwischen Innen- und Außenraum changieren. Bei besonderen Anlässen wurden im 18. Jahrhundert der Innenhof des Pariser Rathauses mit einem Zeltdach überspannt und die Fensterflügel ausgehängt. Der

[27] Rom, Scala Regia

[28] Anonym: Paris, Umwandlung des Innenhofes im Pariser Hôtel de Ville anlässlich des am 24. Februar 1745 gegebenen *Bal paré* (Kupferstich 1745)

offene Hof verwandelte sich in einen Ballsaal mit Logen. [28] War das Fest zu Ende, wurde die Konversion wieder aufgehoben.

Neben temporären Zeltdächern lassen die illusionistischen Deckenmalereien barocker Kirchen und Schlösser darauf schließen, dass zentrale Innenräume als überwölbte Freilichtarchitekturen wahrgenommen werden sollten. Beispielsweise gab sich das Stiegenhaus in Pommersfelden mit einem Deckenfresko, das zunächst die Realarchitektur perspektivisch verlängerte und dann einen Ausblick in den Götterhimmel suggerierte, als ein von Galerien umstandener Innenhof mit Freitreppe. [29]

5.2. Die Reziprozität von Raumkörper und Baukörper

Der Gedanke einer Reziprozität von Raumkörper und Baukörper ist vielleicht nirgends so klar formuliert worden wie in der sogenannten französischen Revolutionsarchitektur. In Étienne-Louis Boulées Entwürfen für einen Kenotaph Sir Isaac Newtons erschließen sich die architektonischen Figuren der Kugel beziehungsweise der Halbkugel bezeichnenderweise nicht von außen, sondern von innen her. Dabei wirkt die Sphäre nicht nur als die firmamentartige Hülle eines Hohlkörpers, sondern auch als die Außenwand eines ätherischen Raumkörpers. Diese Ambivalenz trägt Newtons Vorstellung vom Äther als einer den Himmelsraum füllenden körperartigen Substanz Rechnung. [30][24]

[29] Salomon Kleiner: Treppenhaus in Schloss Pommersfelden (Kupferstich, 1728)

[30] Étienne-Louis Boullée: Entwurf für einen Kenotaph für Isaac Newton

lassen sich nicht nur als die umbauten Grundrissfiguren eines Karees, eines Oktogons oder eines Kreises deuten, sondern auch als ein Quader, ein achtseitiges Prisma und ein Zylinder. [10] In dieser Sichtweise erscheinen die Plätze nicht mehr als bloße Freiflächen oder als Aussparungen innerhalb des städtischen Gewebes, sondern als eigenständige dreidimensionale Figuren, in die sich das Relief der angrenzenden Fassaden wie eine Matrix in einen Rohling hineindrückt.

Noch evidenter ist die Körperlichkeit des Raumes in der Architektur des römischen Hochbarock. Die Fassade, die Pietro da Cortona der Kirche Santa Maria della Pace vorblendete, besteht aus drei vertikalen Ebenen. [31] Diese gehen nicht nur schrittweise von der konkaven zweigeschossigen Wandarchitektur in die eingeschossige konvexe Gliederarchitektur über, sondern reagieren auch unterschiedlich auf das Volumen des gleichfalls von Cortona geschaffenen Vorplatzes. Während die vordere Ebene in Gestalt des halbrunden Portico aktiv in den Platzraum ausgreift, verhält sich die mittlere Ebene eher statisch-neutral. Die hintere Ebene weicht dagegen passiv zurück. Dieses unterschiedliche Verhalten ergibt am meisten Sinn, wenn man es sich als ein Wechselspiel von Druck und Gegendruck vorstellt. Indem der vordere Teil der Fassade sich in den Platzraum schiebt, erzeugt er einen imaginären Überdruck, der in die hintere Fassadenebene zurückdrängt. Derartige Druckverhältnisse

Städtebaulich manifestiert sich die Körperhaftigkeit von Räumen besonders in der geometrischen Figur von Platzanlagen. Die Piazza dell'Anfiteatro in Lucca besteht ganz offensichtlich nicht nur aus einer ovalen Fläche, sondern aus einem durch die Hauswände klar umgrenzten elliptischen Zylinder. [9] Der geometrische Körper, der sich hier ganz von selbst aus der antiken Bausubstanz ergeben hat, war in vielen späteren Platzanlagen von Anfang intendiert. Die Place de Vosges, die Place Vendôme und die Place de la Victoire in Paris sowie deren Berliner Nachbildungen, der Pariser, der Leipziger und der Mehringplatz

[31] Rom, Santa Maria della Pace

[32] Rom, San Carlo alle Quattro Fontane: Ansicht und Grundriss

sind aber nur nachvollziehbar, wenn man sich nicht nur das Gebäude, sondern auch den Platzraum als einen verformbaren Körper denkt.

Ein zweites, fast zeitgleiches Beispiel ist Francesco Borrominis Fassade von San Carlo alle Quattro Fontane. [32] Die Kunstgeschichte hat die konkav-konvexen Schwingungen borromineskler Wandsysteme häufig als das Resultat einer Dynamisierung gesehen.[25] Doch woher kommt die auf die Wand einwirkende Kraft? Eine Möglichkeit ist, dass der Kirchenraum von innen gegen die mittlere Travée drückt, sodass diese sich konvex vorwölbt. Eine solche Deutung setzt voraus, dass der Innenraum körperliche Qualitäten besitzt. Ein zweiter Deutungsansatz ergibt sich aus dem Verhältnis der Fassadenbreite zur Breite des dahinter liegenden Baukörpers. Es scheint, als sei die Ecke des Baukörpers mit dem Brunnen, die zugleich die Kante der Piazza delle Quattro Fontane bildet, um 45 Grad zur Seite geknickt worden, was zur Folge hatte, dass die Fassade wie eine Faltwand gestaucht wurde. Doch was hat die Platzkante zur Seite geschoben, wenn nicht der oktogonale Raumkörper der Piazza?

Dass der Raumkörper eine eigene Festigkeit besitzt, bewies Borromini auch im Stiegenhaus des Palazzo Barberini. [33] Von der Grundidee handelt es sich um eine Wendeltreppe – wobei das klassische Auge durch einen breiten ovalen Schacht ersetzt wurde. Der Lauf muss nun durch eine Säulenarchitektur gestützt werden, die den Eindruck erweckt, sie sei eine lange Kolonnade. Doch wie kommt eine Kolonnade dazu, sich

69

[33] Rom, Palazzo Barberini, Treppe

spiralförmig nach oben zu winden – wenn sie nicht wie ein Band um den Raumkörper des Schachtes gewickelt wurde?

Noch ausgeprägter erscheint die Präexistenz des Raumkörpers in dem Ledoux zugeschriebenen Entwurf für ein Hotel an den Champs Elysées. [34] Es entsteht der Eindruck, der vordere Teil des Hauses sei entweder um einen a priori gegebenen liegenden Raumzylinder herumgebaut worden oder von diesem durchbohrt worden.

Indes reagierten Wand und Baumasse nicht nur auf die Existenz von Raumkörpern; sie können sich auch zusammen mit einem Raumkörper bilden. In der von Borromini entworfenen Kirche Sant'Ivo alla Sapienza ist die gesamte Innenarchitektur als Versteinerungen des sich von oben ergießenden göttlichen Lichts zu deuten. [35][26] Dieses Licht trifft auf eine vorgegebene Grundrissfigur, nämlich ein Dreieck mit abgerundeten Ecken und angesetzten Halbkreisen. Auf diese Weise entsteht ein konkav-konvexer Raumkörper, dessen Grundform durch göttlichen Ratschluss

[34] Claude-Nicolas Ledoux: Entwurf für ein Hotel an den Champs Elysées

[35] Sebastiano Giannini: Sant'Ivo alla Sapienza in Rom (Kupferstich, 1725)

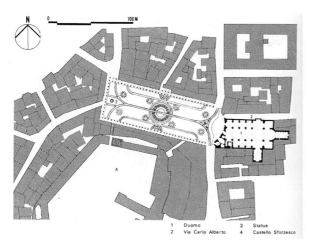

[36] Vigevano, Piazza Ducale

[37] Joseph Anton Baertels: Grundriss von Mannheim (Kupferstich 1758)

präexistent war, ehe sie sich durch das himmlische Licht zu einem Raum verkörperlichte.

Die Präexistenz des Raumkörpers gegenüber der Ummantelung zeigt sich auch auf der Piazza Ducale in Vigevano. [36] Die konvexe Fassade des Doms folgt nicht der Logik des dahinter liegenden Baukörpers und sie richtet sich auch nicht am Verlauf der Straßen aus. Vielmehr ist sie durch die Geometrie des Platzkörpers vorgegeben. In erster Linie ist sie nicht die Außenhaut eines Baukörpers, sondern die Innenwand eines Raumkörpers.

Wie die Treppe des Palazzo Barbernini, die Plätze vor Santa Maria della Pace und San Carlo alle Quattro Fontane, der Innenraum von Sant'Ivo und die Piazza Ducale zeigen, tritt der umbaute Raumkörper gleichwertig neben den raumumschließenden Baukörper. Zwischen beiden steht die Fassade, die innere und äußere Schale zugleich ist. Ist die Fassade offen oder bildet sie gar einen eigenen Raum aus, kann sie zwischen beiden Körpern einen »fließenden« Übergang schaffen. Dabei ist es wichtig festzuhalten, dass die Offenheit sich auf die vertikale Wand und der Charakter des Fließenden auf die horizontale Ebene bezieht, nicht aber auf die Körper selbst oder auf die Räume.

5.3 Baukörper und Raumkörper als Teile des städtischen Organismus

Dass der Raumkörper ein Komplementär des Baukörpers ist, erkennt man am leichtesten in Städten, die dem hippodamischen Prinzip verpflichtet sind. Blöcke und Plätze besitzen das gleiche Volumen. Nimmt man einen Block weg, entsteht zwangsläufig ein Platz wie etwa der Alte und der Neue Markt in Mannheim. [37]

Angesichts der Interdependenz von Fassade, Baukörper und Raumkörper erscheint die Stadt als ein ganzheitlicher Organismus. Dies wird schon in der Architektur der Kaiserforen deutlich. Ihre Vollendung fand das Konzept des organischen Stadtraums indes im römischen Hochbarock.

Auf seinem berühmten Rom-Plan von 1748 hat Giambattista Nolli die Innenhöfe, Passagen, Vestibüle, Durchfahrten und Portiken öffentlicher Gebäude einschließlich der Innenräume von Kirchen nicht schraffiert, sondern wie die Straßen und Plätze weiß gehalten und sie damit als öffentliche Räume ausgewiesen. [11] Die Trennung zwischen *überbauten* Räumen innerhalb eines Baukörpers, *umschlossenen*

Räumen inmitten eines Baukörpers und *freien* Räumen zwischen mehreren Baukörpern war auf diese Weise aufgehoben. Nolli sah die Räume als aufeinander folgende Teile eines großen Stadtraums – so wie er die mit diesen Räumen assoziierte Baukörper als Glieder eines einzigen Stadtkörpers begriff: Die Raumkörper sind Teile des Stadtkörpers, wie die Baukörper Teile des Stadtraums sind. In ihrer Existenz und ihrer Form bedingen Raumkörper und Baukörper einander im Kleinen, Stadtraum und Stadtkörper im Großen. Eben diese Interaktion generiert einen lebendigen Organismus.

5.4 Fassaden als Membrane

Innerhalb dieses Organismus fungieren die Fassaden als Membrane, die einerseits die Räume und die Körper definieren, andererseits aber auch durch diese vorgegeben sind. Als Membrane reagieren sie zum einen auf Druck und Gegendruck. Deutlich wird dies an San Carlo alle Quattro Fontane, wo die Fassade dem Schub des Platzes, aber auch dem Druck des Innenraums ausgesetzt ist. Die Fassade von Santa Maria della Pace agiert sogar wie ein Herzmuskel: Ein Teil dehnt sich aus und drängt in den Platzraum, ein anderer wird vom Platzraum zurückgedrängt und zieht sich zusammen.

Andere Fassaden (Santa Maria Maggiore, Bode-Museum) saugen durch ihre offenen Portiken in der Erdgeschosszone die Menschen wie Luft ein und lassen sie durch die Balkone und Loggien des Obergeschosses wieder ins Freie treten. Damit werden sie zu einer *facies*, die einem Gebäude nicht nur ein Gesicht gibt, sondern auch ähnlich atmet wie ein Gesicht durch Mund und Nase.

Zum zweiten erweisen sich Fassaden aufgrund ihrer Durchlässigkeit als Membrane, zum Beispiel am Piano Nobile des Palazzo Farnese und in den drei Geschossen der Berliner Schlossrisalite I und V. Die nach hinten gekuppelten Säulen bilden eine Schwelle zwischen dem Stadtraum und den Innenräumen. In Berlin hatte Schlüter die Ordnungen sogar durch die Baukörper hindurchgezogen – erst als Pilaster, dann als Säulenkorridore – um sie an den dem Hof zugewandten Rückseiten der Portale wieder als Teile der Fassadenarchitektur in Erscheinung treten zu lassen. In der Erdgeschosszone liefen die dorischen Ordnungen in Gestalt der Hofkolonnaden sogar bis zum Großen Treppenhausrisalit (Portal VI) weiter, wo sie erneut in einer Fassadenarchitektur aufgingen, sich sodann wieder im Innern fortsetzten und schließlich an der Rückwand des Treppenhauses vereinten.

5.5 Das Erbe der vormodernen Raum- und Fassadenkultur in Berlins Stadtarchitektur

Angesichts der Qualität und Komplexität der behandelten Beispiele ist es angebracht, nicht nur einer vormodernen Raum- und Fassaden*kunst* zu sprechen, sondern auch von einer Raum- und Fassaden*kultur*. In der Tradition dieser Kultur steht die Berliner Museumsinsel. Sie ist der Stadtarchitektur der römischen Antike und des römischen Hochbarock besonders in der Konversion von Innen- und Außenraum, der Reziprozität von Raumkörper und Baukörper sowie in der Konzeption der Fassade als einer organischen Membran verpflichtet. Das gilt nicht zuletzt für das Alte Museum, an dem einzig die Formensprache der Säulen attisch ist. Aber auch die in der Kirchenkunst entwickelte Technik, im Inneren eines Gebäudes Prozessionsstraßen nachzubilden und mit dem Wechsel von Räumen einen Wechsel von Ort und Zeit zu imaginieren, findet sich in Berlin wieder: auf einer archäologisch-didaktischen Ebene bei Messel und Hoffmann, auf einer ästhetisch-metaphysischen Ebene bei Stüler. Was schließlich die Funktion der Fassade als einer Membran betrifft, so konnten die Baumeister der Museumsinsel sich durch das benachbarte Schloss inspirieren lassen.[27]

Die Dynamisierung der Wandmassen, die Borrominis und da Cortonas Architektur auszeichnet, fand in der klassizistischen Architektur Schinkels, Stülers und Stracks hingegen keinen Widerhall, auch nicht in Ihnes klassizistisch gemäßigtem Neobarock oder in Messels und Hoffmanns Neoklassizismus. Selbst Schlüter hatte sich von ihr nicht beeinflussen lassen.

Reaktiviert wurde die Dynamisierung der Wandmassen dagegen auf dem Kulturforum durch Scharoun und Wisniewski. Allerdings ist sie dort weder an der Philharmonie noch am Kammermusiksaal das Ergebnis eines Kräftespiels von Raumkörper und Baukörper. Der Gestus beider Bauten ist räumlich nicht verortet, was deren städtebauliche Isolation verstärkt.

6 Ausblick

Innerhalb der Moderne ein gelungenes Beispiel für eine städtische Raum- und Fassadenkultur zu finden, ist nicht leicht. James Stirling hat bei der Stuttgarter Staatsgalerie und der benachbarten Musikhochschule ganz offensichtlich mit der Konversion von Bau- und Raumkörpern gespielt. Der Hof der Staatsgalerie bildet einen Raum-Zylinder, dessen Komplementäre die Innenraum-Rotunde der Schalterhalle, aber auch die Turm-Rotunde der benachbarten Musikhochschule sind. Im einen Fall ist der Zylinder nach innen, im anderen Fall nach außen gewendet. Allerdings besitzen beide Bauten keine Fassaden, die sie innerhalb des Stadtraums verorten. Überdies ist Stirling bezeichnenderweise kein Vertreter der Moderne, sondern der Postmoderne.

Ein Beispiel aus der Zeit der klassischen Moderne ist das New Yorker Lincoln Center for Performing Arts. [38] Das Metropolitan Opera House, das David H. Koch Theater und die David Geffen Hall bilden ein städtebaulich stimmiges Ensemble. Dabei fällt den drei Fassaden eine Schlüsselrolle zu. Die Tatsache, dass sie sich allesamt aus einem Portico und einer Loggia zusammensetzen, verleiht ihnen nicht nur eine strukturelle Homogenität. Sie werden auch zu Transitorien. Während die Portiken vom Platz ins Foyer führen, ermöglichen die Loggien den Austritt vom Foyer ins Freie. Darüber hinaus antizipieren die Loggien die Galerien der Treppenhäuser. Und schließlich projizieren die Portiken und Loggien den Aufriss der Auditorien in den Platzraum, der so zu einem Zuschauerraum im Freien wird. Äußeres und Inneres verhalten sich auch hier komplementär. Wenngleich das Lincoln-Center – anders als die Museumsinsel – keinen organischen Anschluss an den Stadtkörper gefunden hat, so bildet sie doch einen funktionsfähigen städtischen Organismus im Kleinen. Allerdings nimmt das Lincoln Center innerhalb der Moderne eine Sonderstellung ein. Eine Nachfolge hat diese Art der Architektur nicht gefunden.

Ein anderen Ansatz, Architektur im Stadtraum zu verorten, hat David Chipperfield entwickelt – wohl nicht von ungefähr neben dem Neuen Museum, wo er Stülers Kolonnaden fortführte und sie in die James-Simon-Galerie übergehen ließ. Man kann darüber streiten, ob Chipperfield seine Stützen zu schlank proportionierte; jedoch sind sie stark genug, um Konvexhüllen – und damit klar definierte Baukörper – zu bilden. Zugleich ist diese Hülle aber auch durchlässig genug, um die Räume innerhalb der Baukörper als eigenständige Volumina kenntlich zu machen. Anders als Schinkel und Bode präsentiert Chipperfield nicht zu Innenräumen konvertierte Baukörper, sondern Baukörper, die sich simultan als Raumkörper lesen lassen. Der nach innen gezogene Eingangsbereich wiederum gibt sich als ein Raumkörper, der in einen Baukörper hineingeschoben ist – in Verlängerung der großen Freitreppe, deren Impuls er ins Innere des Gebäudes trägt.

Der Fassade misst Chipperfield allerdings keine städtebauliche Bedeutung zu. Dies zeigt er sich nicht nur an der Westseite des Neuen Museums, dessen linke Risalitrücklage er als einen ungegliederten Kubus rekonstruierte, sondern auch im Treppenhaus. Auch dort verzichtete er zugunsten nackter

Ziegelflächen auf eine Wiederherstellung der ursprünglichen Gliederung. Stülers Platzkolonnaden führte er an der Innenwand nicht mehr weiter. Die Fassade wird von einer Membran zu einer Barriere – mit weitreichenden Folgen: Der Museumsbesucher begibt sich nun nicht mehr auf eine imaginäre Welt- und Zeitreise, sondern er betritt eine Architektur, die ein konkretes Ereignis konserviert: die Zerstörung Berlins im Zweiten Weltkrieg und die Intervention der Moderne. Die Kunstschätze sind nun nicht mehr Protagonisten einer imaginären Inszenierung, sondern bloße Ausstellungsobjekte. Das Museum wird von einem Ort des Erlebens zu einem Depot. Diesen Verlust des ursprünglichen Raumerlebens und diese Ent-Ortung kann keine Eventveranstaltung kompensieren.

Auch die gegenwärtige Moderne verkennt offensichtlich noch die Fähigkeit der Fassade, Räume miteinander zu verbinden und Orte zu schaffen. Bis die Fassade als Teil des öffentlichen Raums ihre ursprüngliche Bedeutung wiedererlangt hat, ist es noch ein weiter Weg.

[38] New York, Lincoln Center

1 So auf einem 1942/1943 erschienen Plakat zur Charta in Athen.

2 Jörg Döring / Tristan Thielmann, *Spatial Turn. Das Raumparadigma in den Kultur- und Sozialwissenschaften*, Bielefeld 2008.

3 Till Boettger, *Schwellenräume, Übergänge in der Architektur. Analyse- und Entwurfswerkzeuge*, Basel 2014.

4 Martina Löw, *Raumsoziologie*, Frankfurt am Main ⁸2015.

5 Vgl. Sergei Tchoban, *Raumlandschaft*, in: Hans Stimmann (Hg.), *Zukunft des Kulturforums. Ein Abgesang auf die Insel der Objekte*, Berlin 2012, S. 178–188.

6 Mies van der Rohe 1971, zit. in Max Stemshorn, *Mies & Schinkel. Das Vorbild Schinkels im Werk Mies van der Rohes*, Tübingen / Berlin 2002, S. 99.

7 Fritz Neumeyer: *Der Spätheimkehrer. Mies van der Rohes Neue Nationalgalerie in Berlin*, in: Gerwin Zohlen (Red.), *Neue Nationalgalerie Berlin. Dreißig Jahre*, Berlin 1998, S. 27–36, hier S. 34 ff. und Wolf Tegethoff, *Die Neue Nationalgalerie im Werk Mies van der Rohes und im Kontext der Berliner Museumsarchitektur*, in: Zentralinstitut für Kunstgeschichte München (Hg.), *Berliner Museen. Geschichte und Zukunft*, München 1994, S. 281–292, hier S. 288 f.

8 »Mies' Lösung ist mit ihrem latenten Klassizismus eine moderne Vergegenwärtigung des antiken Podiumstempels, die der durch Karl Friedrich Schinkel und seine Schule geprägten Berliner Bautradition entspricht (Altes Museum, Alte Nationalgalerie)«; zit. nach: de.wikipedia.org/wiki/Neue_Nationalgalerie. Siehe auch Anke Fischer, *Das Berliner Kulturforum. Weiterentwicklung eines unvollendeten und unvollkommenen Denkmals* (Arbeitshefte des Instituts für Stadt- und Regionalplanung 69), Berlin 2007, S. 71.

9 Vgl. Turit Fröbe, *Weg und Bewegung in der Architektur Le Corbusiers*, in: *Gebaute Räume. Zur kulturellen Formung von Architektur und Stadt*, Jg. 9, Heft 1 (November 2004).

10 Hierzu der Artikel »Fließender Raum« im Online-Lexikon *Archipendium*: »Irrtümlich wird der fließende Raum mit dem Beginn der Moderne in Verbindung gebracht. Aber bereits im antiken Griechenland wurden Tempel als reine Säulenkonstruktionen ohne definierte Wände erbaut. Säulen dienten als eine Art Filter zwischen dem Außen- und Innenraum. Hier sollte auch zwischen der Welt der Menschen und der Sphäre der Götter vermittelt werden. Der eigentliche Raum, die Cella, war eher untergeordnet.« (http://www.archipendium.com/architekturwissen/architektur-lexikon/fliessender-raum/). Siehe hierzu auch den leider nur online zugänglichen Beitrag von Lukas Zurfluh, *Der ›fließende Raum‹ des Barcelona-Pavillons – Eine Metamorphose der Interpretation?*, in: *Zum Interpretieren von Architektur. Konkrete Interpretationen*, 13. Jg., Heft 1 (Mai 2009), o. S. (http://www.cloud-cuckoo.net/journal1996-2013/inhalt/de/heft/ausgaben/108/Zurfluh/zurfluh.php).

11 Siehe z. B. Imke Woelk, *Der offene Raum. Der Gebrauchswert der Halle der Neuen Nationalgalerie in Berlin von Ludwig Mies van der Rohe*, Berlin 2010.

12 Https://de.wikipedia.org/wiki/Kulturforum_Berlin

13 Vgl. hierzu den Fotoessay von Erik-Jan Ouwerkerk, in Stimmann (wie Anm. 5), S. 26–49.

14 Hartwig Schmidt, *Das Tiergartenviertel*, Berlin 1981, passim.

15 Walter Riezler, *Das neue Raumgefühl in bildender Kunst und Musik*, in: Vierter Kongress für Ästhetik und allgemeine Kunstwissenschaft, Hamburg 7.–9. Oktober 1930, Beilagenheft zur Zeitschrift für Ästhetik und allgemeine Kunstwissenschaft, Nr. 1931, S. 179–216.

16 Philip C Johnson, *Mies van der Rohe*, New York 1947, S. 30.

17 Ludwig Hilberseimer, *Ludwig Mies van der Rohe*, Chicago 1956, S. 42.

18 Wie Anm. 10.

19 Ludwig Mies van der Rohe, Vortragsmanuskript vom 19. Juni 1924, in: Fritz Neumeyer, *Mies van der Rohe: Das kunstlose Wort – Gedanken zur Baukunst*, Berlin 1986, S. 308–309.

20 Ludwig Mies van der Rohe, *Museum für eine kleine Stadt*, in: *Architectural Forum*, Jg. 78, 1943, S. 84–85; siehe auch Neumeyer 1986 (wie Anm. 19), S. 385–386.

21 Vgl. Anm. 3.

22 Andreas Haus, *Karl Friedrich Schinkel als Künstler. Annäherung und Kommentar*, München/Berlin 2001, S. 298.

23 Lothar Kitschelt, *Die frühchristliche Basilika als Darstellung des himmlischen Jerusalem*, München 1938, und Hans Sedlmayr, *Die Entstehung der Kathedrale*, Zürich 1950, S. 112.

24 Isaac Newton, *Opticks: Or, A Treatise of the Reflections, Refractions, Inflexions and Colours of Light*, zweite erweiterte Auflage, London 1718, III 1, S. 324, Qu. 20: »Doth not this aethereal medium in passing out of water, glass, crystal, and other compact and dense bodies in empty spaces, grow denser and denser by degrees, and by that means refract the rays of light not in a point, but by bending them gradually in curve lines? …Is not this medium much rarer within the dense bodies of the Sun, stars, planets and comets, than in the empty celestial space between them? And in passing from them to great distances, doth it not grow denser and denser perpetually, and thereby cause the gravity of those great bodies towards one another, and of their parts towards the bodies; every body endeavouring to go from the denser parts of the medium towards the rarer?«

25 Hans Ost, *Borrominis römische Universitätskirche S. Ivo alla Sapienza*, in: *Zeitschrift für Kunstgeschichte*, 30 (1967), S. 101–142; hier S. 124.

26 Hierzu ausführlich: Peter Stephan, *Der vergessene Raum. Die dritte Dimension in der Fassadenarchitektur der frühen Neuzeit*, Regensburg 2009, S. 186–193.

27 Hierzu ausführlich: Peter Stephan, *Das Humboldt-Forum als moderner Weiterbau des Berliner Schlosses und als Vollendung der Museumsinsel*, Berlin 2010 (= Bd. 2 in: Franco Stella / Peter Stephan, Franco Stella, Berlin 2010), S. 113–120.

Porosität
Sophie Wolfrum

Architektur der Stadt

In der Sprache von Laien ist es üblich, Architektur mit Hochbau, mit dem einzelnen Haus gleichzusetzen, aber auch unter Architekten ist diese fatale Verkürzung weit verbreitet. Sogar im Programm dieser Konferenz heißt es: »Häufig zeigt sich heute das Problem, dass eine vernünftige und gute städtebauliche Situation durch unpassende oder schlechte Architektur wieder verdorben wird.«[1] Städtebau wird hier nicht als Architektur adressiert: Architektur hört demnach mit der Außenhaut, der Fassade eines Hauses auf, die dann allenfalls in die Stadt hineinwirken kann. Eine »städtebauliche Situation« scheint dagegen etwas anderes zu sein. Stadt würde man demnach nicht architektonisch begreifen und bearbeiten.

In diesem Beitrag ist jedoch der Ausdruck *Architektur der Stadt* nicht als *Genitivus subjectivus* zu verstehen, nicht im Sinne von Gebäuden der Stadt, denn damit würde der architektonische Charakter der Stadt im Ganzen verfehlt. Um diesen geht es jedoch, um die architektonische Auffassung von Stadt, ihrer architektonischen Gestalt und ihrem architektonischen Entwurf, *Architektur der Stadt* also im Sinne eines *Genitivus objectivus*. Die räumlichen Verhältnisse, die wir in der Profession Architektur verhandeln, beschränken sich nicht auf den Gebäudemaßstab. So verstehen wir in dem Buch *Architektur der Stadt*, das im Folgenden als Referenz dient, Stadt und Städtebau grundsätzlich als Architektur.[2] Die der Architektur eigene Kompetenz und ihr vielfältiges Repertoire werden in Bezug auf die Räume der Stadt thematisiert, alle Maßstäbe umfassend: 1. Welche Kompetenz hat Architektur, die sie von anderen Kulturtechniken und Künsten unterscheidet? 2. Mit welchem Repertoire kann Architektur operieren?

Mit diesem Grundverständnis und aus diesem Zusammenhang heraus konzentriert sich dieser Beitrag auf den Aspekt der Porosität als Beispiel eines charakteristischen Phänomens architektonischer Urbanistik.

Porosität

Porosität als urbane räumliche Qualität wird erstmals in Walter Benjamins und Asja Lacis' Reportage über Neapel beschrieben, angeregt von der porösen Struktur des dort allgegenwärtigen Materials Travertin.

»Porös wie dieses Gestein ist die Architektur. Bau und Aktion gehen in Höfen, Arkaden und Treppen ineinander über. In allem wahrt man den Spielraum, der es befähigt, Schauplatz neuer unvorhergesehener Konstellationen zu werden. Man meidet das Definitive, Geprägte. Keine Situation erscheint so, wie sie ist, für immer gedacht, keine Gestalt behauptet ihr, so und nicht anders. (...) Porosität begegnet sich (...) vor allem mit der Leidenschaft für Improvisieren. Dem muß Raum und Gelegenheit auf alle Fälle gewahrt bleiben. Bauten werden als Volksbühne benutzt. Alle teilen sich in eine Unzahl simultan belebter Spielflächen. Balkon, Vorplatz, Fenster, Torweg, Treppe, Dach sind Schauplatz und Loge zugleich.«[3]

In ihrem Essay beschreiben die Autoren, wie sich das Innere der Häuser mit den Räumen der Gassen und Plätze, also dem Inneren der Stadträume untrennbar verflechtet. Benjamin und Lacis betrachten das Ineinandergreifen der Räume der Stadt und der ganzen städtischen Textur unter einem kulturellen und sozialen Gesichtspunkt. Die Überlagerung und Mischung von sozialen Räumen, die Perforation von Grenzen und die Mehrdeutigkeit von Schwellenräumen werden als spezifisch urbane Qualitäten verstanden.

Dieses Verständnis von Porosität als räumliche Qualität können wir wiederum auf Grundelemente architektonischen Denkens zurückführen, die Verhältnisse von Körper und Raum, Innen und Außen und von Grenzen und Schwellen.

[1] Arkade in Bologna

[2] Modena

[3] Ivano Gianola: Schäfflerhof, München

Körper und Raum

Die Arkaden in Bologna sind ein hervorragendes Beispiel für weiche Schnittstellen zwischen Gebäuden und dem städtischen Raum. [1] Durch die Arkaden greift letzterer in die Gebäudezone ein und weicht sie auf. Das poröse räumliche Element wird in diesem Fall durch das Verschneiden von Körper und Raum gebildet: Es entstehen Zwischenbereiche, die nicht eindeutig zuzuordnen sind.

Hermann Herzberger demonstriert in *Lessons in Architecture* das Phänomen des *Dazwischen* mit einem charmanten Foto: Ein Paar steht eng beieinander zwischen Mauer und Baum.[4] Natürlich passiert auch zwischen den beiden Personen noch etwas. Es gibt folglich ein Dazwischen zwischen Körpern der Stadt und dann noch einmal den Körpern der Personen. In einer gut gebauten Stadt werden die vielfältig gestaffelten Zwischenräume zu entscheidenden Elementen. Zwischen zwei Fassaden spannt sich ein Raum auf, aber auch in diesem sowie zwischen dem Inneren und Äußeren gibt es Zwischenbereiche. In diesen ambivalenten Räumen passiert Stadt. Diese Erfahrung kann wiederum in allen Maßstäben gemacht werden.

Interessanter noch wird es, wenn wir die dichte, poröse Struktur zwischen Körper und Raum betrachten und der Raum selbst eine eigenständige Gestaltqualität erhält. Dies sieht man in traditionellen Städten, beispielsweise in Modena [2] oder auch in der Innenstadt von München mit ihren Passagen und Höfen. Dort bringt der Schäfflerblock [3] (Ivano Gianola, 2000) zudem die Grenze zwischen Körper und Zwischenraum ins Flirren.

Selbst im Städtebau der Moderne mit seinen freistehenden Baukörpern kann es gelingen, dass die Spannung zwischen den Körpern nicht abreißt, wenn einzelne Gebäude wohlgesetzt sind und aufeinander bezogen werden. Das Beziehungsgeflecht ist in den Zwischenräumen immer noch erlebbar, vergleichbar mit der Stellung auf einem Schachbrett. Dies zeigt zum Beispiel das Federal Center von Mies van der Rohe in Chicago. [4, 5] Dort sind das niedrige Postoffice und die beiden Bürogebäude so gut zueinander positioniert, dass sie eine räumliche Umschließung bewirken. Ebenso artikulieren sie das *Hinein-* und *Hinausgehen*, der Außenraum wird zum Innenraum.

Im Raum-Körper-Kontinuum kommt das Figur-Grund-Verhältnis von Körper und Raum zum Kippen. Anders als die Abhebung einer Raumfigur oder einer Körperfigur von ihrem jeweiligen Hintergrund lassen mehrdeutige Figur-Grund-Verhältnisse und gestufte Übergänge zwischen Baumassen und öffentlichen Räumen eine Vielfalt von Zwischenräumen und abgestuften Aufenthalts- und Bewegungsmöglichkeiten entstehen. Der ambivalenten Zuordnung von Schwarz und Weiß im Schwarzplan Nollis entspricht die grundsätzliche Möglichkeit, sich in einer Position verorten zu können, die zugleich im Inneren eines Körpers und im Außenraum liegt, wie in den erwähnten überdachten Außenräumen von Terrassen, Passagen, Vorhallen, Galerien oder Arkaden. Paul Hofer sah darin die Voraussetzung für »die unaufhörlich kommunizierende, ›intervolumetrische‹, komplementär ineinandergreifende Stadt«.[5] In einer solchen Stadt sind nach seinen Worten »die Baukörper nicht gepanzert, sondern gestaffelt, durchlässig, geschichtet. Die Grenze zwischen ohl und Voll ist nicht mehr plane Wand mit ausgestanzten Öffnungen, sondern raumhaltig, Zone der Interpenetration. Bau und Freiraum verschränken sich.«[6] Da die raumhaltige Schale auch ein eigenes Massenvolumen besitzt, ist sie zugleich Wandkörper und Wandraum.

Raumhaltige Fassaden oder andere raumhaltige Bauteile stellen in ihrem gleichsam porösen Zustand eine eigentümliche Zwischenstellung zwischen Körper und Raum dar. Sie gehören zugleich dem Innenraum und dem Außenraum an, bilden aber weder deren fließende Verbindung noch deren Trennung, sondern haben eine ergänzende Funktion für beide

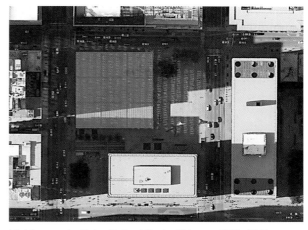

[4] Mies van der Rohe: Federal Center Chicago, 1959–1974

[5] Mies van der Rohe: Federal Center Chicago, 1959–1974

Seiten. Sie stellen Formübergänge her und schaffen Aufenthaltsmöglichkeiten, halb drinnen, halb draußen, bieten Schutz, aber haben dennoch Teil an der Öffentlichkeit des Stadtraums.

Innen und Außen

Eine besondere Form der Überlagerung verschiedener Raumfiguren oder räumlicher Systeme wird nach Colin Rowe und Robert Slutzky[7] als »Transparenz« im »phänomenalen Sinn« bezeichnet, insofern hier eine Raumfigur durch die andere »durchscheint«: Wenn Raumfiguren nicht eindeutig durch Konturen oder Randelemente definiert sind, können bestimmte Standorte oder Teilräume gleichzeitig zwei oder

[6] Barcelona

[7] Robbrecht en Daem architecten, Van Hee architecten, Stadthalle von Gent

mehreren Systemen im Stadtraum zugeordnet werden. Die Architektur vermittelt so zwischen Strukturen unterschiedlicher historischer Phasen oder stadträumlicher Ordnungen, aber auch verschiedenen Nutzungen und Atmosphären.

Ein Beispiel aus Barcelona zeigt die Auskragung eines Baukörpers. [6] Ist man drinnen oder draußen? Ist man unter diesem Dach, unter diesem Körper? Steht man vor der Fassade? Soll man hineingehen? Dieser Ort suggeriert fast selbstverständlich einen Bewegungsverlauf in der Stadt.

Robbrecht, Van Daem und Van Hee, Architekten in Gent, haben eine kleine Stadthalle in einem sehr langen Prozess geknetet und verhandelt, bis sie zu diesem sehr komplexen Gefüge geworden ist. [7] Sie mag einerseits banal erscheinen, besteht sie quasi nur aus einem Dach in der zentralen Altstadt zwischen baulichen Monumenten. Andererseits korrespondiert und interagiert die Halle mit diesen Gebäuden, auch durch die starke Giebelform des Daches. In einer sehr geschickten Niveaubehandlung versteckt es weitere notwendigen Funktionen im Souterrain. In den dicken Füßen, die das Dach tragen, befinden sich die Technik und eine Feuerstelle. Der Zusammenhang von Innen und Außen stellt sich in diesem Fall nicht über das Interface der Fassade her, sondern über die räumlichen Schnittstellen eines die Altstadt erschließenden Raumes.

In der *Kaskade der Ebenen*, die durch alle Maßstäbe hindurch von den Räumen der Stadt bis zu den Schränken und Fächern eines Zimmers reicht, sehen Georg und Dorothea Franck den »Inbegriff des architektonischen Raums«.[8] Räume erschließen und werden zugleich erschlossen. Dieser Aspekt räumlicher Ambivalenz wird wiederum entscheidend für eine Architektur der Stadt.

Grenzen und Schwellen

Vor allem an der Charakteristik von Schwellen setzt der Begriff der Porosität an. Grenzen und Schwellen sind Verhältnisse, die wir architektonisch behandeln können. Wie auch das Verhältnis zwischen Körper und Raum oder zwischen Innen und Außen können diese hermetisch genau, abweisend, trennend, gar

[8] Benidorm

feindlich sein oder aber Potenziale aufweisen, weich, ambivalent und raumhaltig gestaltet werden.

Generell kann man davon ausgehen, dass Menschen sich besonders gerne in räumlichen Grenzsituationen aufhalten, wo man in seinem eigenen geschützten Umfeld ist, aber gleichzeitig Ausblick auf etwas hat, das außerhalb davon liegt. Architektur stellt das Repertoire zur Verfügung, solche räumlichen Situationen zu schaffen.

Die Ausbildung der Grenze zu einem eigenen Schwellenraum können wir in den verschiedensten Dimensionen betrachten. Die Promenade in Benidorm etwa [8] erweitert den Strand als Grenzraum zwischen Wasser und Stadt. Die Textur des Sandes und des Hartbelags bieten zwei verschiedene räumliche Atmosphären. Es entsteht ein zusätzlicher Schwellenraum parallel zum Strand, der mehr der Stadt zugeordnet ist. Dazwischen befinden sich kleine Treppen als Nahtstellen, auf denen sich Menschen gerne aufhalten.

Durch eine Schwelle wird die Grenze nicht einfach überwunden, sondern bereichert. Sie wird architektonisch zu einem Raum ausgebildet, der zwei Sphären zugleich angehört. Über Schwellen werden der Austritt und der Zugang verzögert, kontrolliert, ritualisiert, sie werden als Situation erlebbar. Die Kommunikation zwischen innen und außen wird gestaltet, das Verlassen eines begrenzten Raums gedehnt, in Etappen zerlegt, oder der Eintritt wird mit Erwartung aufgeladen. Der Übertritt zwischen zwei Stadträumen wird bemerkbar, an Schwellen kann das Vorstellungsbild von der Stadt verankert werden. Schwellenräume sind sowohl Räume der Zäsur als auch Verbindungsräume und Räume der Kommunikation. Wir sind noch hier und schon dort, haben Anteil an beiden Sphären, aber in verschiedenem Ausmaß, das sich mit jedem Schritt verschieben kann. Zum anderen halten wir uns in einem eigenen Bezirk auf, wir sind nicht mehr hier und noch nicht dort. Solche Situationen haben performative Kraft, manchmal verunsichernd, manchmal erwünscht und gesucht. In unserer zeitgenössischen Stadt dagegen wird diese Kultur der Schwellenräume oft vernachlässigt, dort wo Stadt nicht als Architektur verstanden und gestaltet wird.

Die poröse Stadt

Mit dem Bezug auf Benjamin erlebt der Begriff der Porosität heute eine Konjunktur in der Urbanistik.[9] Die Überlagerung und Mischung von Räumen, die Perforation von Grenzen und die Mehrdeutigkeit von Schwellen werden als spezifisch urbane Qualitäten verstanden. In der Stadt der Moderne dagegen wurden und werden weiterhin Grenzen undurchdringlich gehalten, Nutzungen in homogenen Gebieten separiert. »Raum und Gelegenheit für alle Fälle« (Benjamin/Lacis) geht ihr dabei verloren. So wird heute unter dem Begriff Porosität ein Feld von räumlichen Qualitäten aufgerufen und architektonische Eigenschaften werden benannt, die für die Komplexität und Adaptionsfähigkeit urbaner Räume unabdingbar sind. Paola Viganò und Bernardo Secchi zum Beispiel verfolgen ein Konzept der *porösen Stadt*, das sich auf die Gestaltung der Zwischenräume in den inneren Peripherien bis in den regionalen Maßstab hinein konzentriert.[10] Porosität ist in seiner schillernden Bedeutung von einer Kategorie der Beschreibung und Analyse zu einem Element urbanistischer Konzepte geworden.

Konstituierend für das Urbane ist ein bestimmter Typ von Ambivalenzen: Distanz und Nähe, Exklusion und Integration, Heterogenität und Homogenität, Anonymität und Gemeinschaft. Das erfordert eine Diversität an Nutzungen, signifikante öffentliche Räume und eine Verflechtung der Räume zugleich. Betrachten wir dies aus einer explizit architektonischen Sicht, wird Porosität zu einem entscheidenden räumlichen Kriterium.

Ash Armin und Nigel Thrift entwickeln diese Beobachtung weiter und generalisieren sie für die Stadt: »(...) porosity is what allows the city to continually fashion and refashion itself.«[11] Bei ihnen liegt der Fokus auf dem Alltagshandeln der Menschen, wie es in der Reportage Benjamins lebendig wird, auf die auch sie sich explizit beziehen. Aber Benjamin vermittelt auch eine ausgesprochene Wertschätzung der Architektur der Stadt Neapel: Alles geht ineinander über. Keine Gestalt ist eindeutig. Die Räume können Element der Stadt oder Teil der Häuser sein. »Alle teilen sie sich eine Unzahl simultan belebter Spielflächen. Balkon, Vorplatz, Fenster, Torweg, Treppe, Dach sind Schauplatz und Loge zugleich.«[12]

Porosität wird auf allen Maßstabsebenen relevant, auch über die Schnittstelle zwischen Gebäude und Stadtraum hinaus ist sie eine notwendige Eigenschaft urbaner Räume. Porosität öffnet Schwellenräume zu den angrenzenden Stadträumen, ohne dass sie ihren jeweils eigenen Charakter aufgeben. Im Gegenteil, nur zwischen prägnanten Räumen eröffnet sich der notwendige Spielraum, in diesem Fall die Fähigkeit, der einen oder der anderen Sphäre zuzugehören und zwischen ihnen zu wechseln.[13] Richard Sennett strebt mit der *porous city* die Stadt der radikalen Durchmischung an, und fragt: Warum bauen wir diese nicht? »I don't believe in design determinism, but I do believe that the physical environment should nurture the complexity of identity. That's an abstract way to say that we know how to make the porous city; the time has come to make it.«[14]

1 Flyer der *Konferenz No. 7 zur Schönheit und Lebensfähigkeit der Stadt*.
2 Wolfrum, Janson 2016.
3 Benjamin, Lacis, S. 309, 310.
4 Herzberger 2000, S. 230.
5 Hofer 1979, S. 24.
6 Ebd.
7 Rowe, Slutzky 1964/1997.
8 Franck, Franck 2008, S. 30.
9 Amin, Thrift 2002; Stavrides 2007; Secchi, Viganò 2015; Sennett 2015; Wolfrum, Janson 2016.
10 Secchi, Viganò 2015, S. 214.
11 Amin, Thrift 2002, S. 10.
12 Benjamin, Lacis 1991, S. 310.
13 *Prägnanz und Spielraum – über Kapazität*, in: Wolfrum, Janson 2016, S. 41–47.
14 Sennett 2015.

Literatur

Ash Amin, Nigel Thrift, *Cities. Reimagining the Urban*, Cambridge, Malden 2002.

Walter Benjamin, Asja Lacis, *Neapel*, in: Tillmann Rexroth (Hg.), *Walter Benjamin, Gesammelte Schriften*, Bd. IV-1, Frankfurt am Main 1925/1991, S. 307–316.

Georg Franck, Dorothea Franck, *Architektonische Qualität*, München 2008.

Hermann Herzberger, *Space and the Architect, Lessons in Architecture 2*, Rotterdam 2002.

Paul Hofer, *Materialien eines dialogischen Stadtentwurfs: 1. Antiurbane und urbane Stadtgestalt*, in: *Werk – Archithese*, 33–34, 1979, S. 23–27.

Colin Rowe, Robert Slutzky, *Transparenz*, Basel/Berlin/Boston 1964/1997.

Bernardo Secchi, Paola Viganò, *Eine Flämische Autobiografie*, in: *Die Radikalität des Normalen in Flandern*, Arch+ 220, 2015, S. 212–217.

Richard Sennett, *The world wants more ›porous‹ cities – so why don't we build them?*, in: *Cities. The Guardian*, 27.11.2015.

Stavros Stavrides, *Towards the city of thresholds*, professionaldreamers.net, 2010.

Stavros Stavrides, *Heterotopias and the Experience of Porous Urban Space*, in: Karen A. Franck, Quentin Stevens, *Loose Space. Possibility and Diversity in Urban Life*, New York 2007, S. 174–193.

Sophie Wolfrum, Alban Janson, *Architektur der Stadt*, Stuttgart 2016.

Fassaden in Lübeck

Vortrag 1
Franz-Peter Boden

[1] Die Lübecker Altstadtinsel

Guten Tag meine Damen und Herren,

ich möchte Ihnen heute den Werdegang eines aus Lübecker Sicht komplexen, sehr anspruchsvollen und spannenden Projekts vorstellen: der Neubebauung des Lübecker Gründungsviertels.

Für die spätere Diskussion sei angemerkt, dass Frau Bartels-Fließ als Projektleiterin anwesend ist, um Fragen zu beantworten.

Die Altstadtinsel:
Einzigartiges Beispiel mittelalterlicher Stadtbaukunst

Die Lübecker Altstadt ist mit ihrer unverwechselbaren Stadtsilhouette, den sieben Türmen, dem planmäßig angelegten Stadtgrundriss, der kleinteiligen Parzellenstruktur, den historischen Raumgefügen der Straßen und Plätze sowie der historischen Bausubstanz ein einzigartiges Beispiel mittelalterlicher Stadtbaukunst. [1] Als älteste deutsche Stadt an der Ostsee gilt Lübeck als »Prototyp der modernen abendländischen Gründungsstadt« und war beispielgebend für die späteren Stadtgründungen an der Ostsee.

Im Dezember 1987 hat das Welterbe-Komitee der UNESCO mit dem mittelalterlichen Stadtkern der Hansestadt Lübeck erstmals in Nordeuropa einen ganzen Stadtbereich als Welterbe anerkannt. Ausschlaggebend für die Aufnahme waren zum einen die markante Stadtsilhouette und die geschlossen erhaltene vorindustrielle Bausubstanz sowie der für die archäologische Erforschung des mittelalterlichen Städtewesens außerordentlich ergiebige Untergrund.

Das Gründungsviertel:
Vor und nach der Kriegszerstörung

Der Bombardierung Lübecks 1942 fiel rund ein Viertel der Lübecker Altstadt zum Opfer und auch das mittelalterliche Kaufmannsviertel, das sogenannte Gründungsviertel, wurde nahezu vollständig zerstört. [2, 3]

[2] Das Gründungsviertel vor der Kriegszerstörung

Das Gründungsviertel liegt in der westlichen Altstadt zwischen Marienkirche und Trave in der Pufferzone der UNESCO-Welterbestätte.

Bereits in der zweiten Hälfte des 12. Jahrhunderts war das Viertel fast vollständig mit giebelständig an der Straße stehenden Kaufmannshäusern auf schmalen Parzellen bebaut. Lange waren die Straßen des Viertels von den schönsten und größten Bürgerhäusern der Stadt geprägt. Archäologische Befunde belegen, dass fast alle Grundstücksgrenzen seit dem Ende des 12. Jahrhunderts bis in das 20. Jahrhundert hinein unverändert blieben. Die Straßen, die das Quartier erschließen, zählen zu den ältesten Lübecks.

In den Fünfzigerjahren des 20. Jahrhunderts wurden abweichend von der Parzellenstruktur auf dem Areal zwei berufsbildende Schulen errichtet. Diese Maßnahmen entsprachen der Wiederaufbauplanung des Lübecker Stadtbaudirektors Hans Pieper, die eine

[3] Das Gründungsviertel nach der Kriegszerstörung

Abkehr von der historischen Parzellenstruktur und Hinwendung zu einer aufgelockerten Stadt zum Ziel hatte. Die großmaßstäblichen Solitärbaukörper der Schulen fügten sich ganz bewusst nicht in die historische Stadtstruktur der Lübecker Altstadt ein. Die historischen Straßenverläufe wurden aufgegeben beziehungsweise neu ins Straßenraster eingefügt. Dieser vollständige Bruch mit der historischen Altstadtstruktur stellte sich erst später als Fehlentwicklung und erheblicher Störfaktor im Altstadtgefüge dar.

**Neue Chance der Stadtreparatur:
Leben an einem geschichtsträchtigen Ort**

Bereits in den Neunzigerjahren gab es erste Überlegungen, die berufsbildenden Schulen aus dem Gründungsviertel zu verlagern und damit die Grundlage für die Neuordnung des gesamten Areals zu schaffen. Aber erst 2009 ermöglichte es das UNESCO-Welterbestätten-Programm vor dem Hintergrund des Schulentwicklungsplans, die Nachkriegsschulen

[4] Leben an einem geschichtsträchtigen Ort

abzubrechen und eine ausführliche archäologische Grabung und Dokumentation auf dem Gelände des Gründungsviertels durchzuführen. Neun Millionen Euro Fördergelder für archäologische Grabungen und den Schulabbruch wurden beantragt und bewilligt.

Somit hat sich siebzig Jahre nach Kriegsende nun die Chance aufgetan, die alten Strukturen in zeitgenössischen Formen wieder aufleben zu lassen. Der geplante Neuaufbau des Lübecker Gründungsviertels als modernes Wohnquartier für neues Wohnen und Arbeiten im UNESCO-Welterbe Lübecker Altstadt ist eines der herausragenden und anspruchsvollsten Projekte der Hansestadt Lübeck. [4] Auf dem rund 10.000 Quadratmeter großen, freien Areal soll bis 2021 auf 38 Grundstückparzellen unterschiedlicher Größe in zwei Baublöcken ein zukunftsweisendes, lebendiges Quartier mit individuellen Wohnformen und ergänzenden Nutzungen entstehen.

Ein intensiver Diskussionsprozess: Der Lübecker Weg

Bei dieser für die Zukunft der Altstadt sehr bedeutenden Maßnahme werden die Interessen der unterschiedlichsten Akteure berührt: BürgerInnen, Einzelhandel, ImmobilienbesitzerInnen, Bürgerinitiativen, ArchitektInnen, StadtplanerInnen und Politik. Um diese unterschiedlichen Interessen frühzeitig einzubinden, wurde ein umfangreiches Beteiligungsverfahren durchgeführt, das allen Interessierten ihre Mitwirkung ermöglicht hat. [5]

2011 wurde hierzu vorbereitend eine externe Expertenrunde einberufen. Diese setzt sich aus Vertretern der Fraktionen, der Wohnungsbaugesellschaften, der Kaufmannschaft, des Lübecker Architekturforums und des BDA zusammen. In mehreren Sitzungen wurden die unterschiedlichen Standpunkte erörtert, Fragestellungen zum Gründungsviertel erarbeitet und die Verwaltung bei der inhaltlichen Vorbereitung der Öffentlichkeitsveranstaltung unterstützt. Es ergab sich ein intensiver Diskussionsprozess dazu, wie ein zweiter Wiederaufbau des Gründungsviertel aussehen soll.

Welche historischen Vorgaben der Stadtstruktur sind zu beachten?
— Welche Funktion im Innenstadtgefüge soll das Gründungsviertel des 21. Jahrhunderts zukünftig übernehmen?
— Für wen bauen wir das Gründungsviertel wieder auf?
— Was erwarten die Bürger und die zukünftigen Bewohner vom neuen Gründungsviertel?
— Wie sieht die Mischung unterschiedlicher Wohnbedürfnisse und Eigentumsstrukturen aus?
— Wie gehen wir mit dem Bodendenkmal im Gründungsviertel um?
— Wie lässt sich moderne, zeitgemäße Nutzung, Bebauungsstruktur und Architektur mit dem UNESCO-Welterbe vereinbaren?

[5] Ein intensiver Diskussionsprozess

[6] Die Gründungswerkstatt

**Die Gründungswerkstatt:
Lübecker Bürgerinnen und Bürger
planen ihre Stadt**

Am Vorabend der Gründungswerkstatt im Februar 2012 wurde den LübeckerInnen durch Impulsvorträge renommierter ArchitektInnen mit sehr unterschiedlichen Grundhaltungen sowie einer sich anschließenden Podiumsdiskussion die enorme Spannbreite, in der sich eine Neuordnung des Viertels bewegen kann, aufgezeigt. [6] An zwölf Planungstischen ging die interessierte Öffentlichkeit am folgenden Tag unter anderem den Fragen nach, wer im Gründungsviertel wohnen und wie gewohnt werden soll, welche Rolle die nachhaltige energetische Versorgung spielen kann und welche Nutzungen im Erdgeschoss möglich sein sollen. Parallel zu der Arbeit an den Planungstischen konnten die Arbeitsgruppen anhand eines Einsatzmodells mit Holzklötzchen ihre jeweiligen Vorstellungen der städtebaulichen Dichte überprüfen.

Die Ergebnisse der Öffentlichkeitsveranstaltung wurden dokumentiert und bei der weiteren Planung berücksichtigt.

**Öffentlicher Diskurs von Presse und Medien
mit einem positiven Feedback**

Das Interesse der regionalen, aber auch der nationalen und internationalen Presse sowie der Baufachzeitschriften und Medien am Gründungsviertel war und ist groß. [7] Zum Thema Wiederaufbau unter neuen Prämissen fand im September 2014 eine geladene Diskussionsrunde mit dem Vorsitzenden der Bundesstiftung Baukultur Reiner Nagel und mit den Journalisten Dr. Dieter Bartetzko (Frankfurter Allgemeine Zeitung), Till Briegleb (Süddeutsche Zeitung), Roland Stimpel (Deutsches Architektenblatt) und Dr. Jürgen Tietz (Neue Züricher Zeitung) statt. Von allen wurde der eingeschlagene Weg sehr positiv bewertet, aber gleichzeitig auf die dringend erforderliche Qualitätssicherung hingewiesen.

[7] Öffentlicher Diskurs von Presse und Medien

**Kritische Rekonstruktion als Leitbild:
Aufnahme der historischen Parzelle,
Bauflucht und Kubatur**

Nach einer intensiven Diskussion mit dem Gestaltungsbeirat, dem Expertenkreis, dem Architekturforum und dem Bauausschuss haben sich die abgebildeten Kriterien als Vorgaben für die Strukturen des Viertels herausgeschält.

Durch die Orientierung an der historischen Parzellierung im Sinne einer kritischen Rekonstruktion werden für die Neubebauung unterschiedliche Grundstücksbreiten vorgegeben, wie sie den mittelalterlichen Stadtgrundriss der Lübecker Altstadt bis heute weitgehend prägen. Die Kubaturen der einzelnen Gebäude im Gründungsviertel wurden aus den historischen Parzellierungen und Fassadenabwicklungen entwickelt, sodass Breite, Geschossigkeit, Höhe und Dachneigung innerhalb eines gewissen Rahmens festgelegt sind. Auf dieser Grundlage können die Lebendigkeit und der Abwechslungsreichtum der überkommenen Straßenbilder wiederhergestellt werden: Kein Haus gleicht in seiner Kubatur der seines Nachbarn, jedes ist schon durch seine spezielle Masse ein individueller Teil der gemeinsamen Straßenfront.

Rahmenplan:
Grundlage für die Neuordnung

Von der Verwaltung wurde ein städtebauliches Konzept als Rahmenplan erarbeitet, das in zahlreichen Arbeitssitzungen mit dem Gestaltungs- und Welterbebeirat, Expertengremium und Politik diskutiert, modifiziert, konkretisiert und abschließend in einen Bebauungsplan planungsrechtlich gesichert wurde. [8]

Der Rahmenplan Gründungsviertel greift als Grundlage für die Neuordnung die historischen Straßenfluchten und die differenzierte Bebauungsstruktur mit unterschiedlichen First- und Traufhöhen der denkmalgeschützten Lübecker Altstadt wieder auf. Eine an der Struktur der Altstadt orientierte Parzellierung wird den heutigen funktionalen Anforderungen gerecht und sorgt für Maßstab, Vielfalt und Flexibilität im alten Stadtgrundriss. Eine geschlossene Straßenrandbebauung und eine individuelle Bauweise in Anlehnung an das historische Vorbild sollen ein abwechslungsreiches Stadtbild gewährleisten.

Das Lübecker Stadtbild
als Leitmotiv für eine Neubebauung

Leitmotiv für eine Neubebauung bildet das gewachsene Stadtbild mit seinen über Jahrhunderte hinweg gleichbleibenden Gebäudetypen sowie das Nebeneinander einer Vielfalt historischer Stilepochen der Fassadenwände. [9]

Das Lübecker Stadtbild ist das Produkt individueller Einzelarchitektur und genügt dem Anspruch der Öffentlichkeit auf gemeinsame Stadtgestaltung für die Straße, an der dieses Haus liegt. Die Lübecker Straßenzüge werden so durch das Zusammenspiel von

[8] Der Rahmenplan

individuellen Fassadenwänden, dem öffentlichem Straßenraum sowie durch die bauliche Einbindung in die Nachbarschaft geprägt.

Der Fassadenwettbewerb:
Beispiele für neues Bauen im Gründungsviertel

Die geplante Bebauung des Gründungsviertels auf historischen Parzellen soll den historischen Stadtgrundriss wieder erlebbar machen, neu interpretieren und die städtebauliche Wunde im Lübecker Altstadtkern schließen.

Angesichts dieser besonderen Aufgabenstellung hat die Hansestadt Lübeck einen Ideenwettbewerb zur Fassadengestaltung von drei unterschiedlichen Stadthäusern im neuen Gründungsviertel ausgeschrieben.

Gesucht wird eine sensible, zeitgemäße Architektur, die der Geschichte an diesem Ort und dem heutigen Welterbe Lübecker Altstadt würdig ist und den stadträumlichen Kontext des UNESCO-Welterbes respektiert und vorbildhaft für neues Bauen in der historischen Altstadt ist.

[9] Das Lübecker Stadtbild

[10] Der Fassadenwettbewerb

96   Fassaden in Lübeck

Architekten aus ganz Europa waren aufgerufen, sich an der Entwicklung des Lübecker Gründungsviertels zu beteiligen und an dem Wettbewerb teilzunehmen. [10]

Der Fassadenwettbewerb soll keinesfalls zeitgemäße Entwicklungen verhindern, sondern will vielmehr zu einer Qualität herausfordern, die dem Vergleich zu dem historischen Kontext standhält.

Entwürfe für 3 Musterhäuser als Beispielsammlung

Grundlage für die Bearbeitung der Aufgabe war ein Ensemble von drei unterschiedlichen Gebäuden mit vorgegebener Kubatur entsprechend der Bandbreite der historischen Bebauung im Gründungsviertel als Referenzhäuser.

Jede Fassade muss
— als in sich ruhende Einheit erscheinen, ein Mindestmaß an gestalterischer Vielfalt aufweisen,
— als flächige Lochfassade ausgebildet werden,
— ein Mindestmaß an Plastizität aufweisen.

Weiterhin gab es unter anderem folgende Vorgaben:
— Der einzelne Baukörper muss in der Fassade sowie im Dach deutlich erkennbar sein und einen individuellen Charakter erhalten.
— Die Höhe der Erdgeschosszone ist mit mindestens 4,50 Meter inklusive Sockel zwingend vorgegeben.
— Die Seitenflügel dürfen maximal zweigeschossig sein.
— Straßenseitige Balkone und hervorspringende Bauteile sind nicht zulässig.

133 Arbeiten ...

Über 133 Architekturbüros haben sich mit ihren Entwürfen für drei unterschiedliche Musterhäuser an dem Anfang 2015 ausgelobten Wettbewerb zur Fassadengestaltung im Gründungsviertel beteiligt.

... 8 Preise und 6 Anerkennungen

Das Preisgericht unter Vorsitz von Jörg Springer aus Berlin hat acht Preise und sechs Anerkennungen vergeben. [11]

Im Ergebnis hat der Wettbewerb eine Bandbreite möglicher Lösungen für den Neuaufbau des Gründungsviertels geliefert. [3] Es zeigte sich aber auch, dass die angestrebte Vielfalt der architektonischen Lösungen nur dann zu einem guten Ganzen werden kann, wenn die Nachbarschaften der unterschiedlichen Gebäude nicht zu gegenseitigen Beeinträchtigungen führen.

Der Nachweis einer angemessenen sorgfältigen Ausführung der Häuser im Detail wurde bei vielen Arbeiten nicht erbracht. Deshalb ist eine fachliche Begleitung und Koordinierung im Sinne einer Qualitätssicherung von großer Wichtigkeit. Als Hilfestellung wurden vom Preisgericht erste Überarbeitungsempfehlungen der preisgekrönten und anerkannten Entwürfe formuliert.

Der Gestaltungsleitfaden als Instrument der Qualitätssicherung

Nach dem städtebaulichen Rahmenplan, dem Fassadenwettbewerb, nach unzähligen Diskussions- und Planungsrunden mit Öffentlichkeit und Fachöffentlichkeit und nach der Rechtskraft des Bebauungsplans steht der vom Lübecker Büro Konermann Siegmund im Auftrag der Stadt erarbeitete Gestaltungsleitfaden fast am Ende des städtebaulichen Planungsprozesses.

Der Gestaltungsleitfaden soll den künftigen BauherrInnen die Möglichkeiten des Bauens anhand von gestalterischen Leitlinien und Beispielen der Lübecker Altstadt, aber auch aus dem Wettbewerb aufzeigen und bei der Entwicklung des Architekturkonzeptes unterstützen. Ziel ist es, bei aller gewünschten Individualität der Gestaltung, das angestrebte hohe Maß städtebaulicher und architektonischer Qualität für das neue Gründungsviertelquartier zu erreichen.

[11] 8 Preise und 6 Anerkennungen

Die gestalterische Vielfalt der historischen Straßenfassaden nach außen wird insbesondere durch stadtgestalterische Grundprinzipien bestimmt:

— Zonierung,
— Fassadenöffnungen,
— Plastizität,
— Materialität,
— Farbe,
— Dachlandschaft.

Zonierung:
Fortführung der historischen Bautradition

Besonders auffällig bei den Lübecker Straßenfassaden ist die deutliche horizontale Zonierung.

Die Erdgeschosse, die Obergeschosse und das Giebeldreieck haben jeweils ablesbare, eigene Charaktere. Diese Zonierung hat sich über Jahrhunderte erhalten, teilweise wurde sie sogar zum Beispiel durch das spätere Verputzen von Erdgeschosszonen noch verstärkt.

Die Fassaden des neuen Gründungsviertels führen diese Bautradition weiter und geben den Straßen ein typisches Lübecker Gesicht. Deshalb sind sie wie ihre historischen Referenzen nicht aus einem Guss, sondern deutlich in drei Zonen unterteilt:

— die Erdgeschosszone,
— die Normal- oder Mittelzone und
— die Dachzone.

Die Erdgeschosszone
vermittelt zwischen Öffentlichkeit und Privatheit

Die Erdgeschosszone, die schon durch ihre ungewöhnliche Höhe von 4,50 Metern den Gebäuden ein deutlich nobles Gepräge gibt und Erinnerungen an die großen Dielen historischer Häuser wachruft, gibt dem Gebäude Halt und verankert es auf dem Boden. Zugleich ist sie die Zone, die vom Flaneur am meisten wahrgenommen wird. [12]

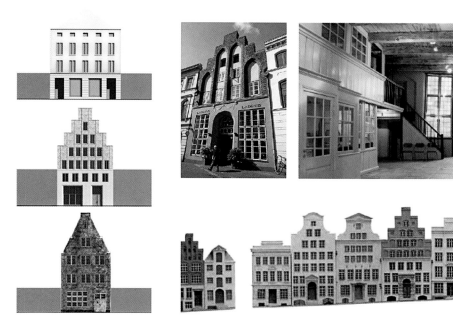

[12] Die Erdgeschosszone

So hat sie auch eine wichtige Funktion in der Vermittlung zwischen Öffentlichkeit und Privatheit: Hier befinden sich der Eingang und große Fenster, die einen Einblick in das Innere des Hauses freigeben.

Die Ablesbarkeit lässt sich durch verschiedene Gestaltungsmöglichkeiten erreichen: einen kräftigen horizontalen Abschluss, Materialwechsel oder das besondere Öffnungsformat.

**Lochfassaden und Plastizität:
Sorgen für ein abwechslungsreiches Straßenbild**

Die Fassadengrundform in der Lübecker Altstadt ist die vertikal gegliederte Lochfassade mit Einzelfenstern im stehenden Format. [13]

Im neuen Gründungsviertel werden diese einfachen Regeln berücksichtigt. Fenster in Öffnungen werden weder zu Bändern zusammengefasst noch so addiert, dass sie ein Raster bilden.

Um den angestrebten steinernen Charakter zu erhalten, beträgt der Anteil aller Öffnungen an der Gesamtfläche der Fassaden weniger als 50 Prozent. Die Öffnungen selber haben immer ein stehendes Format. In Normalgeschossen haben Öffnungen in der Regel ein Seitenverhältnis von mindestens zwei zu drei.

Die Plastizität der Fassade ist nicht nur ein bestimmendes Merkmal eines Gebäudes selber, sondern auch extrem prägend für das Straßenbild. Dieses gilt besonders in schmalen Straßen, in denen man die Gebäude niemals frontal, sondern immer aus einem sehr schrägen Winkel sieht. Dadurch entsteht eine sich in der Tiefe immer weiter verdichtende Staffelung der aneinander gereihten Gebäude, in der kleinste Vor- und Rücksprünge sich deutlich abzeichnen. So entsteht durch die Plastizität das Spiel von Licht und Schatten auf den Fassaden, was gerade die Lübecker Altstadt mit ihrem klaren, nordischen, tief stehenden Licht ganz besonders prägt.

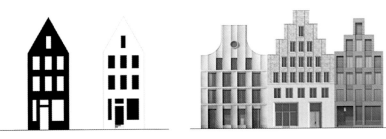
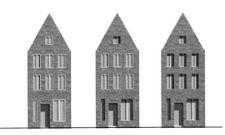

[13] Lochfassaden und Plastizität

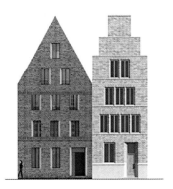

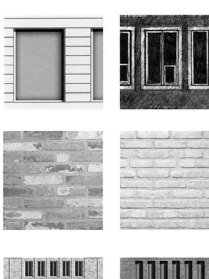

[14] Materialität und Farbigkeit

100 Fassaden in Lübeck

[15] Lübecks Dachlandschaft

Materialität und Farbigkeit:
Ziegel, Putz und geschlämmtes Mauerwerk

Für das neue Gründungsviertel gibt es hinsichtlich des Materialmixes oder des Anteils an dem einen oder anderen Material aus rechtlichen Gründen keine Festsetzungen. Es obliegt den Bauherren und ihren Architekten, zu entscheiden, welches Fassadenmaterial sie wählen. Deshalb ist es notwendig, dass sich die zukünftigen Bauherren gegenseitig über ihre Planungen informieren und im besten Fall auch reagieren. Denn auch das neue Gründungsviertel sollte teilhaben an der lebendigen Vielfalt der Stadt und nicht am Ende nur aus Variationen eines Materials bestehen.

Lübecks Dachlandschaft als fünfte Fassade

Durch die Lage in der Pufferzone des UNESCO-Welterbes Lübecker Altstadt kommt der Dachlandschaft aufgrund der Einsichtsmöglichkeiten von den Kirchtürmen besondere Bedeutung als »fünfte« Fassade zu. [15]

Die allgemein gültigen Vorgaben für die historische Altstadt, wie etwa die ruhige Dachgestaltung, die Ausbildung als symmetrisches Satteldach, die ziegelrote geschuppte Dachdeckung und die vorgesetzten Blendgiebel gelten auch für das neue Gründungsviertel.

Die Grundstücksmesse:
Startschuss der Realisierungsphase

Nur ein Jahr weiter befinden wir uns in der Realisierungsphase. Begonnen hat diese mit einer Grundstücksmesse in den Media Docks, auf der sich die Interessenten an zwei Tagen über die Bebaubarkeit der Grundstücke, über die Kriterien der Grundstücksvergabe und den Zeitplan für die einzelnen Bauabschnitte informieren konnten. [16]

Alle Interessenten konnten für jedes Grundstück ein Datenblatt bekommen mit allen relevanten Grundstücksdaten. Parallel haben alle Preisträger und Anerkennungen ihre Arbeiten ausgestellt, sodass ein Austausch mit den Preisträger-Architekten und -Architektinnen über die Realisierung ihrer Entwürfe stattfinden konnte.

Hierfür noch einmal meinen herzlichen Dank an die teilnehmenden Büros!

[16] Die Grundstücksmesse

Abwechslungsreiches und individuelles Bauen durch Einzelvergabe der Parzellen

Zentraler Punkt der Umsetzung der Planungen ist, dass jeder nur eine Parzelle im Gründungsviertel erwerben kann. [17] Dies gewährleistet eine abwechslungsreichere und individuellere Bebauung, als es eine aus wenigen Eigentümern bestehende Struktur ermöglichen könnte. Das schließt aber nicht aus, dass neben den Familien und den Baugemeinschaften auch private Investoren größerer Gebäude ergänzend zur Eigennutzung Wohnungen vermieten oder auch verkaufen. Darüber hinaus ist auch die Errichtung von öffentlich geförderten Wohnungen vorgesehen.

Entsprechend dieser Zielsetzung werden die Grundstücke nicht ausschließlich nach Höchstgebot vergeben, sondern die Hälfte der Grundstücke werden zum Festpreis angeboten, um auch Familien mit Kindern sowie besonderen Wohnformen die Möglichkeit einer kostensparenden Wohneigentumsbildung im Gründungsviertel zu ermöglichen.

18 Grundstücke werden zum Festpreis angeboten, zwölf davon für Baugemeinschaften, sechs für Familien mit Kindern. Alle anderen werden im Höchstgebotsverfahren vergeben, die duckelgrau gekennzeichneten sind die mit den zu erhaltenden historischen Kellern, das große grüne Grundstück wird an einen Investor vergeben. Für diese Bebauung wird ein Realisierungswettbewerb durchgeführt, an dem die Preisträgerarchitekten des Fassadenwettbewerbs teilnehmen.

Die Baumaßnahmen starten: Bauvorbereitende Maßnahmen erleichtern das Bauen

Alle Grundstücke des ersten Bauabschnitts in der Alfstraße und ein Großteil der Grundstücke in der Braunstraße konnten anhand gegeben werden. Wer jetzt nicht zum Zuge gekommen ist, kann sich in der Fischstraße erneut bewerben. Diese Grundstücke werden ab Juni 2016 ausgeschrieben.

[17] Einzelvergabe der Parzellen

Damit die Grundstücke bebaut werden können, sind diverse bauvorbereitende Maßnahmen erforderlich. Diese werden durch die Hansestadt Lübeck beauftragt und vorfinanziert:

Es müssen umfangreiche Abfangungen der Straßen und Sicherungen der Baugruben durch Verbau erstellt werden.

Sämtliche Kellersohlen werden durch die Hansestadt Lübeck einzeln erstellt. Dieses ermöglicht erst den individuellen und gegebenenfalls zeitlich versetzten Bau der einzelnen Häuser.

Das Bauwerk zur Unterbringung eines BHKWs, das das neue Gründungsviertel zentral mit Wärme versorgt, wird von der Hansestadt Lübeck vorab errichtet.

Nach Fertigstellung der bauvorbereitenden Maßnahmen starten die Baumaßnahmen im Frühjahr 2017 in der Alf- und Fischstraße.

Das Gründungsviertel wird in vier Bauabschnitten bebaut, die letzten Grundstücke in der Fischstraße können ab Herbst 2018 bebaut werden.

Seit dem 1. April haben wir in der Fischstraße unser Beratungsbüro eröffnet, in dem auch die Bauherrengespräche stattfinden.

Qualitätssicherung für hohe städtebauliche und architektonische Qualität

Die geforderte Gestaltqualität bedarf einer umfassenden Beratung und Kontrolle, die von Frau Bartels-Fließ und ihrem Team mit externer Unterstützung vorgenommen wird. Bei prämierten Entwürfen beschränkt sich die Kontrolle auf die Umsetzung. Größere Abweichungen, die den Entwurf entscheidend verändern, werden dem Gestaltungs- und Welterbebeirat vorgelegt. Individuelle Entwürfe müssen von diesem frei gegeben werden. Alle Bauherren werden verpflichtet, eine Musterfassade vor der Freigabe zu erstellen.

Die Grundstücksvergabe wird mittels privatrechtlicher Vereinbarungen im Anhandgabe- und Kaufvertrag an die Einhaltung von gestalterischen Auflagen geknüpft. Zur Sicherung der gestalterischen und architektonischen Qualität sind bereits in den Anhandgabeverträgen konkrete Schritte verbindlich vorgeschrieben. Der Kaufvertrag wird erst dann geschlossen, wenn der Entwurf durch den Gestaltungs- und Welterbebeirat frei gegeben beziehungsweise bei preisgekrönten Wettbewerbsentwürfen das Qualitätsteam die Übereinstimmung mit dem Wettbewerbsentwurf bestätigt hat.

Ein Qualitätsteam des Bereichs Stadtplanung und Bauordnung der Hansestadt Lübeck wird die BauherrInnen und ArchitektInnen während der Entwurfs- und Bauphase begleiten, sodass grundsätzliche Fragen oder Probleme frühzeitig angesprochen und gelöst werden können. Es versteht sich in erster Linie als unterstützendes Gremium und wird auch den Austausch unter den benachbarten BauherrInnen und deren ArchitektInnen fördern, damit die individuellen Entwürfe am Ende ein anspruchsvolles zusammenhängendes Gesamtbild ergeben.

[18] Erste Baumaßnahmen

Übergeordnete Baukoordination gewährleistet einen reibungslosen Bauablauf

Die weitgehend zeitgleiche Realisierung der 38 Neubauten innerhalb von vier Jahren erfordert einen erhöhten Abstimmungsbedarf und eine übergeordnete begleitende Koordination der einzelnen Bauvorhaben. Es wurde ein externes Lübecker Architekturbüro mit der Koordination beauftragt, die Hansestadt Lübeck trägt die Kosten für diese Koordinierungsstelle. Gleichzeitig verpflichten sich die Bauherren, dass ihre Architekten an den regelmäßigen Baukoordinierungsrunden teilnehmen und ihre Bauvorhaben mit der Baustellenkoordinierung abstimmen, um in der Bauphase eine effiziente Baustellenlogistik zu gewährleisten.

Siebzig Jahre nach Kriegsende wird nun die neue Bebauung die alten Strukturen in zeitgenössischen Formen wieder aufleben lassen. Entstehen soll ein Quartier, das nicht nur wieder deutlich Teil der umgebenden Stadt ist, sondern durch hohe architektonische Qualität ein klares Bekenntnis zur Formensprache des Ortes, ganz besonders aber auch durch eine hohe Sensibilität und Rücksichtnahme in Bezug auf die zukünftigen Nachbarn ein wenig von dem historischen Glanz zurückholen wird.

Vortrag 2
Jost Haberland

Sehr verehrte Damen und Herren,

ich stelle Ihnen unseren Wettbewerbsbeitrag hinsichtlich der Frage vor, wie die Fassaden auf die von Herrn Senator Boden skizzierte Struktur und das städtebauliche Rahmenwerk angepasst werden sollten. Vorgegeben waren verschiedene Parzellengrößen: Das erste und größte Haus steht auf einer Parzelle von 11,50 Metern, das mittlere von 8 Metern und das kleinste Haus von 5,50 Metern Breite. [1] Es gab noch verschiedene andere städtebauliche Parameter, zum Beispiel das Satteldach, das vorgeschrieben war, und auch die Höhe der Gebäude. Wichtig zu erwähnen ist, dass dieser Wettbewerb fiktiv war. Man hatte kein konkretes Grundstück, sondern nur eine beispielhafte Situation, für welche die Fassaden entworfen werden sollten. Die Parzellengröße gibt natürlich in gewisser Weise die Nutzungen vor. Das große Haus ist hier als Wohn- und Geschäftshaus mit Mehrfamilienhausnutzung in den Obergeschossen gedacht. Das mittlere Haus ist ein größeres Einfamilienhaus mit einem Ladenlokal im Erdgeschoss und das schmale Haus ist ein reines Einfamilienhaus. Wir haben für unseren Vorschlag unterschiedliche Fassaden entworfen, die die Vielfalt der Stadt Lübeck und seiner Altstadt reflektieren. Wir haben unterschiedliche Giebelformen und Materialien verwendet, die ich Ihnen jetzt vorstellen werde.

Das Haus Drei, das große Haus, ist ein Backsteingebäude mit einer Lochfassade und bodentiefen Fenstern. [2] Wir haben Bänder netzartig über die Fassade gelegt. Diese ergeben sich aus der Logik des Treppengiebels, den wir verwendet haben. Der Sockel ist nicht durch ein anderes Material gekennzeichnet, sondern zeichnet sich im Mauerwerksverband auf einer Höhe von 4,50 Metern ab. Aus der Logik der Mauerwerksverbände wird ein Netz von ineinander verwobenen, horizontalen Läuferverbänden und vertikalen Parallelverbänden eingesetzt, die ein Fassadenrelief mit Licht- und Schattenspiel und auch den Eindruck einer gewissen Ornamentik der Fassade hervorrufen.

[1] Fassadenentwürfe aus dem Ideenwettbewerb

[2] Haus Drei

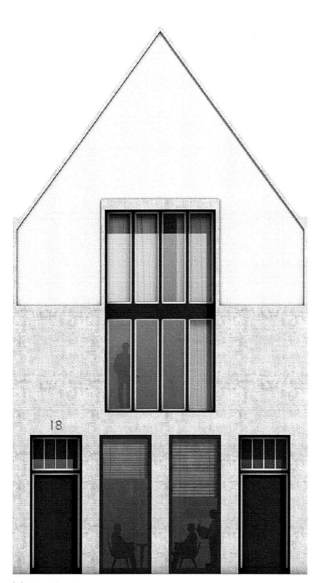

[3] Haus Zwei

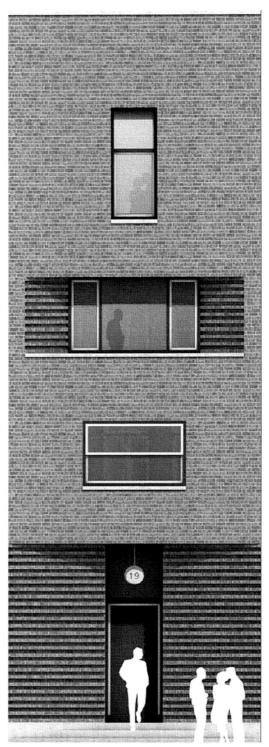

[4] Haus Eins

Das zweite, weiße Haus ist als Reminiszenz an die, auch durch Putzbauten geprägte, Altstadt gedacht. [3] Wir haben hier den Archetyp des Daches, das reine Satteldach verwendet. Die Fassade besteht aus einer Sockelzone aus eingefärbtem Sichtbeton und einer darüber liegenden weißen Putzfassade, die erst ab dem zweiten Obergeschoss beginnt. Die Fassade wird geprägt durch eine große Fensteröffnung, die als Interpretation einer Lochfassade dem Haus ein markantes Gesicht gibt. Die zurückgesetzte Öffnung bewirkt im Zusammenspiel mit den unterschiedlichen konstruktiven Stärken von Sichtbeton und Mauerwerk ein Spiel der verschiedenen Ebenen in der Fassade und damit auch eine Tiefenwirkung der Fassade.

Das dritte Haus, ein Einfamilienhaus, ist für eine private Nutzung vorgesehen. [4] Hier ist die Erdgeschosszone geschlossen und sie wird durch vor- und rückspringende Läuferverbände betont. Auch dieses Haus hat ein Satteldach. Hier waren wir so frei, das Thema des Blendgiebels, der in vielen Formen in der Lübecker Altstadt zu finden ist, modern zu interpretieren. Natürlich hat dieses Haus mit Details, die eigentlich eher untypisch für die Lübecker Altstadt sind, Vorbilder in der norddeutschen Backsteinarchitektur der Moderne der Zwanzigerjahre.

Wir haben versucht, den Kontext und die Tradition der Altstadt Lübecks einerseits zu respektieren, aber weiter zu denken und im Sinne einer Neuinterpretation des Vorhandenen weiterzuentwickeln. Ziel war es, charaktervolle Gebäude zu entwerfen, die einerseits ausdrucksstark und auch durchaus individuell sind, aber dennoch zurückhaltend auftreten und sich so in den Kontext integrieren.

Vielen Dank.

Vortrag 3
Anne Hangebruch

Sehr geehrte Damen und Herren,

ich freue mich sehr, unseren Entwurf zu den drei Stadthäusern im Lübecker Gründungsviertel erläutern zu dürfen:

Beginnen möchte ich mit einer historischen Darstellung der Großen Petersgrube, eine der Rippen-Straßen der Lübecker Altstadt.

Die Abwicklung der Großen Petersgrube zeigt eindrücklich, dass das Gesicht der Lübecker Altstadt durch ganz unterschiedliche, traditionelle Baustile geprägt wurde, denn es lassen sich Fassaden der Gotik, der Renaissance, des Barock und Rokoko bis hin zum Klassizismus finden. Wir haben uns mit unserem Fassadenentwurf dazu entschieden, die Verwandtschaft zu den gotischen Backstein-Bürgerhäusern Lübecks zu suchen, von denen nur noch wenige in der ursprünglichen Gestaltung erhalten sind.

Dabei interessiert uns vor allem das Thema des Staffelgiebels und das Ausloten der Möglichkeiten, die das Material Backstein zur Reliefbildung einer städtischen Fassade bietet. Der Staffelgiebel überformt das dahinter verborgene Dach, vergrößert die Fassadenfläche und schafft somit eine stärkere Fassung des Straßenraumes. Charakteristisch für die Fassaden aller drei Haustypen ist eine Zweiteilung in einen muralen Sockelbereich und eine feine Flächengliederung aus Lisenen und Gesimsen, die jedem Haustyp einen eigenen Ausdruck verleiht und gleichzeitig gewährleistet, dass die Häuser als Ensemble in Erscheinung treten können.

Die Materialisierung entspricht der zuvor erläuterten Teilung des Aufrisses und erfolgt in Ortbeton und Sichtmauerwerk: Die Oberfläche des Betonsockels soll durch Stocken oder Scharrieren, ähnlich der Steinmetz-Technik, bearbeitet werden und sich in Farbigkeit und Textur dem traditionell verwendeten Haustein annähern. Dabei unterstützt die fugenlose

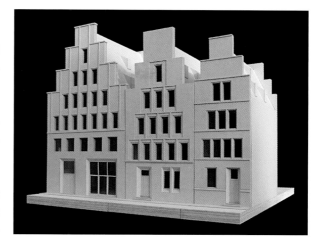

[1] Modell

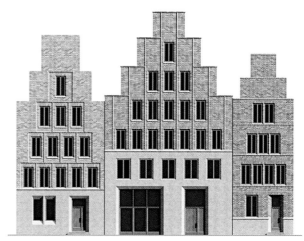

[2] Ansicht der drei Haustypen

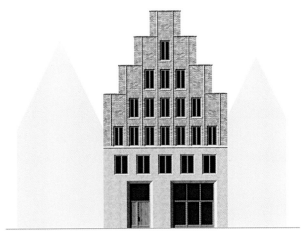

[3] Haustyp III – Geschosswohnungsbau mit Ladeneinheit

[4] Haustyp II – Mehrfamilienhaus

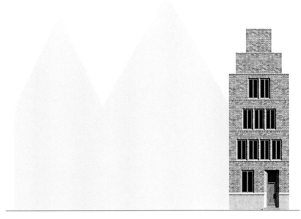

[5] Haustyp I – Einfamilienhaus

Verarbeitung von Ortbeton den Eindruck des Monolithischen und Robusten. Um die Masse-Wirkung des Sockels zu stärken, sind die Fenster und Hauseingänge im Erdgeschoss tief in die Leibungen gesetzt. Die schrägen Gewände nehmen Bezug zu den traditionellen, gotischen Eingangsportalen der Lübecker Kontor-Häuser. Allerdings wird auf die Detaillierung der Portalgewände, wie es zu jener Zeit üblich war, verzichtet. Durch ein leicht erhöhtes Erdgeschoss wird der Hauseingang einige Stufen über das Straßenniveau angehoben und ein kleiner Bereich, im Sinne einer Schwelle zwischen Öffentlichkeit und Privatheit, geschaffen. Die Türelemente aus Eichenholz besitzen ein großzügiges Oberlicht und sind mit einer zurückhaltenden, feinen Profilierung gestaltet. Rötlicher Backstein, farblich leicht variierend, wird für das aufgehende Mauerwerk verwendet. Mit dem märkischen Verband ist ein historischer Verband vorgesehen, der bereits im Mittelalter seine Anwendung in Lübeck fand. Die flächenbündige Verfugung des Sichtmauerwerks unterstreicht die Konturen der Fassadengliederung. Trotz der genannten Gemeinsamkeiten, verfügt jede der drei Fassaden in der Ausgestaltung des Backsteinreliefs über ein eigenes, entwurfliches Thema. Darauf möchte ich kurz eingehen:

Haustyp III – Geschosswohnungsbau mit Ladeneinheit

Schlanke Backsteinlisenen, die sich über der durchgehenden Sohlbank eines zweigeschossigen Sockels erheben, betonen die Vertikale. Sie finden ihren Abschluss in einem horizontalen Gesims, das die Blenden bekrönt. Der Giebel erstreckt sich über sieben Staffeln, wobei die seitlichen gegenüber der mittleren schmaler ausgebildet sind.

Haustyp II – Mehrfamilienhaus

Für diese Fassade werden horizontale Gesimsbänder eingeführt, die ein Versetzen der Lisenen von Geschoss zu Geschoss ermöglichen. Es entsteht der Eindruck eines filigranen Backsteingitters, das sich aus der Fläche herauszuschälen scheint. Die Basis bildet ein eingeschossiger Sockel. Der Giebel schließt mit fünf Staffeln ab.

Haustyp I – Einfamilienhaus

Das Fassadenrelief verzichtet auf eine vertikale Gliederung und setzt die jeweiligen Geschosse durch die Ausbildung von Kaffgesimsen voneinander ab. Durch ein *Zusammenrücken* der Fenster wird die Wandfläche zu kräftigen Backstein-Pilastern geformt.

Für die Profilierung der Fenstergewände und Lisenen werden abgeschrägte Formsteine eingeführt. Dies ermöglicht eine sehr plastische Wirkung der Fassadengliederung und eine interessante Detaillierung. Die Mauerwerksstürze werden durch scheitrechte Bögen betont. Der Übergang zwischen Sohlbank und Backsteinpfeiler wird durch einen Gewändeaufstand in Ortbeton konstruktiv ausgebildet. Die Lisenen sind nach unten abgeschrägt; ihr Dreiecksprofil steht hervor. Die Formsteine binden in den Verband ein und unterstützen den Eindruck des Monolithischen. Die Fenster werden als Doppelflügelfenster ausgebildet, die nach außen aufschlagen. Damit wird ein für Lübeck typisches Fenstermotiv aufgegriffen, das die Fassade im Straßenraum zusätzlich belebt.

Zum Abschluss möchte ich Ihnen noch ein Foto des Backstein-Musters zeigen.

Herzlichen Dank!

[6] Fassadendetail

[7] Detailfoto

Vortrag 4
Samuel Lundberg

Vor dem Wettbewerb haben wir uns mit den historischen Gebäuden der Lübecker Altstadt auseinandergesetzt. Die Häuser sind fast alle sehr gut gestaltet, aber in unterschiedlicher Weise. Es gibt die reichen und die kostbaren, und es gibt die fantasievollen und fantastischen Gebäude. Und dann gibt es die einfachen und die ruhigen Gebäude. Im Wettbewerb waren viele Parameter noch offen: Wer sollte bauen, in welcher Weise, was kommt hinter der Fassade und so weiter. Wir haben uns dazu entschieden, etwas Einfaches, aber dennoch etwas Starkes und Deutliches vorzuschlagen.

Gerade das Einfache ist heutzutage in guter Qualität schwer zu erreichen. Wir mussten daher einige Werkzeuge benutzen: Sockel, Fensterachsen, Proportionen, Ordnungen, Höhenvariationen, Farbtöne. Mit kleinen Verschiebungen in diesen klassischen Elementen und mit einem prägenden Formprinzip wollten wir etwas Interessantes entwerfen – drei einfache Gebäude mit drei einfachen Fassaden, aber mit hoher gestalterischer Qualität.

Einheit des Details und der Formwirkung

Das prägende Prinzip des Entwurfes ist die Einheit des Fassadendetails und die Formwirkung der Giebelbearbeitung. In Gebäudetyp I sind die Fenster von vertikalen konkaven Elementen eingerahmt. [2] In Gebäudetyp II sind die Fenster von vertikalen konvexen Elementen eingerahmt. [3] In Gebäudetyp III sind die Fenster von vertikalen rechteckigen Elementen eingerahmt. [3] Diese Formen haben wir bei der Gestaltung der drei Giebel wieder aufgegriffen. Die Ähnlichkeit und die Zusammengehörigkeit zwischen dem architektonischen Detail und der Gestaltung der Giebelmotive verleihen den drei Entwürfen eine starke und skulpturale Wirkung. Die drei Gebäude werden zu einzelnen, autonomen Häusern mit Integrität und Identität, jedes geprägt von seiner eigenen übergreifenden Lesbarkeit und Grammatik.

Skulpturale Wirkung und Plastizität

Durch eine strenge Reduzierung auf eine einzelne abstrakte Form pro Gebäudetyp (konkav, konvex, abgestuft) werden gleichzeitig eine reiche skulpturale Reliefwirkung und eine zeitgemäße Plastizität erreicht. Die klassische und symmetrische Fensterordnung wird von einer spielerischen Behandlung von formstarken Details und Motiven begleitet.

Identität und Kontext

Der Entwurf greift historische Formelemente auf und entwickelt sie weiter, um den Details eine eigenwillige und prägende Gestalt zu verleihen. Die einzelnen Häuser haben jeweils einen eigenen speziellen Charakter. Dennoch sind sie zurückhaltend und in ihrer Formensprache so ausformuliert, dass sie sich in die Ganzheit der Straßenabwicklung einfügen. Die Fassaden sind in leicht unterschiedlichen, hellen Tönen verputzt. Jede Fassade ist so gestaltet, dass sie als Einheit in der Vielfalt aufgeht und ein guter Nachbar ist.

[1] Visualisierung der Entwürfe

[2] Fassadendetails

[3] Fassadendetails

Vortrag 5
Christoph Ingenhoven

Mit den Fragen, mit denen sich meine Vorredner beschäftigen, und die dem Kolloquium zugrunde liegen, beschäftigen wir uns nicht. Die Frage nach der Proportionalität einer Fassade, das Beschreiben der Mittel, mit denen man sie gliedert und der unterschiedlichen Materialitäten, die man erwähnt und damit meint, sie begründet zu haben, sind Dinge, die wir nicht tun.

Wir beschäftigen uns hingegen mit der Performance einer Fassade: Mit der Frage, inwiefern sie als eine atmende Haut Sonnenlicht, Tageslicht, Tagesstimmungen durchscheinen lässt. Wir beschäftigen uns mit Verschattung, energetischer Performance und Offenheit von Fassaden. Wir beschäftigen uns sehr stark mit der Frage, was hinter der Fassade stattfindet, welches Leben, welche Möglichkeiten wir den Menschen erlauben wollen und können. Was machen Nutzer eines Hauses dort? Was tun sie in 50 Jahren hinter der Fassade? Was sind das für Menschen, die dort arbeiten, leben, lieben? Wie können wir ihnen das ermöglichen? Was ist die Bühne für das, was sie dort tun?

Das sind die Dinge, die uns interessieren. Mich interessiert weniger die Frage, wozu bringe oder zwinge ich die Menschen mit meiner Architektur? Oder welche Wahrnehmung evoziere ich mit der Architektur? Das spielt in der Rückbetrachtung alles keine Rolle. Ich habe mich in der Vorbereitung auf diese kurze Präsentation gefragt, ob das ein Versäumnis ist. Bist du jetzt ungebildet? Ist es das, was heute vielleicht vernachlässigt wird oder ist es eine bewusste Entscheidung, dies nicht zu tun? Ich kann Ihnen nicht genau sagen, ob dies eine bewusste Entscheidung ist, es ist einfach das, was wir tun. Ich lege großen Wert darauf, vor allen Dingen darüber zu reden und zu diskutieren, warum ich etwas tue und ob dies gut begründet ist; ob es die richtigen Argumente und Überlegungen sind; ob es eine angemessene Antwort ist. Daraus entsteht dann eine Lösung. Ich glaube fest daran, dass, wenn man dies angemessen tut, am Ende ein schönes Ergebnis herauskommt. Aber immer nur dann, wenn man die Schönheit nicht zu direkt anstrebt.

In Lübeck haben wir 2005 ein Kaufhaus fertiggestellt. [1] Im Wesentlichen befindet sich dort ein Bekleidungshaus. Ein paar andere Nutzungen sind dort ebenfalls zu finden. Es ist ein großes Gebäude. Das bedeutet, dass wir uns nicht mit einer Parzelle auseinandergesetzt haben, sondern mit dem Gebäudetypus eines Warenhauses.

Zwischen der Marienkirche und der Petrikirche befindet sich eine Häuserzeile, deren Vorderseite zum Marktplatz gelegen ist. [2] Dies war, historisch gesehen, schon immer eine besonders wichtige Position. Wer am Markt bauen durfte, war privilegiert. Die Bürgerhäuser des Mittelalters, natürlich auch aus späterer Zeit, haben sich dort entwickelt und den Marktplatz geprägt.

Es sind dann verschiedene große Gebäude in der Nähe gebaut worden; Kirchen und unter anderem auch das historische Rathaus mit mehreren Ausbaustufen. Der größere und berühmtere Gebäudeteil aus der Renaissance ist ein wunderschönes Gebäude aus Backstein, das im Erdgeschoss mit Arkaden versehen ist. Ansonsten war der Marktplatz von Bürgerhäusern umgeben.

An der Stelle unseres Kaufhauses wurde allerdings später ein wilhelminisches Postgebäude errichtet, da man beschlossen hat, eine große Hauptpost zu bauen. Man hat daraufhin an der Stelle alle Bürgerhäuser abgerissen, um Platz für die Post zu schaffen. Diese ist dementsprechend auch mit all dem, was man an Machtgepräge bei einer neugotischen, wilhelminischen Post am Marktplatz in Lübeck erwartet, ausgestattet worden.

Man hat uns von Seiten des Investors gebeten, eine Studie durchzuführen mit der Frage: Kann man an dieser Stelle ein Warenhaus bauen? Damit haben wir

[1] Kaufhaus

[2] Markt von Lübeck

116 Fassaden in Lübeck

[3] Dach des Kaufhauses

uns daraufhin intensiv auseinandergesetzt. Wir haben viele Zeichnungen angefertigt. In der Nachschau muss man sagen, dass diese zu recht heftigen Diskussionen geführt haben, wahrscheinlich nicht ganz unberechtigt.

»Wenn du in der Lübecker Altstadt baust«, hat Hans Stimmann mir damals gesagt, »musst du dir darüber im Klaren sein, dass du im hochherrschaftlichen, wunderschönen, geschützten und geliebten Wohnzimmer der Hansestadt baust.«

Dessen waren wir uns durchaus bewusst. Die Bebauungsstruktur der Altstadt entwickelte sich seit Mitte des 19. Jahrhunderts teils sehr wild. Man setzte sich ganz klar in Szene und hatte Spaß daran. Was dort im Laufe der Jahrhunderte gebaut wurde, war nicht dezent. Es gipfelte dann 1850, kurz vor der Errichtung der Post, in einer Häuserzeile, die auf eine erhebliche Höhe anstieg.

Während des Krieges wurde die neugotische Post faschistisch überformt. Der Bau wurde um einen Großteil seiner gotischen Elemente und auch in der Höhe reduziert. Interessanterweise hat man sich getraut, das Dach zu begradigen, ohne Proteste zu erwecken. Demnach hat man schon damals erneut relativ brutal in die Stadt eingegriffen. Und dieses Baufeld ist ziemlich genau jenes Baufeld, das wir später bebaut haben. Während des Wiederaufbaus in den Fünfzigerjahren hat man einen sehr einfachen, fast einfallslosen Bau an die Stelle gesetzt.

Es ist natürlich klar, dass das Bauen dort mit einer Menge, auch intellektueller Risiken verbunden ist. Ein wesentlicher Diskussionspunkt war die Traufhöhe. Es wurden Diskussionen mit dem Denkmalpfleger, dem Landesdenkmalpfleger und der UNESCO geführt. Es gab Kommissionen, politische Diskussionen in Parteien und Fraktionen und es gab Bürgerproteste.

Das Ergebnis – auch das Ergebnis der Kommission, der Ratsentscheidung und aller anderen Entscheidungen – war dann unter anderem, dass die Traufhöhe des Neubaus der des Renaissanceflügels des Rathauses entsprechen müsse. Wir waren der Meinung, dass der Bau eines Warenhauses im Wesentlichen darin besteht, ein großes Dach zu entwerfen und darunter eine flexible, in unterschiedlichen Zeiten und Dimensionen, nutzbare Architektur zu entfalten.

Wir haben daher dieses versetzte Tonnengewölbe entwickelt. [3] Es ist freitragend, ruht auf äußeren Stahlstützen mit mehr oder weniger geschlossenen Fassadenelementen, die mit einer Fassadenbekleidung versehen sind. Das Dach ist mit Blech eingedeckt, nicht mit Kupfer. Dieses Material ist der Kathedrale vorbehalten. Man sieht, dass das Haus Teil der berühmten Dachlandschaft Lübecks ist. Es ist in einer enormen Sorgfalt mit sehr vielen, sehr detaillierten Zeichnungen, Schnitten und Materialbemusterungen entwickelt worden.

Wir haben einen erheblichen Aufwand zu folgender Frage betrieben: Wie passen wir unser Gebäude in die Altstadt ein? Es sind große Modelle gebaut worden, anhand derer Details, die gesamte Farbigkeit, die Fragen des Rhythmus der Fassade, der geschlossenen und der offenen Elemente und der Beziehungen des Hauses zu den umliegenden Straßen diskutiert wurden.

Wir haben von Anfang an geplant, aus dem Rhythmus der Bürgerhäuser einen Rhythmus für das große Haus abzuleiten. Es ist ein Haus geworden, das seine Nutzung des Warenhauses nicht verbirgt, sondern selbstbewusst zeigt. Es ist ein Haus, das im ersten und zweiten Obergeschoss eine Fassade präsentiert, die es ermöglicht, dass sich auch das Innere selbstständig entwickeln kann.

Im Erdgeschoss sind dementsprechend größtenteils transparente, mit Durchgängen und Eingängen versehene Fassadenteile vorhanden. Im Dachgeschoss gibt es eine Reihe anderer Nutzungen. Ich glaube, bei allem Verständnis für die Kritiker, dass es am Ende immer so ist, dass man sich entscheiden muss. Und diese Entscheidung kann einem niemand abnehmen. Man kann sie aber diskutieren.

Ich finde, dass es hinsichtlich der Proportion des Platzes, der Nutzungen, die dort stattfinden, der Materialität und des Rhythmus, ein sehr würdevolles Gebäude geworden ist. Es gibt noch eine interessante Detaildiskussion über die Frage der Farbgebung: Natürlich neigte man dazu, den Gliederungsgedanken des backsteinernen Lübecks aufzugreifen und mithilfe dieser keramischen Fassadenelemente auf das Gebäude zu applizieren. Dann hat es eine lange Diskussion über die Farbigkeit geben, ob roter oder heller Ziegel verwendet werden sollte.

Es gibt ein skurriles Detail dazu. Man hat sich sehr viel Mühe gegeben, sich an den Sandsteinelementen des Rathauses zu orientieren. Die Bürgerhäuser weisen in den historischen Darstellungen relativ bunte Farbigkeiten auf. Die Stadt Lübeck hat zusammen mit dem Denkmalpfleger herausgefunden, dass es einen historischen Zustand des Rathauses gab, bei dem es weiß war. Man hatte das Rathaus tatsächlich weiß gestrichen. Das war eine Entscheidung, die nach der Entscheidung für die Farbgebung unseres Gebäudes gefällt wurde.

Zum Schluss möchte ich noch Folgendes sagen: Uns ging es darum, eine komplett zeitgenössische Antwort auf eine Frage zu geben, deren Substanz im Hinblick auf Gliederung, Maßstäblichkeit und Legitimität auf gar keinen Fall mit irgendeiner historisierenden Architektur beantwortet werden sollte. Stattdessen haben wir uns die Aufgabe unter der Maßgabe gestellt, dieses mit höchster Zeitgenossenschaft zu tun.

Vielen Dank.

Vortrag 6
Helmut Riemann

Meine Damen und Herren,

ich zeige Ihnen unseren Wettbewerbsbeitrag für ein Hotel am Lübecker Markt, der nicht nur von der Fassade, sondern auch von der letzten Lückenschließung an diesem Ort handelt.

Das Grundstück sollte ursprünglich im Zuge des Kaufhausbaus, das nach Plänen von Christoph Ingenhoven anstelle der alten Hauptpost gebaut worden ist, geschlossen werden. Dazu kam es jedoch nicht.

Den prägenden und dominanten Hintergrund bildet an dieser Stelle der Stadt seit dem Mittelalter zum einen die Marienkirche, zum anderen der aus verschiedenen Gebäuden bestehende Rathauskomplex. Wir befinden uns hier im Herzen des Weltkulturerbes Lübecker Altstadt.

Zunächst werfen wir einen Blick zurück auf die ursprüngliche historische Situation: Das heutige Grundstück bildete über Jahrhunderte einen ganzen Baublock aus, der an allen vier Seiten von Straßen und Gassen umgeben war. Richtung Markt war er bebaut mit kleinteiligen, ineinander verschachtelten Häusern, während der Vorgängerbau an der westlich gelegenen Straße Schüsselbuden ein für Lübecker Verhältnisse typologisch einzigartiges und ungewöhnliches, großes, palaisartiges, barockes Gebäude war.

In den 1870er Jahren war der Marktplatz mehrheitlich noch von einzelnen giebelständigen Häusern auf schmalen Parzellen umstanden. Die Ausnahme bildet das Rathaus mit seinen großformatigeren Gebäudeteilen. In den 1930er Jahren gab der Marktplatz ein anderes Bild ab: Er war durch eine Begrünung mit beschnittenen Bäumen und den Neubau der großformatigen neugotischen Post an der Westseite bereits ein wesentlich veränderter Platz. Die an den Renaissanceflügel des Rathauses grenzende Hausgruppe wurde wilhelminisch überformt. Auch die Fassaden der Häuser auf unserem Baugrundstück waren immer wieder Veränderungen unterworfen; dahinter befanden sich in der Regel aber noch dieselben Gebäude wie vorher. Die Häuser zeigten sich in ihrer Erscheinung bis zur Zerstörung im Zweiten Weltkrieg deutlich als gewachsenes und für Lübeck typisches Ensemble mit steilen Satteldächern. Im Zuge des Wiederaufbaus war der Platz erneut Veränderungen unterworfen. An der Nordseite wurden zwei typische Fünfzigerjahrebauten als Verwaltungsgebäude errichtet, von denen eines in den Neunzigerjahren aufgrund von Baufälligkeit wieder abgerissen wurde. Das zweite, der sogenannte Rathaushof, hat weiterhin Bestand und steht inzwischen unter Denkmalschutz.

Nun zeige ich Ihnen die Lücke, die wir bebaut haben. [1] Der Bau von Christoph Ingenhoven war zu dieser Zeit bereits fertiggestellt (siehe Vortrag von Christoph Ingenhoven). Das Baufeld, das im Wettbewerb vorgegeben war, wird durch strenge Baulinien und Baugrenzen mit exakt vorgegebenen Trauf- und Firsthöhen begrenzt. Diese Rahmenbedingungen sind in einem für das Vorhaben aufgestellten qualifizierten Bebauungsplan zwingend vorgegeben. Daneben gibt es eine Reihe weiterer Auflagen, wie zum Beispiel die Vorgaben der Gestaltungssatzung und eine Musterplanung der wesentlichen Geschosse mit den für die Hotelkette typischen im Achsmaß 2,70 Meter schmalen Zimmern.

Wir haben das neue Gebäude dicht am historischen Stadtgrundriss, wie er vor den Kriegszerstörungen von 1943 vorzufinden war, entwickelt: Das Motiv des Rücksprungs und die überkommene Typologie von Häusern mit steil geneigtem und gereihtem Dach ist als identitätsstiftender städtebaulicher und architektonischer Baustein an dieser Stelle unverzichtbar.

In Anlehnung an die historische, aber heterogenere Bebauung haben wir das Gebäude in drei zur Markttwiete giebelständige Einheiten geteilt. [2] Das Motiv greift die für Lübeck typische giebelständige Parzellenbebauung mit weit in die Grundstückstiefe reichenden

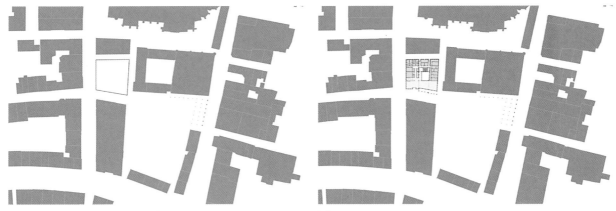

[1] Baugrundstück (dünn umrandet) [3] Grundriss Erdgeschoss

Baukörpern und langen, parallel gestellten Firstlinien auf. Die Giebelständigkeit zur Markttwiete erscheint hier als Pendant zur Ausrichtung der Firstlinien des Rathauses. Ebenso wichtig erschien uns die bewusste Setzung gegenüber der verschlossenen, großmaßstäblichen Giebelseite des Kaufhauses. Die Ausbildung einer langen traufständigen Fassade zum Schüsselbuden entspricht dem historischen Vorbild. Ortstypisch zeigt sich das neue Gebäudeensemble als geschlämmter Klinkerbau mit ausgeprägten Giebelseiten.

Die Gliederung der Kubatur in drei Einzelvolumen mit dem rückspringenden westlichen Giebel zur Markttwiete hat geringfügige Änderungen des Grundrisses bedingt, der nun die dreiteilige Gebäudestruktur klar wiedergibt. [3] Die Grundrissdisposition im Erdgeschoss haben wir im Bereich der Foyer- beziehungsweise Loungefläche angepasst; in den Zimmeretagen ergeben sich einige Sonderzimmer.

Die Entscheidung, das Gesamtvolumen in drei Häuser zu unterteilen, hat uns veranlasst, vor dem Hintergrund der Hotelnutzung mit den immer wiederkehrenden selben Zimmergrößen, die Fassaden – insbesondere die Giebelseiten – nur sehr zurückhaltend zu differenzieren. Fenstergrößen, Proportionen und Achsmaße wiederholen sich in Gruppen über alle Gebäudeteile.

Die hohe, großzügig geöffnete Erdgeschosszone wird im Bereich des mittleren und östlichen Giebels als Kolonnade ausgebildet, die als Durchwegung dient und als geschützte Freizone vor dem erdgeschossigen Lounge- und Frühstücksbereich genutzt werden kann. Sie bildet das städtebauliche und architektonische Pendant zur Rathausarkade.

Im rückwärtigen Bereich, dort wo das zimmerbelegte Zwischengeschoss das hohe Erdgeschoss ablöst und vornehmlich Nebenräume angeordnet sind, wird der Sockel durch eine Rustizierung mit erhabenen Klinkerschichten betont. Zur Straße Weiter Krambuden hin haben wir die lange traufständige Fassade durch einen erkerartigen Vorsprung in drei Abschnitte gegliedert. Dies greift interpretierend den historischen Versatz der Parzellen auf und nimmt dabei Bezug auf den vorspringenden, seitlichen Giebel des ursprünglichen Bestandsgebäudes.

Durch die Gliederung und Proportionierung der Baukörper und seiner Elemente, wie zum Beispiel die durchweg stehenden, schlanken Fenster und die differenzierende Detaillierung, haben wir versucht, unser Haus in die historische Umgebung einzupassen.

Vielen Dank für Ihre Aufmerksamkeit.

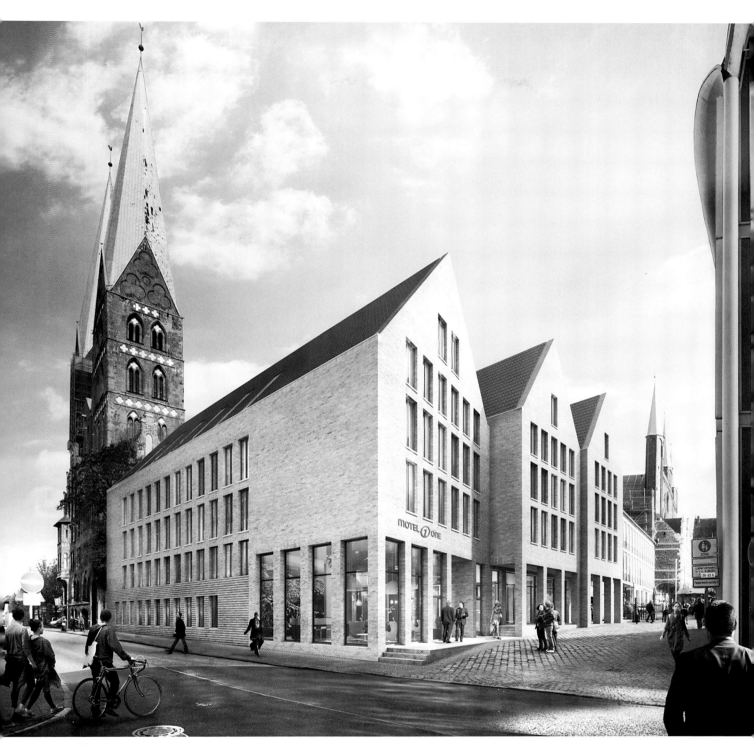

[2] Visualisierung des Entwurfs

Diskussion
Fassaden in Lübeck

Arnold Bartetzky
Peter Berner
Franz-Peter Boden
Dankwart Guratzsch
Anne Hangebruch
Helmut Holzapfel
Christoph Ingenhoven
Petra Kahlfeldt
Rob Krier
Christoph Mäckler
Michael Mönninger
Franz Pesch
Jan Pieper
Helmut Riemann
Christoph Sattler
Boris Schade-Bünsow
Ingo Siegmund
Wolfgang Sonne
Hans Stimmann
Thomas Will
Gerwin Zohlen

Johannes Kister, Christoph Ingenhoven, Ansgar Schulz

Pieper Herr Ingenhoven, ich will jetzt nicht diskutieren, ob die wenig wiedererkennbaren Strukturen der Altstadt in Ihrem Entwurf an dieser Stelle richtig sind, sondern auf Ihr Stichwort der *Zeitgenossenschaft* eingehen. Für mich stellt sich die Frage, woran Sie die Zeitgenossenschaft dieser spezifischen Architektursprache festmachen? Sie haben sich ja ganz bewusst, und dafür gibt es, glaube ich, keine zwingenden funktionalen oder konstruktiven Gründe, bei der Bedachung des Gebäudes von der euklidischen Geometrie abgesetzt, die sonst die Architektur solcher Städte wie Lübeck bestimmt und eben diese nicht-euklidische Geometrie dort eingeführt. Ist das die Zeitgenossenschaft? Ist das eine größere Nähe zur Zeit, als wenn man bei der euklidischen Architektur bleibt? Das wäre die eine Frage. Die zweite, die direkt damit zusammenhängt, ist die Frage, ob nicht der Kontext eben doch Dinge vorgibt, die berücksichtigt werden wollen, die auch in der Geschichte der neueren Architekturtheorie immer eine sehr große Rolle gespielt haben. Ich erinnere da an den bekannten Streit um die Aufstockung des Tiburio auf dem Mailänder Dom. Bramante, der ja nun völlig unverdächtig ist, nicht ein wirklich moderner Architekt in seiner Zeit gewesen zu sein, plädierte in seinem Gutachten dennoch dafür, den Mailänder Dom selbstverständlich in gotischen Formen zu ergänzen; oder denken Sie an die Galenschen Kapellen von Pictorius am Dom zu Münster und so weiter. Das könnte man jetzt endlos fortführen. Immer wieder wurden aus dem Kontext ganz bestimmte architektonische Kodifizierungen aufgegriffen, ohne dass man das Problem gehabt hätte, dass das dann nicht zeitgenössisch sei.

Mönninger Die Beispiele, die wir vorher gesehen haben, laufen aufgrund der Kleinmaßstäblichkeit ein

Christoph Mäckler, Wolfgang Sonne

bisschen Gefahr, dass wir uns am Bundeswettbewerb »Unser Dorf soll schöner werden« beteiligen wollen. Herr Ingenhoven hat zumindest die Frage gestellt: Was machen wir denn bei dem Größensprung, also bei den neuen Maßstäben, die wir zu bewältigen haben, die wir nicht mehr mit fünf Meter breiten Parzellen bewältigen können? Ob seine Antwort die richtige ist, da müssen wir lange drüber streiten. Das schaffen wir vielleicht nur, wenn wir die geballte Expertise von Jan Pieper mitnehmen. Aber die Antwort auf den Größensprung, die hat er zumindest gestellt und da würde ich gerne wissen, wie er in anderen historischen Situationen ähnliche Dinge anfasst. Dieses Lübecker Beispiel muss man lange schlucken, man hat ein bisschen das Gefühl, er ist ein Wiedergänger von Jürgen Mayer H. mit der Stadtloggia Metropol Parasol in Sevilla. So schlimm ist es vielleicht nicht, wenn man vor Ort davor steht, aber den Größenmaßstab müssen wir heute dringend thematisieren. Wir kommen mit diesen Knusperhäuschen sonst nicht weiter.

Ingenhoven Ich könnte jetzt frech sagen: Mit so etwas beschäftige ich mich nicht. Das wäre gar nicht so falsch, weil ich jetzt nicht unbedingt definieren möchte, was Zeitgenossenschaft ist. Aber ich kann Ihnen versuchen zu erklären, was unser Vorgehen ist. Ich glaube, dass es darum geht, zu verstehen, was dieses Warenhaus an diesem Ort ist. Was es tut, wer da hingeht, ob man dafür dankbar sein muss, dass es dieses Warenhaus und nicht ein viel billigeres Warenhaus an der Stelle ist? Ob es für Lübeck eher ein sozialer Fortschritt war oder ob es ein Rückschritt gewesen wäre, wenn es das dort nicht gegeben hätte? Wir haben uns damit auseinandergesetzt und nicht mit dem Maßstab. Den haben wir nicht in die Stadt gebracht. Das hatte bereits das 19. Jahrhundert für uns erledigt und die Nazi-Zeit dann noch mal und der Wiederaufbau noch mal. Wir haben exakt auf dem Grundriss des Wiederaufbaus gebaut. Auch in der Höhe gab es keinen Maßstabssprung. Wir sind deutlich unterhalb dessen geblieben, was Herr Riemann als historische Referenz gezeigt hat, deutlich darunter. Wir reden nicht von 20, 30 Zentimetern. Wir reden von zwei, drei Metern.

Wir haben uns damit auseinandergesetzt, dass man sich im Zuge des Wiederaufbaus an eine andere Platzkontur gewöhnt hatte. Das verstehe ich. Unser Gebäude hat die Platzkontur sozusagen wieder eingeengt. Das würde auch anderen Neu- beziehungsweise Wiederaufbauten so gehen. Der Platz ist dadurch steiler geworden, was er historisch allerdings auch schon war und was, von der Proportionalität her, vielleicht auch richtiger für den Platz ist. Wir haben uns damit auseinandergesetzt, dass ein Kaufhaus Flexibilität braucht. Das heißt, ich kann nicht einfach irgendeine Gliederung auf diese Fassade machen, die mit der Funktion des Hauses nicht korrespondiert. Das ist jedenfalls meine Meinung. Sie hätten auch komisch geguckt, wenn Wertheim in Berlin mit der Parzellenbreite der Friedrichstraße gebaut worden wäre und das ist nicht im letzten, sondern schon im vorletzten Jahrhundert gebaut worden. Das sind alles Aufgaben, die aus dem Jetzt-Sein und dem Jetzt-Leben entstehen und durch eine Auseinandersetzung mit den heutigen Bedingungen. Dass dazu auch gehört, dass man die Stadt nicht zerstört, dass man sich mit der Materialität auseinandersetzt, mit der Farbigkeit, das ist völlig selbstverständlich. Das sind Funktionen der Zeitgenossenschaft. Aber es würde sich für mich in jedem Fall verbieten, aus anderen als aus inhaltlichen Gründen heraus Gliederungen, Unterschiedlichkeiten, wackelnde Grundrisse, wackelnde Fassaden und all dieses zu benutzen, um die Stadt zu verschönern oder an einer Stelle wie dem Gründungsviertel eine im Prinzip neue Stadt zu bauen. Vielleicht als letztes noch dazu: Ich frage mich, wer da lebt und ich frage mich auch, was dieses

Helmut Holzapfel

Projekt zu bedeuten hat. Ist das die Gesellschaft, ist das die Architektur, in der wir in Zukunft leben wollen? Das ist auch eine ästhetische Debatte, aber für mich kann ich sagen: »Auf keinen Fall!« Ich kenne auch kaum Leute, die das wollen würden. Ich kenne viele Leute, die unter der Verschandelung unserer Städte leiden, das ist überhaupt keine Frage und das verbindet uns in diesem Kolloquium hier. Aber die Antwort darauf kann nicht sein, dass man dahin zurückgeht. Und vielleicht noch ein Wort zu der Großartigkeit: Man berauscht sich an der Großartigkeit der Historie. Man wird aber vielleicht nicht ganz umhin kommen auch festzustellen, dass in deutschen Landen, eben durch unsere föderalistische Struktur, die es schon immer gegeben hat, nicht ganz auf der Höhe der Städte gebaut wurde, die wir heute so sehr bewundern. Und deswegen führt der Weg auch nicht unbedingt zurück, sondern nach vorne und da stellt sich die Frage: Wie und wohin? Das ist sicher umstritten, aber so ist das Leben, das wir als Architekten führen.

Bartetzky Danke, Herr Ingenhoven. Das war durchaus ein Versuch einer Antwort auf die Frage, worin die Zeitgenossenschaft besteht. Es ist, denke ich, deutlich geworden, dass die Zeitgenossenschaft für Sie eben auch in dem angemessenen Reagieren auf die neuen Maßstäbe besteht.

Holzapfel Vorneweg: Als Verkehrswissenschaftler bin ich für ein Wort, das Verkehr heißt, quasi zuständig und mit der Zeitgenossenschaft und der Größe hat das eine Menge zu tun. Herr Ingenhoven, für mich waren Sie fast zu defensiv, weil Sie gesagt haben: Den Maßstab haben wir nicht in die Stadt gebracht. Das ist fast eine Entschuldigung für das, was Sie tun. Diese Maßstäbe kommen mit bestimmten historischen Entwicklungen und die Frage ist: Kann man sich von ihnen wieder verabschieden, weil man andere Blicke auf die Stadt hat? Der Blick aus dem Auto, das kommt ab und zu vor, ist zum Beispiel ein Blick auf die Stadt. Wir haben das in Kassel studiert, als wir Autowindschutzscheiben durch die Stadt getragen haben. Dieser Blick ist natürlich auf Größe gerichtet. Die Sicht des Fußgängers ist eine andere. Sie nimmt auch eine Kleinteiligkeit wahr. Der Eindruck von einer Steilheit des Platzes hat wahrscheinlich damit zu tun. Wenn Sie zu Fuß darüber gehen, finden Sie die Größe des Gebäudes vielleicht nicht mehr ganz so angemessen. Die Frage ist also: Was ist unser heutiges Verhalten in den Städten? Ich denke, wenn wir unsere Aufmerksamkeit wieder auf kleinteilige Dinge richten, dann geht es auch wieder zurück zu einer Stadt, die anders erlebt wird. Und wenn wir heute alle jubeln und sagen, Kopenhagen ist toll, dann hat das natürlich mit der Gestaltung von Plätzen aus einer anderen Perspektive zu tun: Nämlich mit dem Gehen und vielleicht einem anderen Schauen auf Häuser. Mein beliebtestes Beispiel ist immer Franz Kafka. Er konnte München nicht mehr wiedererkennen, als er zum ersten Mal mit dem Auto hindurchgefahren ist, weil er nur die Erdgeschosse gesehen und die Häuser nicht mehr wahrgenommen hat. Die Windschutzscheiben waren zu klein, um sie aus dieser Perspektive oberhalb der Erdgeschosse zu erkennen. Insofern finde ich es sehr gut, was aus Lübeck gekommen ist, nämlich die Fragen nach Straßenbreite, Perspektive und dem Ausdruck dessen, was man sieht. Das finde ich ganz wichtig für die weitere Tagung. Es sind Veränderungen, die wir notieren sollten. Und wir sollten uns fragen: Können wir denn nicht doch anders, ohne dabei in die Historie zurückzugehen? Die neuen Häuser des Gründungsviertels sind nicht mit denen des beginnenden 19. Jahrhunderts zu vergleichen, die noch von fünf Familien bewohnt wurden. Deshalb sind sie für mich auch kein Zurück.

Mäckler Zunächst möchte ich mich zum Maßstabssprung äußern. Christoph Ingenhoven hat ein Gebäude vorgegeben bekommen und zwar ein – im weitesten Sinne – öffentliches Gebäude, ein Kaufhaus. Der Maßstab war historisch gegeben, das hat er deutlich gemacht. Ich bin der Meinung: Der Maßstabssprung kann überhaupt keine Rolle spielen. Wir dürfen nicht den Fehler machen, dass wir zwischen unterschiedlichen Typologien, etwa Einzelwohnhäusern und einem Kaufhaus, in Bezug auf den Maßstab in irgendeiner Weise Vergleiche unternehmen. Und noch etwas: Das Haus ist, für meine Begriffe, sehr schön gegliedert. Die Vertikalgliederung ist hier eindeutig zu sehen.

Ich möchte darauf aufmerksam machen, dass wir allen Referenten drei Kriterien an die Hand gegeben haben. Wir reden über die Fassade im öffentlichen Raum: Wie ist der Charakter dieser städtischen Fassade? Wie greift sie in den städtischen Raum ein? Was sagen das Erdgeschoss und der Hauseingang? Sind sie geschlossen oder sind sie weniger geschlossen? Und was ist das Detail in der Fassade? Da komme ich jetzt zu dem Punkt, den ich dann doch in Frage stelle. Christoph, du sagst in deinem uns bekannten Selbstbewusstsein: »Ich muss entscheiden«.

Boris Schade-Bünsow, Petra Kahlfeldt, Jörn Düwel

Du hast dich so ausgedrückt: »Du musst dich als Architekt entscheiden«. Da stellt sich für mich bei diesem Gebäude einfach die Frage nach dem Material: Ist das das richtige Material für die Stadt Lübeck, um diesen Marktplatz als gesamtarchitektonisches Ensemble zu begreifen? Es geht nicht darum, ob es eine hässliche oder schlechte Fassade ist. Es geht darum, was die Fassade im öffentlichen Raum sagt. Vorhin hat Arnold Bartetzky das Wort *Sozialraum* verwendet. Die Fassade verhält sich sozial zum öffentlichen Raum. Der öffentliche Raum gehört der gesamten Gesellschaft, der Kommune, den Bürgern der Stadt. Da stellt sich mir durchaus die Frage, ob man sich als Architekt völlig frei entscheiden kann. Ich glaube nicht! Vielmehr muss sich die Stadt entscheiden und meines Wissens nach gab es auch lange Diskussionen über das Bauwerk und sein Material. Allerdings liegt das lange zurück. Heute würde sich die Stadt, man sieht es auch an Helmut Riemanns Fassade, mit Sicherheit anders entscheiden. Um das zusammenzufassen: Wir Architekten haben gegenüber dem öffentlichen Raum eine Verantwortung. Ich habe es hier an dieser Stelle schon mehrfach gesagt: Der Souverän, sprich die Politik beziehungsweise der Oberbürgermeister, der Oberbaudirektor, der Planungsdezernent oder der Planungssenator ist der derjenige, der dafür zu sorgen hat, dass dieser öffentliche Raum als Gesamtarchitektur gestaltet und nicht durch einzelne Gebäude zerstört wird.

Schade-Bünsow Ich bin ein bisschen erschrocken: Das Gründungsviertel in Lübeck und viele vergleichbare Viertel sind in einer Zeit entstanden, als die Gesellschaft sich unglaublich langsam wandelte. Sie sind deswegen ein guter Spiegel der Gesellschaft. Man kann ablesen, welche Gesellschaft dort gewohnt hat, nämlich bürgerliche Kaufmannsfamilien. Über Jahrzehnte und Generationen konnten sich solche Kaufmannsstädte entwickeln. Die Gestalt Lübecks ist ein Ergebnis solcher Entwicklungen. Wenn sich die Gesellschaft wandelt und sich für etwas Neues entscheidet, ist sie manchmal sehr radikal. In den Fünfziger- und Sechzigerjhren haben wir die *autogerechte Stadt* gebaut und wirklich alles danieder gerissen, was dem nicht Rechnung trug, weil wir alle – beziehungsweise unsere Vorgänger – Individualverkehr wollten. Jetzt sind wir seit über 20 Jahren in einer Situation, in der sich unsere Gesellschaft in einer Dynamik entwickelt, wie wir es noch nie gesehen haben. Vor 25 Jahren, mit der Wiedervereinigung und dem Beginn der Europäischen Union, erreichten wir einen anderen Wirtschafts- und Sozialraum. Das Ende des Kalten Kriegs führte dazu, dass wir eine völlige Freizügigkeit in Deutschland haben und spätestens seit dem 11. September 2001 ist ein neuer politischer Konflikt sichtbar geworden, der zu einer Migrationswelle führt, die wir jetzt erst spüren. Dazu kommt die große Digitalisierung der Welt, das große Energieproblem und unser demografischer Wandel. Ich frage mich, ob wir nicht diese ganzen Dinge auch in unserer Architektur und unserem Städtebau ablesbar machen müssen. Denn die Architekten, und das ist wirklich ein schweres Geschäft, bauen für die Gesellschaft. Ich kann nicht sehen, dass das Gründungsviertel Fragen beantwortet nach neuen Formen des Arbeitens, des Lebens und des Wohnens. Familien, wie es sie damals gab, gibt es heute nicht mehr.

Mäckler Entschuldige, was ist denn eine »neue Form des Wohnens«? Das würde mich interessieren.

Schade-Bünsow Früher war die Familie so, dass es eine feste Beziehung gab, die über Jahrzehnte zusammenblieb, die Kinder bekam und diese groß zog. Jetzt ist es häufig so, dass Paare sich trennen, dass es Patchwork-Familien gibt. Deshalb muss es Wohnungsgrundrisse geben, die sich dem sehr flexibel anpassen können.

Ich glaube außerdem, dass wir eine Integration von Wohnen und Arbeiten haben werden und dass kleinteilige Produktion in die Stadt zurückkehrt. All das möchte ich in der Architektur beantwortet sehen. Ich frage mich schon, warum diese Gründerzeitviertel so beliebt sind und warum die Leute dahin zurückziehen. Das ist für mich darin begründet, dass die Leute Angst vor der Zukunft haben und eine Sehnsucht nach der Vergangenheit. Aber das wird nicht unsere Zukunft sein.

Bartetzky Wir machen vielleicht auch nochmal eine Konferenz zum Thema *gesellschaftlicher Wandel und neue Wohnformen*, was sicherlich ein sehr interessantes Thema ist. Für heute und morgen wollen wir uns wirklich auf die Gestaltungsfragen, auf die Fassaden konzentrieren. Herr Boden möchte mit einem Missverständnis aufräumen.

Boden Ich möchte klarstellen, dass die Form der Neubebauung des Gründungsviertels nicht entstanden ist, weil wir uns nur der Historie verpflichtet fühlen, sondern das war das Ergebnis einer breiten öffentlichen Diskussion. Man hätte auch zu dem Ergebnis kommen können, wir bauen jetzt eine zeitgenössische Architektur des 21. Jahrhunderts dorthin. Ferner war uns die Funktionsmischung im Quartier wichtig, es besteht die Möglichkeit, im Gründungsviertel das von Ihnen angesprochene kleinteilige Gewerbe unterzubringen, auch aufgrund der Seitenflügel. Besonders von Seiten der Wohngemeinschaften war die Nachfrage nach gewerblicher Nutzung bei der Vergabe der Grundstücke ein wichtiges Thema. Modernes Wohnen, von dem Sie gesprochen haben, schließt somit die Nutzungsmischung mit ein. Das ganze Thema Energie ist durch die Energiezentrale gelöst. Im Fokus der Neubebauung stehen die soziale Durchmischung dieses Quartiers und die unterschiedlichen Wohnformen.

Schade-Bünsow Aber das ist in der Fassade nicht ablesbar.

Bartetzky Herr Boden, vielen Dank für die Klarstellung, dass hier unterschiedliche Wohnformen in dieser Typologie möglich sind.

Stimmann Sie wissen, ich bin bei diesem Thema befangen, weil ich in Lübeck zu Hause bin und ein paar Jahre dort auch politisch tätig war. Ich möchte das Auditorium darauf aufmerksam machen, dass alle Projekte, die wir von Lübeck gezeigt bekommen haben, mit einem Abriss beginnen. Es gab in dem Gründungsviertel zwei Schulen aus den Fünfzigerjahren, Dokumente ihrer Zeit, die so heute natürlich nicht mehr angesagt sind, aber es waren Dokumente. Wenn das neue Zeitgenössische immer mit Abrissen beginnt, ist es nicht das, was die meisten hier im Saal für richtig halten. Das trifft natürlich, lieber Herr Ingenhoven, auch auf die Post zu. Das war ein schreckliches neogotisches Gebäude, das in den Fünfzigerjahren ziemlich brutalistisch umgebaut wurde, hässlich, aber ein solides Gebäude. Vielleicht hätten Sie daraus etwas machen können. Dass wir Baufelder freimachen, ist nichts anderes als das, was schon Generationen vor uns versucht haben. Unter der Überschrift des Fortschritts werden ganze Städte, unter anderem auch Lübeck, aber natürlich insbesondere Großstädte wie Berlin, plattgemacht. Das gilt für Herrn Ingenhovens Kaufhaus genauso wie für die Wohnhäuser des Gründungsviertels. Die Architektur muss natürlich zeitgeistig sein. Sie muss auch, was Herr Schade-Bünsow angesprochen hat, die Zerrissenheit unserer Gesellschaft und deren extreme Individualität zeigen. Ich habe vorhin zu Christoph Ingenhoven gesagt: Etwas davon zeigt auch Ihre Architektur. Die kommt mit Turnschuhen daher. Mein Lieblingsbeispiel ist immer ein Besuch bei den Berliner Philharmonikern. Die spielen Brahms, Bruckner oder Beethoven. Da sitzen auch im Block A Leute in Turnschuhen und Kapuzenshirt, aber die wissen, dass man trotzdem nicht nach jedem Satz klatscht. Es gibt also eine Konvention, die Kenntnis der Rituale, aber die Fassade, das Outfit, ist zeitgeistig. Wenn dort Leute, so wie ich, mit Schlips und Kragen sitzen, sind wir eine kleine radikale Minderheit. Diese Art von Vielfalt sollte sich auch in der Architektur ausdrücken können, allerdings unter strengen städtebaulichen Regeln. Das ist immer meine Prämisse gewesen: Strenge Regeln des Städtebaus und viele Möglichkeiten für Fantasie in der Architektur. Insoweit finde ich das Kaufhaus von Ingenhoven okay. Es sieht ganz gut aus, ist zwar nicht ganz das, was ich mir vorstelle. Das Hauptproblem an dem Kaufhaus ist, dass die Stadt keine Regeln für das Dach gemacht hat. Sie haben diese wunderbaren Luftfotos gezeigt. Wer Lübeck von oben kennt, der weiß, es lebt von den roten Dächern und von den kupfernen Dächern der Kirchen und der öffentlichen Gebäude; und da kommt plötzlich nicht nur eine Form, sondern auch ein Material in die Stadt, das nicht passt. Hätte man da nicht einfach ein Blechdach machen können oder ein Kupferdach? Dann wäre es ein Teil der Stadt geworden. So bleibt es bis zum Abriss ein Fremdkörper in der Stadt.

Ingenhoven Dazu muss ich sagen, dass Kupfer verboten war, weil es für die Kirchen vorbehalten ist.

Stimmann Neben Kupfer und deinem Bau gibt es auch andere Materialien. Das Karstadt-Kaufhaus hat zum Beispiel ein Blechdach.

Ingenhoven Aber Karstadt ist wirklich kein gutes Beispiel. Und dass es keinem negativ auffällt, ist wahrscheinlich a) nicht wahr und b) auch nicht unbedingt ein Qualitätskriterium. Ein Hinweis noch zum Dach: Wer Kaufhäuser von oben kennt, der weiß, dass die eigentliche Leistung darin liegt, dass alles an Technik, an Aufzugsüberfahrten, an Rückkühlung, an Windwächtern, an Satellitenschüsseln, nicht zu sehen ist. Diese fünfte Fassade ist absolut perfekt. Für uns war sie unser Beitrag, unser zeitgenössischer Beitrag, zu dieser Stadt der Dächer. Das Kaufhaus des Westens hat übrigens auch ein großes, ein auffälliges, ein selbstverliebtes Dach. Das haben Kaufhäuser schon mal, sie wollen auf sich hinweisen.

Mäckler Aber es wäre kein Problem gewesen, es kupfergrün zu streichen, um es den anderen großen öffentlichen Bauten, den Kirchen der Stadt, anzupassen.

Stimmann Die Frage ist nicht die, ob Kupfer oder nicht Kupfer, sondern ob dieser große Maßstab so dominant sein muss. Ich finde, dass das Projekt als Warenhaus jedenfalls besser ist als die Post, die vorher da war. Was man bedauern kann ist, dass man nicht versucht hat, diese Post umzubauen.

Wer die Debatten in Deutschland kennt und die Debatten in Berlin insbesondere, der muss registrieren, dass in Lübeck Exemplarisches gemacht wurde. Nicht architektonisch, ich halte das in vielen Fällen für zu angestrengt und zu weit weg von den Wünschen derjenigen, die da wohnen wollen. Aber dass hier parzelliert und dass die Grundstücksvergabe zum Thema gemacht wurde, das ist wichtig. Zudem wurden die Grundstücke an Einzelnutzer vergeben, die sich bestimmten städtebaulichen Regeln unterwerfen sollen. Nennen Sie mir eine einzige Stadt in Deutschland, die das bei solch großen Blöcken macht? Schade, dass der Staatssekretär nicht mehr da ist. Der Bund zum Beispiel vergibt alle seine Grundstücke immer so, wie sie liegen. Er schreibt sie aus und dann gehen sie an die berüchtigten oder berühmten oder bekannten Projektentwickler und die machen dann mehr oder weniger gute Architektur. Aber dass Grundstücke kleinteilig vergeben werden von einer Kommune, ist außerordentlich vorbildlich.

Bartetzky Aber es ist noch keine Garantie für gute Gestaltung.

Stimmann Ich würde mir auch gar keine Garantie für gute Gestaltung wünschen. Ich hoffe darauf, dass die Leute, die heute so ein Haus kaufen, das machen, was die Leute früher auch gemacht haben. Sie sollen die Häuser so bauen, dass sie sich darin wohlfühlen, allerdings innerhalb strenger Regeln. Aber diese Grundstücksvergabe, die können Sie überhaupt nicht hoch genug schätzen. Sie kennen vielleicht meinen Beitrag in der *FAZ* zur Friedrichswerderschen Kirche. Dass die Kirche heute einsturzgefährdet ist, hat damit zu tun, dass die Bundesregierung die Grundstücke, die ihr gehörten und die an die Kirche angrenzen, nicht an Einzelnutzer, sondern an drei große Projektentwickler vergeben hat. Diese haben dort eine zweigeschossige Tiefgarage gebaut. Das Thema der kleinteiligen Parzellierung ist essenziell für die deutsche Architekturdebatte. Anders als in Lübeck bleibt es meistens leider bei einer Simulation von Kleinteiligkeit. Hinzu kommt das Problem der Stellplätze. Herr Bartetzky hat es heute Morgen gezeigt. Die Leute bringen ihre Autos und ihren Müll in den Vorgärten unter. Diese Lübecker Häuser dürfen ihren Müll offensichtlich nicht auf die Straße stellen und die Autos werden in einer Tiefgarage untergebracht. Das ist an dieser Stelle perfekt gelungen. Wenn wir als Architekten im Kontext kleiner städtischer Häuser dafür keine gute Lösung finden, dann helfen unsere ganzen Gestaltungssatzungen nichts.

Bartetzky Wir kommen immer wieder zurück auf die Fragen des Funktionswandels und der Produktionsbedingungen. Das sind ganz zentrale Fragen, denen aber bereits einige Konferenzen gewidmet waren. Für heute und morgen haben wir uns vorgenommen, über Gestaltung und Fassaden zu sprechen. Herr Stimmann, Sie werden uns sicherlich darin zustimmen, dass die besten Grundstücksmodelle noch lange keine Qualitätsgarantie sind. Dazu brauchen wir gute Bauherren und gute Architekten. Und wir brauchen Referenzbeispiele für gute Gestaltung. Das haben wir uns für heute vorgenommen und ich habe jetzt die Hoffnung, dass wir in der verbleibenden halben Stunde zu einer Besprechung der neuen Lübecker Entwürfe kommen und zwar entlang der formulierten Kriterien: Fassade, Erdgeschoss, Detail oder auch unter anderen Gesichtspunkten.

Zohlen Wir sollen zwar zur Architektur zurückkommen, aber ich kann mir zwei kleine Anmerkungen

Franz Pesch, Arnold Bartetzky

nicht verkneifen: Die eine betrifft die städtebaulichen Regeln. Ich stimme mit Hans Stimmann vollständig überein, dass sie gestärkt und vor allem eingehalten werden müssen. Bezüglich des partizipatorischen Verfahrens, das Herr Boden hier vorgestellt hat, erscheint Lübeck geradezu als vorbildliche Metropole. Besonders wenn man es mit dem Kasperletheater in Berlin vergleicht, das dort zur Bebauung der historischen Mitte zwischen Humboldtforum und Alexanderplatz gemacht wurde. Das war Ringelpietz mit Anfassen, ein Animationstheater, wie man es von Pauschalreisen nach Tunesien oder in die Türkei kennt. Grauenhaft und unverantwortlich. Denn zu einem partizipatorischen Verfahren gehört, dass man der Bevölkerung mögliche Alternativen vorstellt. Da hat Lübeck Berlin sehr viel voraus. Hans Stimmann widersprechen möchte ich aber in dem Punkt einer Tabuisierung des Abrisses. Natürlich ist kulturgeschichtlich darauf hinzuweisen, dass theoretisch nicht jede Neubebauung mit einem Abriss beginnen muss, aber man kann den Abriss auch nicht tabuisieren. Man muss auch abreißen können, um Neues zu bauen. Gerade ein Abriss von Bauten, die aus der Nullphase der Architektur in den Siebzigerjahren stammen, kann meiner Meinung nach nicht tabuisiert werden.

Aber nun doch zurück zur Architekturfrage, die uns heute gestellt ist. Ich finde, dass wir den Konflikt *Ingenhoven versus Stadthäuser* entideologisieren sollten. Es geht doch nicht um Zeitgenossenschaft im eigentlichen ideologischen Sinn, sondern um die gestellte Aufgabe. Das Warenhaus am Marktplatz kann doch nicht wirklich verglichen werden mit der Aufgabe einer Wohnbebauung im Gründungsviertel. Das sind komplett andere Aufgaben, die jeweils andere architektonische Antworten erfordern. Architektur wandelt sich schnell und schon in 20 oder 25 Jahren kann eine andere Fassade aufgezogen werden. Selbst wenn wir das nicht wünschen, können wir nicht von jeder Bauaufgabe und von jedem Ort in der Stadt erwarten, dass er für 150 Jahre steht und sich nicht mehr ändert.

Guratzsch Ich möchte zum Begriff Zeitgenossenschaft etwas sagen. Dieser Begriff ist eine Chimäre, denn die Diskussion, die wir hier führen, ist exakt dieselbe, die in den Dreißigerjahren in Danzig geführt worden ist. Das ist 80 Jahre her. Damals sollte in der Freien Stadt Danzig ebenfalls ein Kaufhaus errichtet werden, entweder in Kastenform oder mit fünf gleichförmigen Giebeln, deren Formen vor die Gründerzeit zurückgriffen. Man entschied sich für Letzteres. Daraufhin ging die Denkmalpflege der Stadt daran, alte Danziger Bürgerhäuser in ihren vermeintlichen bauzeitlichen Zustand zurückzuführen. Das Ganze nannte sich *Entschandelung*. Diese bestand darin, dass man die gründerzeitliche Überformung der Fassaden beseitigte. Das sah den Lübecker Entwürfen zum Teil frappierend ähnlich. In Danzig wurde die ganze Langgasse in dieser Weise reformiert, und das bereits vor der Zerstörung im Krieg. So etwas hatte es noch nie gegeben und es war ungeheuer populär. Die Wörter *Zeitgenossenschaft* und *historistisch* sind mit Blick auf Lübeck zwiespältig. Bis heute wird die Gründerzeit zum Teil nicht als erhaltenswert eingestuft und verschwindet sogar noch. Dass man aber stattdessen in ältere Epochen zurückgreift und das unter der Zustimmung von großen Teilen der Bevölkerung, ist doch ein wirklich spannendes und interessantes Phänomen. Es ist heute bereits gesagt worden, dass wir immer konservativer werden. Daran ist etwas Wahres, denn diese Vorbilder sind pseudo-mittelalterlich. Die entscheidende Frage könnte vielmehr sein, ob Einzelhäuser für Familien in der Stadt heute fehlen und die Leute diese in größerem Umfang zurückhaben wollen. Demnach wäre die Fassade nicht das Entscheidende, sondern die Parzellierung, die Struktur der Stadt, die Möglichkeit einer dichten und kompakten Mischung.

Meine Frage ist: Können wir ein Problem als zeitgenössisch ansehen, das 80 Jahre alt ist? Ist nicht unsere Diskussion überhaupt und die Dialektik darin das, was zeitgenössisch ist? Vielleicht können wir ohne das eine und ohne das andere gar nicht existieren. Eine nur historisch gebaute Stadt mit Türmchen und Spitzgiebeln wäre wahrscheinlich für die Masse der Bürger, die heute in Vereinen für historische Fassaden streiten, genauso unerträglich, wie eine absolut modern gebaute Stadt in der berühmten Rasterform.

Bartetzky Vielen Dank. Vielleicht schaffen wir es, von den grundsätzlichen Überlegungen zurückzukommen zum Konkreten. In Lübeck haben wir die Parzelle und die Fassaden als Beispiele. Vielleicht können wir die Gelegenheit nutzen, auch darüber zu sprechen. Ich glaube, dass die Referenten das von uns erwarten. Sie erwarten, dass wir die Gelegenheit nutzen und ihnen Feedback geben.

Siegmund Ich komme gleich zu den Fassaden, wollte aber zunächst noch kurz auf einen Punkt zurückkommen, der auf das zielt, was die Herren Ingenhoven und Schade-Bünsow gesagt haben. Herr Ingenhoven hat sich eindeutig positioniert. Er steht auf der einen Seite und die Parzelle auf der anderen. Er spricht von Flexibilität in Bezug auf ein Kaufhaus. Kaufhäuser haben eine Lebensdauer von vielleicht 30 Jahren und die letzten Giebelhäuser, die in Lübeck abgerissen wurden, wurden für ein Kaufhaus abgerissen. Insofern finde ich diesen Begriff Flexibilität da nicht vollkommen richtig. Gerade die Giebelhäuser sind besonders flexibel. Gerade die Höhe von viereinhalb Metern in den Erdgeschosszonen macht sie flexibel nutzbar. Diese Häuser funktionieren auch mit einer zeitgenössische Nutzung und sie sind zukunftsfähig.

Worauf ich eigentlich hinauswollte: Das Wort *zeitgenössisch* ist hier jetzt zweimal gefallen, einmal bei

Franz Pesch, Hans Stimmann, Peter Berner, Klaus Theo Brenner

Herrn Ingenhoven, aber auch bei Herrn Lundberg. Ich habe mich bei den Ergebnissen des Wettbewerbs gefragt, ob das die zeitgenössischen Fassaden für ein Parzellenhaus sind. Das finde ich schon ein bisschen fragwürdig. Interessant war in dem Wettbewerb, dass die Lübecker Architekten, die teilgenommen haben, alle viel weniger Retro-Fassaden gemacht haben als alle, die von woanders kamen. Es erschien mir als Lübecker ein bisschen so, als wenn das die Außensicht von Architekten auf Lübeck ist. Ich persönlich kann mir schwer vorstellen, dass Schweifgiebel und kleine Türmchen, wie wir sie auch bei den Preisträgern gesehen haben, die richtige, zeitgenössische Antwort von uns Architekten auf diese Aufgabe ist.

Mäckler Warum haben Sie diese Gestaltungssatzung denn dann gemacht, wenn Sie der Meinung sind, dass das nicht richtig ist?

Siegmund Wir haben die Gestaltungsfibel nach dem Wettbewerb gemacht. Wenn Sie die Gestaltungsfibel lesen, dann werden Sie sehen, dass wir versucht haben, die Bremse zu ziehen. Wir waren der Meinung, dass diese Architektur mit ihren sehr verspielten Retro-Fassaden, nicht die Antwort sein kann. Das ist ein Stück weit eine Fassadenauffassung, die wir auch in Outletcentern an der Autobahn finden, um es böse auszudrücken. Deswegen ist die wichtigste Frage vielleicht die, dass nicht das einzelne Haus das

135

Allerwichtigste ist, sondern immer erst das Gesamte, der Städtebau. Im Wettbewerb gab es zwei verschiedene Arten von Antworten: Die einen haben stark individuelle Häuser entworfen und die anderen nahmen sich zurück, haben eher Gestaltungssatzungsarchitektur gemacht. Grundsätzlich ist es positiv, was die städtischen Planer mit den Erdgeschosszonen und dem Erleben dieser erreicht haben. Auf so etwas kann man mit einer Gestaltungssatzung hinwirken. Insgesamt meine ich, dass der Wettbewerb keine endgültigen architektonischen Antworten auf die Frage, wie wir heute in altstädtischen Kontexten bauen sollen, geliefert hat.

Bartetzky Herr Siegmund, ich hätte eine Rückfrage mit der Bitte um eine kurze Antwort: Sind die Fassaden, die wir hier in der Projektion sehen, die verspielten Fassaden, die Sie gerne verhindern würden?

Siegmund Ja.

Bartetzky Danke.

Pesch Ich möchte ein paar Anmerkungen machen. Zunächst zur Fassade als Interface zwischen dem, was im Innenraum ist, und dem, was draußen im öffentlichen Raum passiert. Es muss unser Anspruch sein, dass dort, wo die Menschen laufen, wo sie flanieren, städtisches Leben ist. Dies ist eine zentrale Aufgabe. Beim Lübecker Kaufhaus ist sie erfüllt. Andernorts funktioniert diese Nahtstelle zum öffentlichen Raum nicht mehr. Die Debatte, die wir hier führen, ist eine Erdgeschoss-Debatte.

Zweitens: Welche ist die richtige Strategie, wenn ich mich für die Themen Parzelle und Einzelhaus entscheide? In Lübeck war es scheinbar eine städtische Vorgabe, das Erdgeschoss mit einer Deckenhöhe von 4,50 Metern zu beleben. Im Erdgeschoss soll hier kein Wohnen stattfinden, weil man dort nicht gut wohnen kann und weil man andere Funktionen haben will. Zu den Fassaden möchte ich mich im Einzelnen nicht äußern. Allgemein möchte ich sagen, dass der Entwurf für das Rathaus in Göteborg zunächst traditionalistisch war, sich aber dann von dieser Haltung entfernt hat. Ist es grundsätzlich möglich, vom Traditionalismus wegzukommen? Das ist eine Debatte, die man nur in einem Wettbewerb führen kann. An dieser Stelle habe ich noch eine Frage an Herrn Boden. Sie haben einen Wettbewerb für das ganze Areal gemacht, jedoch ist dieses nicht groß und hat nicht viele Parzellen. Warum haben Sie nicht für jedes Grundstück einen Wettbewerb gemacht? Warum nicht eine Konzeptvergabe, bei der sie neben der Wohnform auch gute Architektur berücksichtigt haben?

Boden Danke für die Frage, Herr Pesch. Wir haben die unterschiedlichen Möglichkeiten lange diskutiert, uns aber für den Fassadenwettbewerb entschieden. Fakt ist: Jeder, der ein Grundstück dort erwirbt, hat verschiedene Möglichkeiten, die sogar bis hin zur Rekonstruktion reichen. Wer dies anhand der Dokumentation von Archäologen und Denkmalpflegern tut, hat die Möglichkeit zum Wiederaufbau. Diejenigen, die einen der prämierten Entwürfe umsetzen möchten, können ebenfalls bauen. Alle diejenigen, die einen individuellen Entwurf wollen, müssen sich an den Gestaltungskriterien, die unter anderem auch in dem Leitfaden von Herrn Siegmund stehen, messen und beurteilen lassen. Den Wettbewerb pro Grundstück haben wir deshalb verworfen. Ein solcher wäre ohnehin schwierig, weil einzelne Bauherren, die ein kleines Einfamilienhaus bauen und in der Altstadt ein hohes Maß an Kosten für Ver- und Entsorgung tragen, noch mit drei Gutachten zu belasten. Das findet in der Regel nicht statt. Diese Erfahrung haben wir gemacht und deswegen haben wir gesagt, wir wollen alles mit einem Wettbewerb abdecken.

Pesch Dazu möchte ich nur einen Satz sagen: Es gibt in Heilbronn ein Projekt, bei dem Herr Nagel Vorsitzender der Jury ist. Das Areal ist parzelliert und die Interessenten bewerben sich mit einer Architektur und einem Konzept für die Grundstücke. Es bedarf dort also keines individuellen Wettbewerbs. Vielmehr wählt die Jury aus 50 Projekten die Bauherrenschaft, das Konzept und die Architektur aus. Das ist auch ein gangbarer Weg.

Kahlfeldt Ich würde gerne auf die Architekturfrage zurückkommen und dort meine Fragen an Helmut Riemann bezüglich seines Hotels stellen: Es gibt eine eindeutige Platzfassade und es gibt Straßenfassaden. Es gibt Hauptfassaden und Nebenfassaden. Wo ist dort Hierarchie und Varianz? Wie reagieren diese Gebäude auf ihre städtische Umgebung? Das habe ich in dem Entwurf nicht gesehen.

Riemann Ich denke, dass es doch ziemlich eindeutig war, dass wir uns erst auf die Fassaden in Richtung Markt fokussiert haben. Dort ist der Haupteingang des Hotels. Ich hatte vorhin erwähnt, dass das Haus nicht unterkellert ist, sondern dass sämtliche Nebenräume in der Erdgeschosszone untergebracht werden mussten und deswegen ist natürlich die Sockelzone im hinteren Bereich relativ geschlossen. An der Rückfassade, also Richtung Marienkirche und Schüsselbuden, findet die Anlieferung statt. Die Sockelzone ist rustiziert. Die Öffnungen dienen sowohl als Werbeträger als auch als Schaukasten. Die erste Etage ist schon fast ein Mezzaningeschoss und nimmt Hotelzimmer auf. Der Bau bezieht sich auf das barocke Eckhaus mit dem hohen zweiten Geschoss, das ich eingangs gezeigt habe. Wichtig war uns, die strenge Baulinie zum Markt durch diese Dreigliedrigkeit aufzubrechen. Es sollte eben kein monolithischer Block werden. Solche Wettbewerbsbeiträge gab es auch. Wir wollten diese Vielfältigkeit dessen, was ursprünglich dort historisch gestanden hat, wieder deutlich machen. Eigentlich hätte man sich gewünscht, dass dort an dieser Stelle keine Monostruktur entsteht, sondern Einzelbaukörper. Das war aber nicht gewünscht, sondern man hat gesagt: Wir möchten dieses Hotel dort haben. Das Hotel hat insgesamt 122 Zimmer, die natürlich auch ein entsprechendes Volumen benötigen. Deshalb der Versuch, aus dieser Monostruktur doch zumindest eine Rhythmisierung herbeizuführen.

Krier Ich bin etwas erschrocken darüber, wie banal viele Bauten sind. Und, dass sie auf diesem deutschen Nährboden entstehen, der in der großartigen Romantik des 19. Jahrhunderts nicht nur architektonisch, sondern auch in der Musik, die erhebendsten Produkte zu Tage gefördert hat. Des Weiteren denke ich an den Jugendstil, die Backsteinarchitektur der Zwanziger- und Dreißigerjahre oder an diejenige des Mittelalters. Ich kenne zum Beispiel Stralsund und war berauscht von diesen Möglichkeiten, allein mit ästhetischen, konstruktiven Mitteln diese Vielfalt an Strukturen, an Plastizität und Variation an Fensterformaten und deren Gliederung zustande zu bringen. Was mich in Deutschland erschreckt, ist, und das müssen gerade unsere jungen Freunde sich besonders zu Herzen nehmen: Woher kommt diese Banalisierung, diese Repetitionswut oder Krankheit, die wir in allen Bauten feststellen? Dies gilt auch, wenn das einzelne Gebäude oft eine erstaunliche Qualität hat. Das betrifft als Kritik nicht nur die sogenannten Massivbauten, wie auch die Skelettbauten oder die offenen Baustrukturen. Warum muss das unbedingt so rastermäßig repetiert werden, warum gibt es denn nicht Leute aus der Zeit der Jahrhundertwende wie Perret, die die ersten Glashäuser in die Welt gesetzt haben mit einem großartigen Reichtum. Oder wie Plečnik, der in Prag, Wien oder Leibach auf traditionellem Repertoire aufbauend, ungeheuer lustige Erfindungen gemacht hat? Was ist in diesem Lande kulturell versiegt? Das ist meine erschrockene Frage an die geschätzten Herrschaften der Szene.

Mäckler Lieber Rob, daran möchte ich anknüpfen. Wenn ein Haus ein Giebel hat, gehen wir immer davon aus, das es retro ist. Das möchte ich infrage stellen. Das ist doch aber völlig absurd. Wir reden nicht darüber, ob das zeitgenössisch oder nicht zeitgenössisch ist, sondern wir reden über den Ort, an dem wir bauen und dieser Ort ist in diesem Fall eben Lübeck.

Ullrich Sierau, Gunther Adler, Franz-Peter Boden

Lübeck hat einen Haustypus, der heute mehrfach gezeigt worden ist. Es ist doch interessant, dass Bausenator Boden deutlich sagt: Das ist das, was die Gesellschaft wollte. Sie wollen Häuser mit Giebelfassaden, so wie dieser Typus in Lübeck traditionell vorhanden ist. Das ist für mich die Herausforderung und nicht die Frage, ob das Kaufhaus richtig oder nicht richtig ist, weil es retro ist oder zeitgenössisch. Es geht vielmehr darum, sich zu überlegen, wie die Architektur der Stadt aussieht. Was kann ich als Architekt an einer Fassade eines solchen einzelnen Hauses im Detail einbringen? Und Rob Krier hat Recht: Hier kann man sich architektonisch alleine mit den Fenstern auseinandersetzen, mit ihrer Farbe, der typischen Zweifarbigkeit der Fenster in Lübeck. Oder mit den Ziegelverbänden. Das ist Lübeck. Das kann man nicht nach Frankfurt setzen und auch nicht nach Ludwigshafen.

Ingenhoven Nein, so geht das nicht. Wir können nicht so lange abstimmen lassen, bis das Ergebnis jedem passt. Es ist nur eine Minderheit, die das will. Damit habe ich an sich kein Problem. Man kann das so bauen. Es hat aber keiner entschieden, das so zu bauen, weil es gar keinen Bauherren gibt. Das Spezifische daran ist doch das Unspezifische. Das, was ihr spezifisch findet, beispielsweise drei Formate von Häusern, ist pure Willkür. Das habt ihr euch einfach nur ausgedacht. Es kam niemand um die Ecke, der gesagt hat: Ich brauche ein acht Meter breites Haus oder ich muss fünf Wohnungen haben oder ich habe sieben Pferde im Stall oder was auch immer. Die spezifischen Situationen sind doch gar nicht genutzt worden, um das unterschiedlich zu machen, etwa die Sonnenexposition oder der Blick. Das ist völlig unspezifisch, es tut nur so, als ob es spezifisch wäre.

Mäckler Ja, du gehst aber immer nur vom Haus aus, Christoph, und wir gehen von der Stadt aus, von der Stadt und dem städtischen Raum. Und dann gibt es einen politischen Prozess. Herr Boden ist Raumplaner und kein Architekt. Er weiß wie so ein Prozess zu führen ist und wie man in so einer Stadt zu einem Ergebnis kommt. Vielleicht gefällt es ihm auch gar nicht, das haben wir ihn noch gar nicht gefragt. Aber das ist der politische Prozess, der stattgefunden hat und das Ergebnis ist aus einer Gesellschaft hervorgegangen, die dort in Lübeck lebt und die sich dafür entschieden hat. Und jetzt können wir uns lange darüber unterhalten, ob uns die Fassaden gefallen oder nicht.

Ingenhoven Entschuldigung, Christoph, das stimmt nicht. Hans Stimmann hat gesagt, es ist ein tolles Modell, das man parzelliert baut. Das ist eine strategische Diskussion, die verstehe ich sofort und die ist auch politisch führbar. Sie ist auch über die Frage hinaus wertvoll, wie so ein Haus aussieht. Meiner Ansicht nach vor allem, weil sich der Fehler eines Einzelnen auf eine kleine Parzelle, nicht so sehr auf die Stadt auswirkt wie bei einem Bau auf großer Parzelle. Es bleibt eine Teilkatastrophe, die das Ganze nicht beschädigt und ich glaube, das ist der große Vorteil, den Dieter Hoffmann-Axthelm auch in seiner Theorie der kritischen Rekonstruktion entwickelt hat. Was wir hier sehen, ist aber die Affirmation eines bestimmten politischen und architektonischen Stils auf Grundlage der Parzelle. Ihr ignoriert dabei eigentlich die wirtschaftlichen Grundlagen der Parzelle. Die sind nicht zufällig so klein, sondern sie sind zum Beispiel durch wirtschaftliche, historische und andere Umstände so entstanden. Diese Umstände werden hier nur simuliert und das ist das große Problem. Dadurch wird es unecht und unauthentisch und das ist doch das, was jeden daran stört, der das sieht. Man hat ein ungutes Gefühl dabei. Es wirkt nicht richtig authentisch und nicht wie das, was wir uns in Zukunft vorstellen. Ihr friert eine bestimmte geschichtliche Phase ein und sagt: Das Gründungsviertel ist so, weil Lübeck so ist. Lübeck ist aber die letzten 80 Jahre ganz anders gewesen und davor 500 Jahre auch und die nächsten 500 Jahre hoffentlich auch. Das wollen wir doch nicht jedes Mal einfrieren. Wir entwickeln uns und die Frage, die mich interessiert, ist: Was kann eine politische Strategie sein, um diese Entwicklung zu ermöglichen?

Mäckler Aber die Entwicklung, Christoph, die siehst du in diesen Detaillierungen der Fassaden und die hast du in dem Vortrag von Anne Hangebruch gesehen. Damit hast du vielleicht nicht so viel Erfahrung. Bitte entschuldige, wenn ich das so sage. Sie geht völlig anders vor. Das Spannende ist, dass von den 150 Wettbewerbsteilnehmern nur junge Architekten gewonnen haben und nicht unsere Generation. Vielleicht müssen wir uns, die wir immer so großartig auftreten mit unseren Großprojekten, überlegen, ob unsere Haltung richtig ist. Vielleicht schauen wir mit unserem steten Nach-vorne-gucken gar nicht nach vorne, sondern in Wirklichkeit nur nach hinten. Vielleicht erscheint uns das nur im Rahmen dessen, was wir gelernt haben, als richtig. Die Zukunft könnte eine andere sein, wie wir an diesen Beispielen junger Architekten sehen. Im Übrigen ist es kein Stil, der hier vollzogen wird. Es geht nicht um Stile, es geht um eine Typologie. Es geht um einen Lübecker Haustypus. Du würdest diesen vielleicht ganz anders bespielen. Es gibt hier unter uns viele Architekten, die es anders machen würden. Es geht darum, Christoph, dass du dich entscheiden musst, so ein Haus mit Dach zu entwerfen. Und da frage ich dich einfach: Würdest du mir so ein Haus bauen? Du bist vielleicht der Meinung, dass es nicht geht. Ich bin mir aber sicher, dass du es kannst, wenn du deine Ideologie verlässt.

Bartetzky Das kann sich eventuell noch entwickeln. Vielleicht sollte es weniger um die Frage nach retro oder zeitgenössisch gehen als vielmehr darum, ob es gut ist und im Stadtraum funktioniert. Das ist die Frage, die wir uns vorgenommen haben. Die Parzelle in Lübeck ist natürlich ein historisches Produkt und wird vielleicht nicht für immer fortbestehen. Dennoch ist sie auch heute nicht völlig konstruiert.

Sie scheint wirtschaftlich zu funktionieren und eine Nachfrage ist da, sogar eine sehr große. Das gilt für Lübeck und erst recht für Frankfurt am Main. Daher kann man nicht behaupten, dass schmale innerstädtische Parzellen nicht in unsere Zeit und zu unseren Produktionsbedingungen passen würden.

Vielleicht sollten wir aber in der uns verbleibenden Zeit noch über etwas anderes reden: Wir haben ganz konkrete Vorschläge für Fassaden, für Erdgeschosszonen, Vorschläge für Materialien und Gliederungen, für das Verhältnis von Geschlossenheit und Offenheit. Das sollte unser Thema sein.

Sonne Als Historiker reizt es mich, die Debatte um Geschichte und Ideologie zu kommentieren, aber das ist nicht das Thema dieser Konferenz. Ich habe stattdessen eine ganz praktische Frage an die Architekten der Entwürfe für Lübeck, die wir heute gesehen haben. Wir haben den glücklichen Fall, dass der private, kleine Investor selbst in dem Haus wohnen möchte, das er im Zentrum der Stadt baut. Wir haben daher eine Funktionsmischung, zu der das Wohnen gehört – auch im Erdgeschoss. Wie lösen Sie das Problem, im Erdgeschoss Öffentliches von Privatem zu trennen? Wollen Sie es durch die Fensterformate erreichen und durch eine gewisse Ausformulierung des Sockels? Was sind Ihre Mittel, um die Privatheit des Wohnens an der Straße zu schaffen, ohne die Häuser plump mit einer Mauer von der Straße abzuschirmen, wie wir es bei den Beispielen aus Leipzig gesehen haben?

Hangebruch Das größte Haus hat im Erdgeschoss eine Ladeneinheit. Bei dem Einfamilienhaus soll der Raum zur Straße hin als Büro genutzt werden und zwar im Sinne eines Home-Office. Das würde auch den Veränderungen in der Gesellschaft gerecht werden. Man kann den Raum natürlich auch anderweitig nutzen. Bei dem mittleren Haus, das Sie jetzt ganz links sehen, ist zur Straße hin auch ein Büroraum vorgesehen. Es könnte auch ein Aufenthaltsraum im Sinne eines Salons oder eine Bibliothek sein. Es gibt Menschen, die noch Bücher lesen und zu Hause haben.

Will Ich möchte noch mal auf Herrn Schade-Bünsow antworten. Ich bin befangen, weil ich das Kaufhaus gut kenne. Ich finde es sehr schön. Zwar ist das, was Christoph Mäckler sagte, ein Problem, aber es ist ein sehr gutes Kaufhaus. Es ist das einzige Kaufhaus, das ich kenne, bei dem man aus dem Inneren heraus einen unmittelbaren Bezug zum Stadtraum hat. Ich habe auch gut verstanden, Herr Ingenhoven, wie zeitgenössisch Sie sich fühlen. Aber das ist zunächst eine subjektive Positionsbestimmung. Die kann jeder anders einnehmen.

Ich möchte nun Herrn Schade-Bünsow in dem Punkt widersprechen, dass die Architektur die Dynamik der Gesellschaft zeigen muss. Sie kann – aber muss sie? Wenn wir die Wahl haben, und so habe ich diesen Wettbewerb verstanden, ob wir die Zeitgenossenschaft oder die *Ortsgenossenschaft* an einem Ort wie dem Gründungsviertel darstellen, dann halte ich die Ortsgenossenschaft für sehr viel wichtiger. Herr Siegmund hat natürlich Recht, dass es teils Außenansichten von Lübeck sind. Sowohl Architekten als auch Jurymitglieder, die nicht aus Lübeck stammen, haben sich eher für lübische Entwürfe entschieden. Aber das ist nichts Besonderes, es handelt sich natürlich um Reflexionen, Außenansichten. Das war schon immer so in der großen Architektur. Da ist ein Schuss Romantik drin, eine erzählerische Idealisierung von Bilderinnerungen, und deshalb habe ich mit diesen Projekten, die hier gezeigt wurden, gar keine Probleme. Diese Häuser brauchen nicht *zeitgenössisch* zu sein, denn zeitgenössisch sind die Funktionen und die Bewohner. Der alte Graf im italienischen Turm in Firenze, der die modernsten Produkte herstellt, hat dazu gesagt: »Ich wohne in diesem mittelalterlichen Turm, zeitgenössisch bin ich selbst.« So würde ich auch dieses Projekt verstehen. Die einen neigen zu erzählerischer Architektur, die anderen zum

Abstrahieren. Ich finde, beide Optionen muss man in so einem Verfahren zulassen. Selbst wenn keiner der Wettbewerbsgewinner gebaut wird, ist dieses Projekt von Bedeutung. Allein die Tatsache, wie darüber gesprochen wird, wie diese Bilder sich multiplizieren, dass es heute solche Bilder gibt und dass auch hier darüber verhandelt wird, allein das ist ein eminent zeitgenössisches Phänomen. Will man es dialektisch sagen, so ist die Tatsache, dass man sich hier so sehr um den Ort bemüht, ausgesprochen zeitgenössisch.

Stimmann Ich möchte ausdrücklich Christoph Ingenhoven und Herrn Schade-Bünsow unterstützen. Die Frage ist doch: Was regelt die Kommune und was regelt der Staat, wenn wir individuelle Bauherren haben? Parzellierung ist eine Strategie, weil die Fehler, die dann gemacht werden, nicht 200 Meter lang sind, sondern nur elf Meter. Vielleicht gibt es zwischendrin ab und zu mal einen, der nicht so große Fehler macht. Das empfinde ich, auch wenn es sich eher kabarettistisch anhört, in der Tat auch als einen der positiven Effekte. Es sollte parzelliert werden und es sollte ein paar Regeln geben. Dazu ist einiges gesagt worden. Wichtig sind etwa die Dachform und die Erdgeschosszone. Den Rest würde ich dem Bauherren überlassen, dem Bürger. Die Buddenbrooks haben früher über die Gestalt der Häuser entschieden und die Leute, die jetzt dort einziehen, sollen mit ihren Architekten mit oder ohne Wettbewerb entscheiden, was sie gut finden. Dann sieht es so aus wie in der Oberwallstraße auf dem Friedrichswerder in Berlin. Der eine zeichnet ein Haus, das sieht aus wie ein Kühlschrank. Der andere macht ein Haus, das sieht aus wie von Christoph Ingenhoven, ist aber von Grüntuch, und das dritte sieht aus wie ein englisches Stadthaus, ist aber von Hans Kolhoff entworfen worden. Diese Art von Vielfalt auf der Basis einer Parzellierung müssen wir nicht nur aushalten, sondern wünschen, weil sie etwas erzählt über die Zeitgenossenschaft unserer jetzigen Bauherren und ihrer Architekturvorstellungen. Das, was Sie hier zeigen, ist besser als 100 Meter irgendeiner Projektentwickler-Architektur. Lübeck wird damit sehr gut leben können. Aber es erzählt wenig über die Zeit 2016. Es erzählt etwas über die Debatte unter Fachleuten, aber hat wenig zu tun mit den Leuten, die dort einziehen. Also mein Plädoyer für mehr Offenheit für die Architektur individueller Häuser.

Mäckler Aber Entschuldigung, das ist 2016. Wie kannst du denn sagen, das erzählt nichts von 2016? Das stimmt doch nicht.

Stimmann Alles, was wir machen, erzählt etwas über unsere Zeit, aber wir reden darüber, ob das ein Weg ist, die heutige Individualität der Geschmäcker sozusagen zu regeln oder ob wir uns nicht damit begnügen sollten zu sagen: Ihr macht ein geneigtes Dach, Ziegel, eine hohe Erdgeschosszone und den Rest so, wie ihr es wollt. Das Bild, was dann entsteht, erzählt etwas über unsere Gesellschaft.

Berner Man kann sagen, dass die unterschiedlichen Parzellenbreiten, die einfachen Giebelhaustypologien und die unterschiedlichen Geschossigkeiten ausreichende Grundkonditionen sind. Dadurch werden sich unterschiedliche Wohnformen und unterschiedliche Wohntypologien durchmischen. Die Häuser stehen anständig an der Straßenkante. Sie sind mit den hohen Geschossen so geschaffen, dass man im Erdgeschoss leben, aber auch arbeiten kann. Ich finde es spannend, dass dadurch automatisch eine sehr hohe Vielfalt entstehen wird. Was wir hier sehen, sind Ensembles von drei Gebäuden unterschiedlicher Breiten. Ich glaube, dass dieses Projekt weiterhin eine enge Führung braucht, damit man in den Straßenzügen am Ende eine genau für Lübeck angemessene Vielfalt an Architektur und Ortsgebundenheit erhält. Wenn man sich Projekte mit parzellierten Grundstücken, zum Beispiel in den Niederlanden, anschaut, ist immer die Tendenz, dass sich das einzelne Haus seinen Nachbarn gegenüber sehr laut verhält. Da entsteht die Frage, ob es Lübeck gerecht wird, wenn jeder mit seinem Architekten machen kann, was er will. Ich verstehe, dass der Gestaltleitfaden das ein Stück weit versucht zu kanalisieren. Aber ich frage mich, ob so ein Viertel nicht eine starke Hand braucht, die das führt. Am Ende sollte es Lübeck gerecht werden und trotzdem die Individualität der Bewohner und der Nutzungsprofile zum Vorschein bringen.

Mäckler Da muss ich kurz eingreifen. Ich möchte noch einmal auf Hans Stimmann antworten. Dass hier überhaupt ein Wettbewerb stattgefunden hat, ist der Tatsache geschuldet, dass es so wenige Architekten gibt, die sich trauen ein Giebelhaus zu bauen, ohne sich zu schämen. Das ist der Hintergrund für den Wettbewerb. Die Häuser werden natürlich nie so nebeneinander stehen. Es ist noch nicht einmal gesagt, dass diese Häuser gebaut werden. Das ist der Prozess, den die Stadt dort initiiert hat. Die Häuser sind Beispiele und könnten so gebaut werden. Aber jeder Bürger kann auch mit seinem Architekten kommen und ein Haus bauen. Das wird sicherlich auch so sein und muss dann den Gestaltungskriterien, die hier vorher aufgestellt worden sind, entsprechen.

Sattler Noch mal zurück zur Frage der architektonischen Form. Mir kommt es so vor, dass nach wie vor das alte Thema der deutschen Moderne virulent und offen ist, sowohl bei den kleinen Häusern als auch beim Kaufhaus von Ingenhoven. Es gibt die eine Linie: Poelzig, Tessenow, Bonatz. Und es gibt die andere technoidere Linie: Gropius, Eiermann und so weiter. Ich habe das Gefühl bei dem Haus von Christoph Ingenhoven, dass es sehr retrospektiv ist, weil es etwas von Eiermann sein könnte. Es ist ein Haus mit ein paar Stahlstützen und dazwischen Lamellen. So hätte Eiermann das vielleicht damals auch gemacht. Während ich im Kontext dieses Platzes und auch im Kontext der kleinen Häuser die andere Linie als die interessantere ansehe. Die würde mir besser gefallen.

Boden Herr Berner, ich wollte noch mal kurz auf die Argumente antworten, die Sie aufgezählt haben. Alle, die sich mit diesem Thema näher befasst haben, haben gesagt: Entscheidend ist am Ende die Führung, Kontrolle und Beratung der Bauherren, damit am Ende ein interessantes Ganzes entsteht. Auch das Preisgericht hat deutlich gemacht: Es geht nicht darum, aufgeregte Gebäude nebeneinander zu stellen, sondern unaufgeregte Gebäude. Es wird Gebäude geben, die etwas selbstbewusster daher kommen und es gibt auch Gebäude, die mehr Alltagsarchitektur darstellen. Dass die in einem entsprechenden Kanon, in einem entsprechenden Rhythmus im Gründungsviertel zusammengestellt werden, wird die Aufgabe sein, die wir in den nächsten Monaten und in den nächsten zwei Jahren haben werden.

Bartetzky: Vielen Dank, Herr Boden. Die Schlagworte *Aufgeregtheit*, *Kanon* und *Rhythmus* werden vielleicht in den folgenden Diskussionsblöcken wieder auftauchen. Damit möchte ich diesen Diskussionsteil beenden.

Christoph Sattler, Rob Krier, Anne Hangebruch

Fassaden in Hamburg, Leipzig und Düsseldorf

Vortrag 1
Matthias Sauerbruch

Liebe KollegInnen, sehr geehrte Damen und Herren,

wenn ich die Spielregeln dieser Konferenz richtig verstanden habe, dann sollen wir anhand von zwei Projekten (eins selbst ausgewählt, eins vorgegeben) in jeweils zehn Minuten einen Pitch zur Schönheit und Lebensfähigkeit der Stadt abgeben, in der Ausgabe 7 dieser Konferenz mit Blick auf Fassaden. Die Stichworte des Briefings sind *öffentlicher Raum*, *Material*, *Eingang*, *Detail*, *Ornament* und *Schmuck*.

Von welcher Stadt hier die Rede ist, fragt man sich, und findet in der geografisch geordneten Rednerliste dann ausschließlich deutsche Städte von – im internationalen Vergleich – eher überschaubarer Größe. Inwieweit es intelligent ist, seinen Blick so willfährig einzuengen, sei an anderer Stelle diskutiert.

Im öffentlichen Raum sind die Architekten die mehr oder weniger willigen Vollstrecker der Macht, und wenn sie anfangen über Schönheit zu diskutieren, so ist Vorsicht angesagt, denn es könnte sein, dass hier der Teufel Bibelstunden abhalten will. [1]

[1]

Neu bauen heißt immer, anderweitig genutzten Raum zu zerstören, und die Schönheit kommt gerne dann ins Spiel, wenn wir versuchen, die Allgemeinheit davon zu überzeugen, dass quantitativer Verlust durch qualitativen Gewinn wieder gut gemacht werden kann. Dass wir dabei jenseits von Fragen der Ästhetik unseren Bauherren beim Durchsetzen ihrer Ziele helfen, wird vielfach ignoriert oder als *collateral damage* oder gar *Mittel zum Zweck* hingenommen.

Das Bauen ist eine angewandte Kunst, und in ihr ist die Schönheit ein nachgeordnetes Ziel. Oberste Priorität hat an sich ein Zweck, denn ohne den Wunsch, einen Zweck zu erfüllen, wird niemand ein Haus bauen wollen. Erst nach Erfüllung des *Was* wird dann die Frage nach dem *Wie* gestellt. Man spricht vom Nutzwert und vom Tauschwert. Wie wir wissen ist ein großer Teil der Wirtschaft unserer Tage bei

[2]

[3]

[4]

148　Fassaden in Hamburg, Leipzig und Düsseldorf

redundantem Nutzwert vom Tauschwert bestimmt. Produkten von relativ einfacher Qualität wird höchst erfolgreich mit Hilfe vermeintlicher Schönheit ein hoher monetärer Wert zugeschrieben. Überträgt man das Phänomen auf die Architektur – und diese Übertragung darf man zumindest bei Teilen des Marktes durchaus wagen –, wird die Bedeutung der *Schönheit* als ein Instrument des Immobilien- beziehungsweise Finanzmarktes erkennbar, dessen Aufgabe darin besteht, für das Grundbedürfnis des Wohnens (im allgemeinsten Sinne) einen gesteigerten Marktwert zu konstruieren. In diesem Sinne hat auch die Schönheit natürlich einen Zweck: nämlich den der Herstellung von Mehrwert. [2]

In der freien Kunst redet schon seit geraumer Zeit keiner mehr von Schönheit, zu sehr ist dieser Begriff mit dem Oberflächlichen, Käuflichen, Modischen, gar Kitschigen verbunden. In der Kunst würde man vielleicht von Integrität, Authentizität oder gegebenenfalls Poesie sprechen, in der Architektur vielleicht mit dem Begriff der Angemessenheit operieren, wenn man ernsthaft versuchen möchte, die wenig greifbare Qualität zu fassen, die ein Produkt vom Werk unterscheidet. Den Zweck mit Eleganz zu erfüllen, der Mühe des Bauens eine Erscheinung des Einfachen, Selbstverständlichen angedeihen zu lassen, das ist schon mehr, als wir in den meisten Fällen erhoffen können. Das Bauen mit Schönheit aufzuladen, scheint mir ein fragliches Programm, nicht weil ich gegen Schönes per se wäre, im Gegenteil, aber weil das Schöne eine diffuse Qualität darstellt, die zu sehr vom subjektiven Geschmack geprägt ist, als dass man sie im Zusammenhang mit der Stadt als differenzierende Kategorie ernst nehmen könnte.

Was uns dann vielleicht zum zweiten, interessanteren Motto der Konferenzreihe bringt: nämlich der Lebensfähigkeit der Stadt. Die Bedeutung dieses Begriffes kann man auf zwei Arten lesen: einerseits die Überlebensfähigkeit der Stadt als Form kollektiver Existenz oder aber die Eignung der Stadt als Ort des Lebens.

Der erste Teil der Frage ist natürlich politisch: Wie können wir Architekten dazu beitragen, eine zeitgenössische Version der Polis am Funktionieren zu halten, wie dabei helfen, die großen Probleme unserer Gegenwart wie zum Beispiel den Klimawandel oder die Fragmentierung des gebauten wie sozialen Stadtkörpers zu lösen. [3] Wie können wir lokale Traditionen fortschreiben oder begründen, wie Geschichte bewahren? Wie können wir neuen Inhalten wie zum Beispiel dem Kosmopolismus in unseren Städten Präsenz und Ausdruck verleihen? Wie kann man einem verlorenen Stadtteil neue Inhalte geben, die nicht vollkommen importiert sind, sondern auch aus dem Vorgefundenen hervor wachsen können? Wie entgehen wir dem Skeuomorphismus, also einer Architektur, die jedes noch so neue Programm immer nur in alt bekannte Formen abfüllt? [4]

Der zweite Teil der Frage nach der Lebensfähigkeit sollte uns ein Ansporn sein, dem öffentlichen Raum Würde, Sinnesvielfalt, Reichtum und Eleganz zu geben. Den normalen Menschen einen Auftritt zu verschaffen, den öffentlichen Raum als die Bühne ihrer Existenz und Identität spürbar werden zu lassen. Eine Atmosphäre der Freude und Zuversicht herzustellen, die ein Gefühl des Besitzes, aber auch der Verantwortung aufkommen lässt. [5]

Spielt dabei das Detail in der Fassade eine entscheidende Rolle? Ja und nein. Das gute Detail wird das schlechte Gebäude nicht retten, aber das schlechte Detail kann dem guten Gebäude durchaus seine Kraft rauben. Das Detail sagt etwas über die Sorgfalt aus, mit der etwas gemacht wurde – man spricht nicht umsonst von der Liebe zum Detail. [6] Das Detail vermittelt aber auch so etwas wie eine geistige Grundhaltung, das Selbstverständnis von Bauten und ihrer Verursacher. Da unterscheiden sich Solidität von Fragilität, der Wunsch, den öffentlichen Raum zu beherrschen, von dem, ihm zu dienen, Großmannsucht von der Bescheidenheit. Wollte man Häuser mit geschriebenen Geschichten vergleichen, so würde man sagen, dass

[5]

[6]

150 Fassaden in Hamburg, Leipzig und Düsseldorf

[7]

das Detail nicht nur etwas zur Syntax eines Gebäudes sagt, sondern eben auch über den Tonfall und die Zwischentöne des Gesagten. Umso tragischer, dass wir uns die Kontrolle über dieses Detail mehr und mehr aus der Hand nehmen lassen (müssen), selbst und gerade bei Projekten der öffentlichen Hand. [7]

Wir gehören zu einer Altersgruppe, die die Nachwirkungen der 68er-Generation auf den Hochschulen gerade noch miterlebt hat, die aus nachvollziehbaren Gründen versucht haben, sich von ihrer Vorgängergeneration kategorisch abzusetzen. Sie haben ihre Väter als unkritische Vollstrecker eines Unrechtregimes gesehen, die sich quasi autistisch mit den Regeln ihres Handwerks beschäftigt haben, während in ihren Gebäuden der Völkermord konzipiert und umgesetzt wurde. Was sich daraus entwickelte, war natürlich eine erhöhte Sensibilität für die politische Macht des Bauens und eine Praxis, die von einem ausgeprägten Misstrauen gegenüber der Fokussierung ausschließlich auf ästhetisch-technische Aspekte unserer Profession geprägt war.

Gegen diese Haltung hat dann unsere Generation reagiert. Die Postmoderne kam als Befreiung, die *Revision der Moderne*, die *materialisierte Moderne*, die *reflexive Moderne* waren die Leitmotive unserer Laufbahnen. Wir haben damit die Architektur in Deutschland wieder reicher gemacht, wobei es natürlich dieser Generation ebenso wenig gelungen ist, die Moderne zu revidieren, wie es den Modernen gelungen ist, die monumentale Stadt der Dreißigerjahre zu demokratisieren (obwohl die sich zuvor weitgehend selbst zerstört hatte).

Auch wir haben in der Mehrzahl nur noch eine neuerliche Dimension architektonischer Willentlichkeit auf das Palimpsest einer entkonventionalisierten

Geschichte gehäuft. Kategorische Konzepte wie die Sozialisierung und Demokratisierung der Stadt wurden ersetzt mit graduellen Strategien der Verbesserung der Lebensumwelt: Grüne Stadt, Fußgängerstadt, Erhalt der historischen Stadt und Kontinuität der europäischen Stadt waren und sind die Schlagworte. Was unsere Generation darüber hinaus erfunden hat, ist das Branding aller Lebensbereiche.

Um ein Produkt zur Marke zu machen, kann man einen Stararchitekten hinzuziehen, der Beton in Gold verwandeln kann. Weniger risikoreich ist es aber natürlich, ein Phänomen zu vereinnahmen, das positiv belegt ist und ohnehin weitgehend existiert und funktioniert, wie zum Beispiel die europäische Stadt. Wenn es gelänge, die Ethik mit dem Marketing gleichzuschalten, dann könnte in der Tat auch der Teufel auf der Kanzel stehen.

[8]

Wie lässt es sich zum Beispiel erklären, dass in Berlin ein relativ filigranes, hochspekulatives, aber ganz offensichtlich intelligentes und im Wettbewerb ausgewähltes Modell eines Stararchitekten als brutale Invasion eines ausländischen Barbaren abgestempelt wurde und ein recht grobes Gegenmodell von etwa dem doppelten Volumen, ebenfalls finanziert aus globalen Quellen, als die lokale Lösung durchgedrückt werden konnte, die die europäische Stadt retten sollte? [8]

In einem solchen Zusammenhang wird das solide Detail – um auf die Zwischentöne zurückzukommen – als Kronzeuge eingesetzt: Was solide gebaut ist, kann nicht schlecht sein. In Wirklichkeit ist die Wiederkehr der Handwerklichkeit aber auch ein Symptom der Aufgabe, der Leere, des Eingeständnis der eigenen Unfähigkeit. Dass dies sowohl baulich wie verbal mit viel gegenläufiger Rhetorik begleitet wird, liegt in der Natur der Sache.

[10]

Unsere Generation hat einen Großteil ihrer Energie in einer Stildebatte verschwendet, die letztlich ein

Verteilungskampf war, und wir haben uns dabei in vielen Fällen zu den Vollstreckern einer neoliberalen Ökonomisierung des Bauens und der Stadt gemacht, gegen die jetzt unsere Töchter und Söhne zu Recht wieder Sturm laufen. [9]

Wie wenig existenziell diese Debatte war, erkennt man auch daran, dass in den letzten 30 Jahren eigentlich keine Theorie entstanden wäre, die das, was wir aus den Vierziger- bis Sechzigerjahren kennen, wesentlich erweitert hätte. Rückblickend ist die Frage berechtigt, ob sich die ganze Rechthaberei gelohnt hat – und ausblickend erhebt sich die Frage, wie lange wir noch in diesem Pendelschlag der Meinungen und Ideologien unsere Kraft verpuffen lassen wollen.

Was ich in der Zeit gelernt zu haben meine, ist, dass beides wichtig ist, inhaltliche Präzisierung und materielle Präsenz, wobei die inhaltlichen Interventionen weit schwieriger zu erwirken sind als die technischen. Es besteht kein Zweifel, dass wir die großen Themen unserer Zeit wie den Klimawandel und die soziale Ungleichheit angehen müssen, dass wir natürlich ohne die Zusammenarbeit mit Geldgebern dabei nicht weit kommen können, dass diese aber nicht unsere einzigen Partner bleiben können. Wir selbst könnten uns zum Beispiel dabei Partner sein.

Ich bin mir darüber im Klaren, dass bei aller guten Absicht die Werkzeuge eines bauenden Architekten natürlich letztlich nur die Elemente der Architektur sind. Aber wir wissen auch, dass wir mit der Beherrschung dieser Elemente ein *Kapital* in der Hand halten, das wir uns nicht nehmen lassen dürfen und das wir mit Klugheit, Bescheidenheit, Weitsicht einsetzen müssen. [10]

Die Stadt wird überleben, ob dabei die Architektur ihre Glaubwürdigkeit behalten kann, ist nicht so selbstverständlich; sie braucht alle Unterstützung, die sie bekommen kann, und wer sollte sie ihr geben, wenn nicht wir alle zusammen? Über unsere Tätigkeit im Klartext zu sprechen, könnte dabei ein Anfang sein.

[9]

Vortrag 2
Ansgar Schulz

Fassaden in Hamburg, Leipzig und Düsseldorf

Guten Tag meine Damen und Herren,

als bekannter Pragmatiker werde ich nun ideologiefrei über zwei Fassaden reden.

Lieber Wolfgang, lieber Christoph, als ihr mir die Aufgabe gestellt habt, über Beispiele von Leipziger Fassaden zu reden, hat mir persönlich sehr geholfen, dass ich seit mehr als zwanzig Jahren nicht nur in Leipzig arbeite, sondern auch lebe.

Daher kenne ich zum einen die planungs- und bauordnungsrechtlichen Vorschriften der Stadt ganz genau. Andererseits sind mir aber auch die Sehnsüchte der Leipziger Bürger, so wie sie ihre Stadt gerne sähen, gut bekannt. Beides ist allerdings nicht immer deckungsgleich, wie man anhand meiner beiden Beispiele gut sehen kann.

Zuerst möchte ich die typische Leipziger Fassade vorstellen, die Fassade nach Vorschrift. Für deren Gestaltung gibt es eine Satzung. Anhand von Altbauten, die am Dietrichring, einem Teil des Leipziger Innenstadtrings, stehen, möchte ich die wichtigsten Punkte dieser Gestaltungssatzung für Leipziger Fassaden erklären.

Zunächst: Horizontale Gesimse sollen die Fassade in Fassadenabschnitte gliedern und optisch die gestapelten Funktionseinheiten trennen. Vertikale Lisenen, Säulen und Erker sollen die Geschosse zwischen den Gesimsen optisch zusammenfassen und eine stehende Wirkung der Fassaden erzielen. Die Gliederung der Erdgeschosszone soll aus der ganzen Fassade des Gebäudes entwickelt werden und Bezug auf die darüber liegenden Geschosse nehmen.

Wörtlich heißt es dazu in der Satzung: »Die Tektonik eines Gebäudes soll bis in das Erdgeschoss gewahrt bleiben. Als Baustoffe für die Fassaden sind typische Materialien wie Putze aller Art oder Verkleidungen mit Werk- oder Naturstein zu verwenden. Schließlich

[1] Eckhaus (Trias) am Martin-Luther-Ring, Leipzig

[2] Eckhaus (Trias) am Martin-Luther-Ring, Leipzig

müssen Fenster geschossweise aufeinander Bezug nehmen. Durchgehende, horizontale Fensterbänder sind unzulässig. Für das Einzelfenster und die Eingangsöffnung ist ein stehendes Format anzustreben. Werbeanlagen sind nur zulässig, wenn sie nicht höher als im ersten Obergeschoss angebracht sind und aus einzelnen Buchstaben bestehen.«

Großer Spielraum für Fassadengestaltung ist mit diesem engen Korsett der Gestaltungssatzung natürlich nicht gegeben. Weil sich aber der Sachse jedoch ungern festlegt und sich immer ein Hintertürchen offen lässt, hat er ein solches auch in diese Satzung eingebaut:

Unter Paragraph 14, genauer Absatz 2, heißt es nämlich, dass Ausnahmen und Befreiungen von den Vorschriften der Gestaltungssatzung zulässig sind. Zum Beispiel dann, wenn der Architekturentwurf durch das Ergebnis eines ordentlichen Wettbewerbs zustande kommt. Genau das war der Fall bei der zweiten Fassade, die ich Ihnen heute vorstellen möchte. [1, 2]

Ende 2010 wurde ein Wettbewerb ausgelobt, um eine Lücke am Leipziger Innenstadtring zu schließen, die sich ziemlich genau neben den Fassaden befindet, die ich gerade gezeigt habe. Ein Büro- und Geschäftshaus sollte auf einem dreieckigen Grundstück neben dem Rathaus entstehen. Diverse Vorplanungen dazu waren bei den Baudezernenten und den Gestaltungsbeiräten bislang durchgefallen, weil sie der Bedeutung des prominenten Grundstücks nicht entsprechen konnten. Sie waren zu normal. Man wollte an dieser Stelle etwas Besonderes haben. Dies sollte nun der Wettbewerb liefern. Auch hier zitiere ich, diesmal aus der Auslobung: »Es wird ein repräsentatives Gebäude gewünscht, das dem herausragenden Standort gerecht wird. Zugleich soll das Gebäude eine hohe Eigenständigkeit aufweisen.«

Als Nicht-Leipziger kommt man nicht so schnell dahinter, was gemeint ist. Aber als Kenner der Leipziger Seele wussten wir natürlich, was gemeint war. Man suchte ganz einfach ein weiteres Beispiel für den, ich will es mal so nennen, »liebenswerten Leipziger Größenwahn«. Das Gebäude sollte sich an entsprechenden Vorbildern orientieren: Hauptbahnhof, Neue Messe, Neues Rathaus oder Flughafen. Dies sind allesamt Gebäude, die in gewaltigem Stil und groß, vielleicht sogar zu groß, geplant wurden, dafür aber immer einen Hauch von Großstadt und internationaler Metropole nach Leipzig brachten.

Hubert Ritter, Stadtbaurat Leipzigs von 1924 bis 1930, nahm diese typische Leipziger Sehnsucht nach Großstadt schon zum Anlass, als er 1929 seinen Generalbebauungsplan vorstellte. In diesem schlug er entlang des Rings Hochhausstandorte vor. Es war die Idee einer internationalen Metropole, die bis heute die Leipziger Stadtplanung und Bevölkerung vor allem begeistert.

Wir suchten folglich nach Vorbildern für eine Architektur der Großstadt mit hohen Häusern. Wir wurden relativ schnell fündig, und zwar bei uns selbst; bei unseren eigenen Erfahrungen aus der Studienzeit. Während des Studiums in Madrid hatte mich immer wieder das Edificio Carrión an der Gran Vía begeistert. [3, 4] Nie wieder danach habe ich ein Gebäude gesehen, das mit seiner Setzung, seiner skulpturalen Ausformung und seiner dynamischen Fassadengestaltung das Treiben und damit auch den Anspruch einer Weltmetropole so gut ausdrücken kann.

Wir wagten es, tatsächlich einige Gestaltungsmerkmale von Madrid nach Leipzig zu transformieren, wie auch immer man darüber denken mag. Ein deutlich überhöhter Turm auf der Ecke des Grundstücks, eine horizontale Fassadengestaltung des Turms durch Fensterbänder, obwohl es nicht erlaubt ist; Gesimse und eine dynamische Abrundung des Gebäudes auf der Spitze. Zum Turm gesellt sich, im Übergang zum Bestand, ein niedriger Baukörper, der sensibel die Fassade des Nachbarn aufnimmt.

Als Fassadenmaterial wählten wir Putz in größtmöglicher Körnung: Farbe und Schattenspiel des Gebäudes sollten sich dem Kalkstein des Rathauses angleichen. Die Lage der Gesimse und der Traufhöhen sind aus den Horizontalen des Nachbarn abgeleitet. Faschen bündeln im niedrigen Bauteil, wie auch beim Nachbargebäude, jeweils zwei übereinanderliegende Fenster zu einer kleinen Kolossalordnung.

Im obersten Geschoss wird die Reihung von Einzelfenstern aus den Giebeln des Rathauses kopiert. Das Motiv des Eingangs unter einem großen Dach, das auf den Bürgersteig auskragt, übertrugen wir auf den Neubau und machten es zum typischen Element der Straße. Das Erdgeschoss bleibt ansonsten gläsern, um für die Geschäftsnutzung in der untersten Ebene die gewünschte Offenheit zu erreichen. Zweigeschossige Lisenen nehmen den gelb-goldenen Farbton der Putzfassade auf, fassen das Erdgeschoss und das erste Obergeschoss gestalterisch zusammen und geben dem Sockel, wenn man ihn so nennen mag, eine angemessene städtische Höhe.

Im Detail laufen die Fensterbänder der Turmfassade vor den Stützen durch. Die hier angebrachten Scheiben sind rückseitig emailliert und spiegeln sich im Farbton der durchsichtigen Scheiben. Die drei Scheiben in der Spitze des Gebäudes sind gebogen ausgeführt. Eine Forderung unsererseits übrigens, von der wir trotz mehrerer Versuche des Investors, sie polygonal auszuführen, nie abgewichen sind.

Die Metallgesimse kragen, je nach Lage im Turm, unterschiedlich weit aus. Sie sind auf der Stirnseite zusätzlich zweimal genutet. Die Putzgesimse erhalten, im Unterschied zum groben Putz der Wandflächen, einen Glattputz. Die Gesimse wölben sich leicht nach vorne und schaffen so Platz für den notwendigen Sonnenschutz.

Uns hat der Entwurf sehr viel Spaß gemacht, weil es eine Fingerübung war, die vielleicht schon immer in uns drin war und die wir nur irgendwann einmal machen mussten. Die Leipziger Bevölkerung liebt das Gebäude, das kann ich Ihnen sagen. Sie sieht sich damit selbst auf einer Stufe mit – komischerweise – New York. Für die Fußballer unter Ihnen kann ich es deshalb nur mit Andi Möller halten: Mailand oder Madrid, New York oder Madrid? Hauptsache Großstadt!

Danke.

[3] Edificio Carrión, Madrid

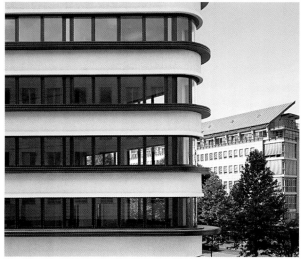

[4] Fassade

Vortrag 3
Johannes Kister

Der Entwurf zur Fassade ist vom Bauherrn an uns übertragen worden, als das Projekt schon geplant war. Das Wohnen am Fürstenplatz sollte einen neuen architektonischen Ausdruck erhalten, so die Erwartungen des Bauherrn. Einen architektonischen Ausdruck, der einerseits Bezug zum Ort und andererseits etwas mit der Vorstellung von Werthaftigkeit der zu verkaufenden Wohnungen zu tun hat. Es lag also nahe, die Identität des Gebäudes mit dem Bild von bürgerlichen Häusern des ursprünglichen Fürstenplatzes in Beziehung zu bringen. Diese waren mit den Nachkriegslückenschließungen fast völlig verloren gegangen. Gleichzeitig war es wichtig, einen Archetyp zu definieren, der seinerseits als Anhalt zur Rückgewinnung des Städtischen am Fürstenplatz beitragen kann.

Die Stadthausfassade ist geprägt von vertikalen Fensterformaten, die eine Balkonbrüstung verbindet, aber wiederum zu einem möglichen Freisitz ausschwingt. Räumlich führt dies zu einer Belebung der Fassade, welche das Wohnen in den Stadtraum trägt. Das Sockelgeschoss ist deutlich abgesetzt und von den Zugängen zum Hof und dem Hauseingang geprägt. Die für den Fürstenplatz typischen Giebelelemente in den Satteldächern sind als Loggiaöffnung aus der Fassadenflucht verlängert und bilden eine Stirn der Fassade. Dies verleiht dem Gebäude eine Achse, welche den Neubau als *Solitär* in die Reihe stellt. Nichts Anderes waren ja auch die alten Gebäude um den Platz. Fassaden mit einer aus sich selbst heraus entwickelten Geometrie, die zu einer baulichen Individualität führt. Die tektonische Durcharbeitung ist einfach, versucht aber den Anspruch auch im Detail durchzuhalten. Letztlich ist es ein Haus mit selbstverständlicher Qualität, aus der Stadt bestehen könnte.

[1] Entwurf

Diskussion
Fassaden in Hamburg, Leipzig und Düsseldorf

Arnold Bartetzky
Ludger Brands
Klaus Theo Brenner
Jörn Düwel
Peter Fassl
Helmut Holzapfel
Christoph Ingenhoven
Johannes Kister
Christoph Mäckler
Michael Mönninger
Matthias Sauerbruch
Boris Schade-Bünsow
Klaus Schäfer
Ansgar Schulz
Wolfgang Sonne
Michael Stojan
Andrea Krupski von Mansberg
Thomas Will
Gerwin Zohlen

Bartetzky Vielen Dank an die Referenten. Damit schreiten wir, wie schon im vorangegangenen Block, zur Diskussion. Es sind natürlich Fragen und Kommentare zu allen Aspekten, die in den Beiträgen gestreift worden sind, zulässig. Die Hauptaufgabe besteht allerdings darin, über die gestalterische Qualität der vorgestellten Entwürfe, mit der hier versammelten Kompetenz, zu sprechen. Ich persönlich hoffe, dass wir nicht in eine Grundsatzdebatte über Schönheit geraten, über die Zulässigkeit des Begriffs Schönheit. Ist Schönheit ein zeitloses Ziel der Architektur oder ist es vielleicht ein Kampfbegriff oder ein Instrument im Dienste des Kapitals? Mein Vorschlag: Reden wir eher über die Frage, wie die Fassaden funktionieren, wie sie im Stadtraum funktionieren, wie sie Räume ausbilden, wie sie materiell beschaffen sind, ob das Material alterungsfähig ist, ob sie Kommunikation ermöglichen, wie sie den Passanten ansprechen oder auch nicht ansprechen, ob sie feingliedrig genug oder möglicherweise zu grobschlächtig für den Standort sind. Ich bitte um Fragen und Kommentare.

Sonne Ich möchte auf ein Detail des Hauses von Johannes Kister zu sprechen kommen (Abb. Vortrag Kister). Spannend finde ich dort die Balkone an der Straße, weil sie eines der ganz großen Probleme von Wohnbebauungen in unseren Städten zeigen. Die Nutzer von Wohngebäuden in der Stadt wollen möglichst große Balkone. Dieser Wunsch führt zu Wohnhäusern, deren Fassaden wie Wände voller vorgezogener Schubladen wirken. Das Beispiel von Johannes Kister ist eine geniale Lösung dieses Problems: Der Fassade sind ganz schmale Stege vorgestellt, wie sie an den Häusern in den Boulevards von Paris zu finden sind. Dennoch gibt es auf den Balkonen dieses Hauses in Düsseldorf genügend Raum, um darauf zu sitzen. Dadurch erreichen Sie eine Individualität und eine gewisse Privatheit bei gleichzeitiger Öffnung des privaten Raums zum öffentlichen Stadtraum. Das ist eine spannende Lösung.

Kister Zuerst war der Wunsch, dass die Balkone nicht wie Schubladen aus dem Haus ragen, sondern, dass sie sich mit dem Haus verbinden. Dann gibt es das pragmatische Drittel-Problem der Auskragungen über die Fassadenlänge und das Einbinden in das Gesims. Das Versetzte ist aus dem Wunsch entstanden, das Gebäude über die gesamte Breite als Einheit zu verstehen und keine Asymmetrie zu bilden. Je nach Perspektive zeigt es ein Licht- und Schattenspiel, das das Gebäude spielerisch wirken lässt, obwohl es eigentlich sehr schlicht, einfach und rational ist. Aber ein Schattenwurf, das Spiel des Lichts, gibt dem Gebäude eine verstecke Eleganz und wirkt auf den Passanten als etwas Besonderes. Es sind oft die kleinen, unscheinbaren Dinge, die, wie auch das vorgezogene Gesims bei dem Haus von Ansgar Schulz, durch Licht und Schatten eine Fassade beleben und Textur schaffen.

Brenner Ich möchte nochmal anschließen an das, was Matthias Sauerbruch gesagt hat. Letztendlich ist natürlich das, was wir hier bis hinein in die Details der Fassaden diskutieren, die Frage nach der Intelligenz der Architektur, die hier vorgestellt wird. Diese Intelligenz ist durchaus eine autonome Leistung der Architekten. Das hat Herr Ingenhoven betont. Das heißt, es gibt keine festgelegten Konventionen, an denen wir uns alle orientieren können. So ist das. Darüber hinaus gibt es aber eine Verpflichtung oder einen Arbeitsrahmen, der dieses intelligente Vorgehen determiniert und bestimmt. Da stellt sich dann die Frage, wo denn eigentlich das jeweilige Projekt ist. Ich glaube, es ist ganz wichtig, dass wir hier über städtische Projekte reden, die sich auch an einen städtischen Raum wenden, an die Straße zum Beispiel. Dann stellt sich die Frage: Können wir, wenn wir uns in einem städtischen Raum bewegen, die Architektur auf eine intelligente Weise so formen, dass daraus ein charakteristisches Erscheinungsbild entsteht? Nun ergibt sich, das hatten wir bei Herrn Kister auch gesehen, natürlich sofort die Frage: Wenn man sich im städtischen Raum bewegt, worauf antworten wir eigentlich? Was ist denn da? Es lässt sich sehr gut nachvollziehen: Je genauer

Arnold Bartetzky

beschreibbar und je charakteristischer der städtische Raum ist, umso mehr besteht die Möglichkeit, auf diese Situation zu reagieren. Wenn ich sie nicht habe, dann habe ich sie eben nicht. Dann ist es völlig egal, ob ich ein kleines Haus baue, wie Herr Kister, ob ich einen gekurvten Balkon mache oder nicht. Im Grunde ist dies das selbe Problem, wie die Frage, ob ich ein großes Haus in einer kleinen Stadt bauen kann. Es geht immer um die Frage: Wie komme ich zu einer charakteristischen Architektur und einer intelligenten Lösung, die aber den Stadtraum in sich aufnimmt und respektiert? Da gibt es mal Dachformen, mal Farben, mal Materialien, es gibt Erdgeschosshöhen oder wie in Leipzig historische Bezüge, die man natürlich auch mal überspringen kann.

Aber wichtig ist eigentlich, dass man eine städtische Situation hat, sie interpretiert und diese in der eigenen Architektur ihren Ausdruck findet. Nehmen wir das Hamburger Beispiel (Abb. Vortrag Sauerbruch). Die dortige Situation ist natürlich keine Straße. Das Haus ist ganz schön, aber es ist keine Straße; und es ist nur ganz bedingt eine städtische Situation.

Ich muss Herrn Stimmann bei zwei Dingen Recht geben. Bevor wir anfangen, intelligente Architektur zu machen, müssen wir uns sehr bemühen, um überhaupt erst eine städtische Situation zu schaffen. Das bedeutet, dass wir Straßen planen müssen.

Der zweite Punkt ist folgender: Die Suche nach intelligenten Lösungen und nach charakteristischen Architekturen ist heute immer eine individuelle Frage. Es gibt keine Konvention. Ich finde, in Lübeck gibt es zu viele Konventionen. Es gibt keine Konventionen, die von vornherein festlegen, was wir machen müssen. Wir müssen aber versuchen, die Atmosphäre, die Vorgaben, die charakteristischen Eigenschaften der Stadt oder der Umwelt in unsere Architektur aufzunehmen. Das werden wir, Herr Krier, natürlich auch in sehr individueller Form tun können. Ich bin dafür, dass wir die Konventionen nicht zu weit treiben und die Intelligenz spielen lassen, aber dass wir auf jeden Fall uns zu einem öffentlichen Raum bekennen, der für alle verbindlich ist und der auf unsere Architektur auch eine gewisse Auswirkung hat. Ob dann die runden Dächer in Lübeck (Abb. Vortrag Ingenhoven) reichen, ist eine ganz andere Frage. Man sieht, dass es auch sehr unterschiedliche Maßstäbe gibt. Es gibt offensichtlich auch ein Dimensionsproblem. Wenn ich in einer Straße bauen will, und baue ein 200 Meter langes Haus mit Glasfassade im Erdgeschoss, dann stellt sich natürlich schon die Frage: Was für ein Lebensgefühl entwickelt sich da? Daraus ergibt sich meiner Ansicht nach der Schluss, dass wir bei aller Charakteristik, die wir produzieren und bei aller Intelligenz, die wir einsetzen, am Ende Häuser bauen müssen, die einen Orientierungswert darstellen für die Passanten. Da finde ich die Lübecker Lösung zum Beispiel sehr angemessen, auch wenn sie vielleicht ein bisschen weit geht. Ich finde, wir sollten, wenn wir solche Stadtprojekte machen, natürlich zuerst auch über die Maßstäbe nachdenken.

Ingenhoven Inwiefern kann die Situation in Hamburg das nicht? Was macht diese Situation zu einer nicht städtischen Situation? Ist dann jede Bebauung an einem Park oder einer öffentlichen Grünanlage nicht städtisch?

Brenner Wenn wir davon reden, dass eine Situation für den Passanten *städtisch* sein soll, dann geht es darum, dass er an jeder Stelle stehen bleiben kann und ihm immer wieder neue Anreize geboten werden, um sich wirklich mit der Architektur und ihren Inhalten auseinanderzusetzen. Wenn ich eine 200 Meter lange, geschlossene Glasfassade habe, deren aufgehender und durch Farbe belebter Teil im Grunde genommen über dem gläsernen Erdgeschoss schwebt, dann stellt sich mir schon die Frage: Ist das städtische Architektur?

Ingenhoven Das trifft auf alle großen Gebäude zu, unter anderem auch auf das alte Rathaus in Hamburg. Vergleichen Sie die beiden Gebäude, wenden Sie die gleichen Kriterien an und erklären Sie mir dann das Ganze noch mal.

Brenner Ich bin natürlich auf diesen Einwand vorbereitet. Es gibt viele große Häuser in allen Phasen der Stadtgeschichte. Denken wir etwa an das Hamburger Chile-Haus von Höger oder an Porta Lupi in Mailand. Es gibt viele moderne Architekten, die ebenfalls in einer größeren Dimension Häuser bauen, die trotzdem eine über Jahrzehnte oder Jahrhunderte hinweg städtische Ausstrahlung auf die Bewohner haben.

Ingenhoven Das ist ein Geschmacksurteil.

Brenner Das ist kein Geschmacksurteil.

Bartetzky Möchte vielleicht Herr Sauerbruch kurz Stellung nehmen zu den Fragen: Ist das städtisch? Was für ein Lebensgefühl wird hier erzeugt? Ist die gläserne Fassade die richtige Antwort auf die Dimension des Baus?

Sauerbruch Das zuletzt Gesagte zeigt Ihnen, warum es wichtig ist, über Schönheit nachzudenken. Sie operieren mit Begriffen, die alles und nichts sagen, wie zum Beispiel die *europäische Stadt*, ein Begriff, der eigentlich nicht viel sagt. Wir müssen präziser werden. Das war mein Plädoyer. Ich habe nichts gegen Schönheit. Aber nur zu behaupten, dass etwas schön sei, reicht mir nicht.

Was das Städtische oder das Stadtgefühl betrifft, muss man sagen, dass es unterschiedliche Arten von Stadt gibt. Es gibt nicht nur die historische Innenstadt von Lübeck. Es wäre auch lächerlich zu versuchen, dieses Modell auf irgendwelche Situationen wie zum Beispiel hier in Wilhelmsburg zu übertragen. Wilhelmsburg hat eine ganz eigene Geschichte. Sie haben sich vielleicht mit den Zielen auseinandergesetzt, die die IBA zusammen mit den Stakeholdern in der Nachbarschaft formuliert hat. Gefordert oder angedacht ist zumindest eine ganz eigene Art von städtischer Kondition. Was Christoph Ingenhoven andeutete, sehe ich ähnlich. Ich denke, dass wir dort ein Haus gebaut haben, an dem man gerne entlanggeht und hineinschaut, ein Haus, von dem man auch angesprochen wird. Die Kritik, dass die Sockelzone auf Grund ihres Maßstabs zum Problem werde, scheint mir hier etwas kleinkariert zu sein.

Bartetzky Ich möchte kurz nachhaken und grundsätzlich etwas zur Schönheit sagen. Zum Thema Schönheit, Herr Sauerbruch, muss ich die Veranstalter hier einfach in Schutz nehmen. Wir sind hier zwar auf der *Konferenz zur Schönheit und Lebensfähigkeit der Stadt*, dennoch ist die Schönheit diesmal kein zentrales Thema. Es geht vielmehr um ganz konkrete Fragen, etwa um die Beschaffenheit der Fassaden, um das Verhältnis von Offenheit, Geschlossenheit, Materialität, Alterungsfähigkeit und so weiter. In Bezug auf diese Fragen können wir durchaus ohne den Begriff der Schönheit operieren.

Sauerbruch Nein, da bin ich anderer Meinung, auch wenn ich das erste Mal dabei bin. Schönheit ist doch hier eine Art von Leitmotiv. Sie können nicht die Sprache vom Inhalt trennen. Wir können doch nicht über Naturstein, Keramik, Glas und Aluminium und so weiter reden, ohne darüber nachzudenken, was das für die Stadt bedeutet und was es darstellt. Ich dachte, das wäre das Thema.

Bartetzky Es gibt hier keine Redeverbote. Wir werden das Thema Schönheit vielleicht noch mal im Laufe der Diskussion aufgreifen.

Ich möchte nun aber noch ganz konkret nachfragen. Das ist doch ein öffentliches Gebäude. Ich war dort und der Eindruck von dem Foto bestätigt meine Erinnerung. Es ist ziemlich opak gegenüber dem Passanten und dem Straßenraum. Würde es sich hier nicht anbieten, etwas mehr Einblick in das Innere zu gewähren? Damit ließe sich das Problem der Dimensionen, also dieser 100 oder 200 Meter langen Fassade, etwas entschärfen.

Sauerbruch Die Länge des Hauses ist etwas, das wir ganz bewusst aufgenommen haben. Im Grundriss kann man das gut erkennen. Wir haben nicht den Versuch unternommen, das Haus irgendwie klein zu hacken oder so zu tun, als bestünde es aus vielen kleinen Elementen. Trotzdem haben wir natürlich unterschiedliche Plastizitäten zu den unterschiedlichen Seiten hin gewählt. Die Wahrnehmung ändert sich durch die Geschwindigkeit, mit der man dort entlangläuft, mit dem Fahrrad oder mit der Bahn vorbeifährt. Was die Sockelzone betrifft, so sind dort alle öffentlichen Funktionen bewusst gebündelt. Das heißt, strukturell gesprochen ist die typische Verwaltungsstruktur auf die oberen Geschosse beschränkt. Entlang der *Neuenfelder Straße* sind in der Sockelzone großflächigere Strukturen vorgesehen, die alle größeren, öffentlichen Charakter haben.

Was die Beschaffenheit des Glases betrifft, kommen wir leider zu einer anderen Diskussion. Da geht es um die Art und Weise, wie öffentliche Aufträge umgesetzt und realisiert werden. Wenn Sie das mit unseren Entwurfszeichnungen vergleichen, dann werden Sie feststellen, dass wir das Erdgeschoss als transparente Zone entworfen haben. Sie wurde dann aber leider unter Ausschluss unserer Tätigkeit umgesetzt und vermittelt dementsprechend einen geschlossen Eindruck. Das hätte ich mir am Ende nicht so gewünscht. Trotzdem finde ich nicht, dass sie das Haus zerstört.

Ingenhoven Die Produktionsumstände von Architektur spielen ganz offensichtlich eine Rolle für die Qualität, die wir hier sehen. Ich vermute Folgendes: Das Haus hat nicht viel gekostet. Das sind die Umstände, unter denen solche Häuser heute gebaut werden. Das ist öffentliches Bauen. Wenn die Aufträge bereits nach dem günstigsten Preis vergeben werden, wirkt sich das auf alle Details aus. Es fängt mit der Bauleitung an und hört mit dem Wasserhahn auf. Dann gilt es noch, die Energieeinsparverordnung einzuhalten, sowie anderen ökologischen Ansprüchen gerecht zu werden. Da kommt man zu Ergebnissen, bei denen die Eingriffsmöglichkeiten des Architekten in das Bauvolumen, in die Gliederung und in alle anderen ästhetischen, haptischen und materiellen Qualitäten sehr beschränkt sind. Andererseits muss man sagen, dass es ein hohes Geschick und eine sehr große Leistung ist, eine solche Gebäudemasse überhaupt bewältigt zu bekommen.

Sonne Ich möchte von Seiten der Veranstalter betonen, dass es uns nicht darum geht, Architekten an den Pranger zu stellen. Vielmehr geht es um die Sache, zum Beispiel darum, dass schwarzes, spiegelndes Glas auf einer Länge von 200 Metern nicht genügend kommuniziert, um eine städtische Situation zu schaffen. Das gilt insbesondere für ein hochöffentliches Gebäude mit öffentlichen Nutzungen im Erdgeschoss.

Sauerbruch Ganz so schlimm finde ich es nicht, auch wenn ich mich wahnsinnig darüber aufgeregt habe. Ich nenne Ihnen gerne ein paar Details dazu, weil sie für diese Diskussion wichtig sind. Der Bau wurde von der Sprinkenhof GmbH organisiert. Hamburg hat seine öffentlichen Bauaufgaben an ein mehr oder weniger privates Unternehmen weiter delegiert. Dieses ließ es sich nicht nehmen, das Ruder bei der Baurealisierung in die Hand zu nehmen. Für uns Architekten ist das meines Erachtens eine Katastrophe, eine existenzielle Bedrohung. Dass diese ausgerechnet von der öffentlichen Hand kommt, macht es besonders problematisch.

Aber zurück zum Thema. Wenn es so geworden wäre, wie wir es uns vorgestellt hätten, dann wäre die Fassade mit reversiblem Sonnenschutz versehen worden. Wenn die Sonne geschienen hätte, wären die Jalousetten weitgehend runtergefahren. Es ist nicht so, dass dahinter lauter Läden sind. Das ist kein Kaufhaus, sondern ein Rathaus. Dass man dort einen gewissen Maßstab und eine gewisse Größe hat, liegt in der Natur der Aufgabe. Was ich entscheidend finde, sind die Maßstabssprünge, also die Proportionierung der Sockelzone im Verhältnis zum Rest des Gebäudes, vor allem im Verhältnis zur Topografie. Das ist für mich ein sehr entscheidender Schritt.

Stojan Bei dem Leipziger Beispiel würde mich interessieren, welche Begründung für die Geschosse im Eckbereich gefunden worden ist, welche die festgelegte Traufhöhe übersteigen?

Schulz Das hat einzig und allein mit der Akzentuierung der Ecke zu tun. Damit wird dem Stadthausensemble, das von Hugo Licht entworfen wurde, ein Abschluss gegeben. Darüber hinaus hatte es den Vorteil, dass wir mehr Bruttogeschossfläche erzeugt haben als alle anderen Konkurrenten. In diesem Punkt nehme ich kein Blatt vor den Mund.

Christoph Ingenhoven

Stojan Heißt das im Umkehrschluss, dass jede Ecke in Leipzig ein paar Renditegeschosse bekommen kann?

Schulz Nein. Was ich Ihnen nicht aus der Gestaltungssatzung vorgelesen habe, ist, dass Hochhäuser in der Innenstadt normalerweise nicht erlaubt sind.

Stojan Aber mit diesem Beispiel geben Sie einen Präzedenzfall für die Überhöhung jeder Ecke.

Schulz Ich glaube, das Haus ist ein gutes Beispiel für das Sprichwort »Ausnahmen bestätigen die Regel«.

Bartetzky Zu Ihrer Beruhigung, Herr Stojan, es gibt nicht mehr so viele Bauflächen in Leipzig.

Zohlen Ich will doch noch mal betreffs Matthias Sauerbruch auf einen kultur-soziologischen sowie kunst- und architekturtheoretischen Aspekt hinweisen. Vor kurzem las ich einen brillanten Essay des Kunsthistorikers Wolfgang Ullrich. Er behandelt die

Siegerkunst – so lautet der Titel des Essays. Er ist im Berliner Verlag Klaus Wagenbach erschienen. Mit Bezug auf die absurden Preise, die auf dem Kunstmarkt aufgerufen werden, hat er als neue Kategorie die *Siegerkunst* in die Kunstdiskussion eingeführt. Er hat sie sehr gut begründet und beschrieben. Er geht, was man ihm vielleicht vorhalten kann, nicht auf die Inhalte der Kunstwerke ein, Gegenstand, Thema und Schönheit sind nicht sein Sujet. Stattdessen bietet er die Soziologie der Kunstkäufer auf, die er mit der Aristokratie der Vormoderne in Verbindung bringt. Es sind Kunst-Besitzer, nicht in erster Linie betrachtende Kunst-Kenner und Kunst-Genießer, Leute, die sich mit ihrem Reichtum die Kunst als Status-Symbol und Investment zulegen, mit dem sie sich von ihresgleichen unterscheiden. Wolfgang Ullrich sieht damit die Moderne in der Kunst als historischen Zwischenfall, als eine kurze und recht zufällige Phase der Kennerschaft und Wertschätzung der Kunst, das kurze Glimpsen der Aufklärung, wenn man so will.

Ich habe mich schon beim Lesen gefragt, wie man diese Kategorie und historische Konstellation der Siegerkunst auf die Architektur übertragen könnte!? Gerade in den hochpreisigen Segmenten werden große Gebäude ja nicht in unseren europäischen Städten gebaut, wo sehr viel rechtlich und kulturell reguliert wird, sondern in asiatischen, südamerikanischen und amerikanischen. Ist das nicht eine Form der Architektur, die man Siegerarchitektur nennen müsste, weil sie in jenen Städten keine oder nur wenig Rücksicht auf ihr Umfeld nehmen muss und es nicht so wichtig ist, was um sie herum passiert? Lediglich zählt, wem sie als Brosche dient und wessen Herrscherbrust sie schmückt? Das Trump-Tower-Syndrom.

Matthias Sauerbruch hat zu Recht mit leiser Melancholie und Trauer darauf hingewiesen, dass der Architekt in einem ziemlich fatalen Dilemma zwischen dem Auftraggeber und den eigenen Ansprüchen an Architektur steckt. Die Stichworte Authentizität und Integrität fielen. Was für die bildende Kunst noch wichtiger ist als für die Architektur, ist sodann die Autonomie. Diese hat es in der Architektur, soweit ich das sehe, nie wirklich gegeben. Es gab im 20. Jahrhundert zwar immer wieder Versuche, den Architekten und die Architektur autonom zu setzen, aber geklappt hat es nie – durch den Einfluss der Bauherrschaft war die Autonomie des Architekten schon immer verwirkt. Vielleicht aber kommt man in diesem Dreieck von Stadt – Schönheit – Architektur mit Blick auf die Rolle des Architekten etwas weiter, wenn die Siegerarchitektur als kritisch-reflexive Kategorie aufgenommen wird.

Schäfer Ich würde gern das Beispiel von Herrn Kister noch mal sehen. Ich finde, dass die Maßstäblichkeit ein wichtiger Punkt in dieser Diskussion ist. Bei dem Hamburger Beispiel hat man das Gefühl, auf der IAA gelandet zu sein und Design-Fragen zu diskutieren. Ich glaube, dass der Architekt es in der Hand hat, auch bei einer großen Aufgabe, über die Maßstäblichkeit nachzudenken. Und auch wenn er die Maßstäbe beherrscht, kann im letzten Moment eine Design-Frage zum Problem werden. Aber bei diesem Haus in Düsseldorf kommt eine ganz andere Ebene zu Tage. Wir sehen dieses Gebäude, das nicht verleugnet, einfach nur ein Haus zu sein.

Aber welchen Einfluss hat die Funktion und der Nutzer auf das Haus? Was passiert, wenn jemand einen alten Autoreifen auf den Balkon legt oder sein Fahrrad dort abstellt? Werden nicht sogar die Bewohner entblößt, wenn sie auf dem Balkon sitzen? Das sind Fragen, bei denen die Bewohner eine Rolle spielen. Dort kommt eine Ebene mit hinein, bei der der Nutzer selbst zum maßstabsbildenden Element wird. Das ist eine Ebene der Diskussion, die ich für unheimlich wichtig halte. Sie kommt bei dem Haus in Hamburg überhaupt nicht zum Zuge. Da spielt es überhaupt keine Rolle, was der Nutzer tut oder was er nicht tut. Vielleicht kann man sogar das Leipziger Beispiel noch hinzuziehen, das aus meiner Sicht eine

Matthias Sauerbruch, Johannes Kister

Architektur ist, die ebenfalls nicht mehr als ein einfaches Haus sein will, aber gegenüber solchen Fragen resistent ist. Das Düsseldorfer Beispiel ist gegenüber solchen Fragen weitaus empfindlicher.

Bartetzky Herr Kister, vielleicht können Sie sich direkt zu der Frage äußern: Wie viel Nutzung, wie viel Nutzerfreiheit, Nutzeranarchismus verträgt dieses Gebäude? Fahrräder auf den Balkonen, Sichtblenden, Pflanzen in Plastikkübeln?

Kister Ich finde, diese drei Beispiele zeigen genau die Spannbreite, in der wir Architekten operieren können. Das Gebäude von Matthias Sauerbruch finde ich in gewisser Weise durchaus sehr städtisch. Ich war überrascht, wie städtisch es an der Straßenseite ist. Mit dieser starken Form einen Ort überhaupt zu einem Baustein der Stadt zu machen, ist eine ganz andere Aufgabe als in Leipzig, wo es galt, eine Ecke zu definieren. Es geht um den Gesamtzusammenhang der Stadt, vielleicht auch darum, ein Bild hineinzusetzen, das fremd ist. Es ging darum, durch das scheinbar Fremde in der Stadt einen identifizierbaren Ort zu schaffen.

Unser Beispiel ist das Unspektakulärste. Wir haben etwas gebaut, was man vielleicht am Fürstenplatz erwarten würde. Es ist nur ein bisschen architektonisches Handwerk, das nicht aus dem Rahmen fallen will.

Ich finde, dass man das nicht gegeneinander ausspielen kann. Dies sind Beispiele, die alle eine bestimmte Handlungsstrategie beinhalten, die in allen Fällen die jeweils richtige ist und die unsere Stadt weiterentwickelt. Vielleicht war das Haus von Matthias Sauerbruch richtig, weil dieser Platz vorher unbebaut war. Es wurde dort überhaupt erst Raum geschaffen, der weithin sichtbar ist. Bei unserem Haus ist das Gegenteil der Fall.

Dies sind alles, wie Klaus Theo Brenner gesagt hat, intelligente Strategien, um an einem Ort Raum oder Körper zu erzeugen. Wichtig ist auch, dass das Haus von Matthias Sauerbruch im städtischen Raum nicht nur als Fassade, sondern als ein Körper, eine große Skulptur wahrnehmbar ist, mit einer sicherlich beeindruckenden Größe. Ich persönlich kann auch die Glasfassade im Sockelbereich gut nachvollziehen. Ich würde das an dieser Stelle nicht negativ bewerten wollen. Ich finde es an diesem Ort absolut städtisch.

Holzapfel Ich möchte einen kurzen Exkurs zum Thema Schönheit im Sinne der Kasseler Schule machen. Ich bin im Besitz eines alten Spazierstocks. Darauf steht Folgendes geschrieben: »Hier ist es schön«. Man kann ihn überallhin mitnehmen. Anhand des Stocks kann man einiges über Schönheit sagen. Schönheit lebt durch zwei Dinge: Einmal durch historische Erfahrung in einem bestimmten Zeitraum. Und dann durch das, was man übersieht. Das Übersehen kann sowohl positiv als auch negativ sein. Wir arbeiten im Moment an Dingen, die lange Zeit übersehen worden sind, zum Beispiel das Verhältnis von Haus zu Straße. Das kann etwas Schönes sein. Vielleicht war es einmal schön. Etwas, das lange übersehen wurde, kann wiederholt werden. Am meisten gefährdet ist die Schönheit dann, wenn etwas Essenzielles übersehen worden ist: Der Mensch.

Ich habe Zeichnungen aus den Vierzigerjahren, die ich immer gerne zeige. Dort sieht man eine Planung des Baus einer Stadtautobahn in London. Wenn man genau hinschaut, sieht man, dass auf den Plänen lauter kleine Menschen am Rand stehen. Die hat der Maler mit kleinen Strichen hingezeichnet. Er hat übersehen, dass eine solche Situation viel zu laut wäre. So kann das nicht funktionieren. Da ist das Übersehen, von dem ich gesprochen habe.

Über einen langen Zeitraum sind die Rechtsabbiegerspuren und die Straßenecken in der Historie übersehen worden. Seit den Fünfzigerjahren haben wir eine Kultur, die vorsieht, dass Eckgrundstücke entweder Tankstellen oder Rechtsabbiegerspuren werden.

Das Leipziger Beispiel ist ein wunderschönes Eckgrundstück. Das liegt nur nicht an Ihnen, die Sie das Haus gebaut haben, sondern am zuvor schon bestehenden Stadtgrundriss selbst. Was Sie dort gebaut haben, finde ich gut. Wenn man diese Ecke wiederentdeckt und betont, ist es vielleicht schön. Dann kann man auch einmal gegen die Regeln ein Stockwerk obendrauf setzen. Das gefällt mir bei Ihrem Entwurf, weil wir die Ecke in unseren Städten lange Zeit übersehen haben. Das ist ein Trend, der sich in der Architektur in der letzten Zeit abzeichnet. Ecken sind spannende Punkte in der Stadt.

Nun zurück zu meinem Stock, der die Aufschrift »Hier ist es schön« trägt. An Orte, an denen die Menschen übersehen werden, an denen sie sich nicht angenehm bewegen können oder an denen es zu laut ist, bringe ich ihn nicht gerne mit. Es ist wieder möglich geworden, dass Häuser sich zur Straße öffnen, dass wir wieder Balkone haben können. Hoffentlich können wir bald auch wieder etwas Positives aus dem Verkehrsbereich beitragen, sodass die Schönheit des Balkons und die der Fassade für die Passanten wieder voll erlebbar werden. Ich finde es gut, dass Sie diese Balkone realisiert haben. Solche Projekte können in Zukunft wieder Schönheit in die Städte bringen.

Absolute Schönheit gibt es, glaube ich, nur in der Kunst. Da kann man um das Bild einen Rahmen anbringen. Das, was nicht schön ist, kann man außerhalb des Bildraums lassen.

Düwel Ich möchte eine grundsätzliche Anmerkung anbringen. Ich möchte sie machen, weil die Diskussion bis heute Mittag im Wesentlichen thematisch ernsthaft geführt wurde. Freilich litten die Gespräche

Boris Schade-Bünsow, Petra Kahlfeldt, Jörn Düwel

an einer antithetischen Gegenüberstellung: Stets wurde das Aufgreifen historisch verbürgter Formen als unvereinbar mit zeitgenössischem Entwerfen behauptet. Demnach sei das Verwenden von überliefertem architektonischen Vokabular *rückschrittlich* oder *konservativ*. Seit nunmehr einhundert Jahren wird diese Unterstellung, die ex cathedra einer Verdammung gleichkommt, selbstgerecht vorgetragen. Nicht nur Außenstehende müssen angesichts solcher moralisch aufgeladener Imperative den Eindruck haben, in der Architektur gäbe es konkurrierende Glaubenssysteme. Toleranz und Akzeptanz scheinen jedenfalls keine Tugenden unter Architekten zu sein. Ambivalenzen werden nicht als Selbstverständlichkeiten hingenommen. Was wir aber eben von Herrn Sauerbruch gehört haben, hat eine andere Dimension. Vordergründig denunziert er lediglich Schönheit, tatsächlich bestreitet er Christoph Mäckler seine Glaubwürdigkeit. Er meint, Schönheit sei nichts weiter als die Steigerung des Marktwerts und folglich nur eine Instrumentalisierung. Er unterstellt jenen, die an klassische Würdeformeln von Architektur anknüpfen, sie seien nur Erfüllungsgehilfen des globalen Kapitals. Damit entzieht er Christoph Mäckler und dieser Veranstaltung insgesamt die Legitimation. Das ist unerhört!

Sauerbruch Dazu möchte ich etwas sagen. Mein Vortrag sollte durchaus polarisierend sein. Aber was Sie eben beschrieben haben, ist ein Dilemma, in dem wir uns alle befinden. Was ich skandalös finde ist, dass wir dieses Dilemma nicht thematisieren und akzeptieren, sondern, dass wir eine Scheindebatte um den Erhalt von städtebaulichen Strukturen und Stadt

Wolfgang Sonne, Barbara Ettinger-Brinckmann, Matthias Sauerbruch, Johannes Kister, Christoph Ingehoven, Johannes Kuehn

führen. Diese Diskussion kann nur ein Furnier über eine grundlegende Debatte sein, die sich nicht alleine an einer Struktur oder Situation entscheidet. Wir sind dafür nicht alleine verantwortlich. Aber die Debatte existiert und wir alle stellen einen Teil davon dar.

Bartetzky Ich möchte nur kurz etwas Grundsätzliches zum Thema Schönheit sagen, Herr Düwel. Es ist keineswegs so, dass ich das Thema uninteressant fände. Im Gegenteil, es beschäftigt mich ebenfalls seit Jahren. Mir ist noch in Ohren, was der viel zu früh verstorbene Architektursoziologe Werner Sewing über Schönheit gesagt hat: Schönheit sei unter anderem ein anti-moderner Kampfbegriff. Was wir von Herrn Sauerbruch gehört haben, ist im Grunde noch eine Steigerung dessen. Ich finde das Thema unglaublich interessant und diskussionswürdig.

Ich lade in der Diskussion immer wieder dazu ein, auf die Bilder zu schauen und über die Details zu diskutieren. Die Referenten können so die Chance nutzen, im Kreise extrem kompetenter Kollegen über ihre eigenen Arbeiten zu sprechen. Das haben wir uns für diese Konferenz vorgenommen. Deswegen erinnere ich immer wieder daran, zu den konkreten Beispielen zurückzukommen. Aber das bedeutet natürlich nicht, dass grundsätzlichere Fragen ausgeschlossen sind.

Will Ich würde gerne nochmal das Bild von Hamburg sehen und eng an diesen beiden Beispielen eine Frage stellen. So wie ich das Thema verstanden habe, sprechen wir hier über Fassaden, aber nicht darüber, ob sie schön sind, sondern hinsichtlich ihrer Urbanität. Es geht um Fragen des Gebrauchs, um die Adressbildung zur Straße und allem, was damit zusammenhängt. Für mich geht es dabei nicht um Geschmack, sondern um die empirischen Erfahrungen, die wir in solchen Räumen machen. Das Wort *urban* ist schillernd. Es ist ein Allerweltsbegriff. Für mich ist es aber ein Begriff, den man an empirischen Dingen festmachen kann. Es geht dabei um Erfahrungen, die wir in den Städten machen, Erfahrungen, die auf einer guten Form beruhen.

Ich hätte also eine Frage zu dem Sockel des Hauses von Matthias Sauerbruch. Das ist zweifelsohne ein sehr schönes und ein intelligentes Gebäude. Das, was Sie sagten, fand ich fast noch intelligenter, auch wenn ich Schwierigkeiten habe, es an dem Gebäude zu erkennen. Was ich aber sehe, ist eine starke Raumbildung in den oberen Bereichen und im Sockel das radikale Gegenteil. Wir haben heute Morgen von dem Begriff der Raumhaltigkeit gehört. Zwar wurden da barocke Beispiele gezeigt und in dem Hamburger Haus residiert nicht der preußische König, aber wir haben an diesen schönen Analysen gesehen, wie der urbane Raum durch allerlei architektonische Mittel in die Fassade mit aufgenommen wird. Er wird durch sie hindurch geleitet und dann auch kunstvoll reflektiert. Das geschieht hier mit dem *Grünraum* tatsächlich sehr schön und ebenso mit dem großen plastischen Element, mit der Welle.

Ich frage mich aber, warum ich im Sockelbereich, genau dort, wo ich den unmittelbaren visuellen und haptischen Kontakt zum Gebäude habe, durch eine spiegelnde Fassade abgewehrt werde. Das hat mit der Frage, ob Sie die falsche Farbe für die Glasscheibe bekommen haben, nichts zu tun. In dem Moment, wo Sie den Sockel als eine straff gespannte gläserne Membran ausbilden, eine gespannte Haut, reduzieren Sie die Zone des Übergangs zwischen öffentlich und privat auf fünf Millimeter – obwohl Sie auch fünf Meter hätten nehmen können.

Wenn ich mich mit einigem Abstand vom Gebäude bewege, werde ich eingeladen, mir die farbigen Bänder anzusehen. Wenn ich mich aber nähere, werde ich abgewiesen. Eingeladen wird man nur auf die Distanz. Ich muss sagen, so schön ich das Gebäude finde, dass es mit meiner Vorstellung des Urbanen als einer Kategorie, die zwischen dem Wahrnehmen und Empfinden, aber auch dem praktischen Gebrauch changiert, nicht gut funktioniert.

Sauerbruch Wenn ich Sie bitten dürfte, einfach ein Innenfoto des Eingangsbereichs zu zeigen. Da sieht man eigentlich ziemlich klar, was beabsichtigt war. (S. 148, Abb. 3)

Will Da haben Sie Recht. Wenn ich drinnen bin, ist das Erdgeschoss grandios. Aber die Menschen im öffentlichen Raum bewegen sich draußen.

Sauerbruch Dann müssen sie reingehen.

Bartetzky Es werden aber immer mehr Menschen draußen sein.

Will Ist diese Fassade im Sockelbereich eine Strategie, um das Hineingehen erst einmal zu erschweren? Das ist natürlich eine Unterstellung, eine Vermutung. Man könnte behaupten, dass ein versöhnliches Aha-Erlebnis eintritt, wenn man die Schwelle geschafft hat und durch diese gespannte Haut hindurchgetreten ist.

Kister Ich finde diese Diskussion etwas unangenehm. Ich meine, das sind wunderbare Bauten. Wenn wir hier rausgehen und verabreden würden, dass wir uns in einer Viertelstunde wieder treffen und jeder fünf Beispiele mitbringt, bei denen die Realisierung richtig schief gegangen ist, dann würden wir alle fündig werden. Wir sprechen hier über Charaktere, die auch Schwächen in den Augen einiger haben können, aber deren Stärken überwiegen.

Mäckler An dieser Stelle möchte ich doch einmal eingreifen. Entschuldige Matthias, ich bin ehrlich gesagt geschockt. Ich schätze dich als Architekten wirklich sehr, aber ich finde die Art und Weise nicht gut, wie du mich hier kritisiert hast. Du hast einen sehr ideologisch gefärbten Vortrag gehalten, der mit dem Thema dieser Konferenz nichts zu tun hat. Es geht hier um die Fassade. Dann darf man über deine Fassade, die ich sehr gut kenne, genauso reden wie über jede andere Fassade. Eine solche Sachdiskussion muss möglich sein, ohne dass man dem einen Bau *Großmannssucht* und dem anderen *Bescheidenheit* unterstellt. Oder, dass man dem einen Bau zugesteht, auch dem normalen Menschen einen Auftritt zu lassen und dem anderen nicht. Auch ich lasse in meiner Architektur dem normalen Menschen einen Auftritt! Wir haben in den letzten sieben Jahren viel auf dieser Konferenz gehört. Einen derart ideologiegeschwängerten Beitrag, wie den deinen, habe ich von niemandem bisher erlebt. Es geht hier um Stadtraum! Es geht nur darum, dass wir uns versuchen begreiflich zu machen, wie unsere Architekturen in den städtischen Raum hineinwirken. Was ist der Charakter der städtischen Fassade? – Vielleicht ist er gar nicht städtisch!? Darüber müssen wir diskutieren und ebenso darüber, wie das Erdgeschoss und der Hauseingang auf den Menschen wirken. Thomas Will hat eben versucht, das anhand deines Beispiels zu erläutern. Das bedeutet nicht, dass dein Haus ein furchtbares Haus ist. Der Grundriss gefällt mir sehr.

Aber es geht hier um die Frage: Wie reagiert eine Fassade, die Erdgeschossfassade, auf den städtischen Raum? Dazu gehört auch das Detail. Das, was Rob Krier heute Morgen sagte, beschäftigt auch mich sehr stark. Wenn ich einfache Industriefassaden herstelle, und es ist dabei völlig egal, ob aus Stein oder wie in deinem Fall aus schwarzem Glas oder einem anderen Material, das undurchdringlich ist und an dem man entlang schlittert, habe ich nicht das Gefühl, dass wir dem städtischen Bewohner das geben, was er eigentlich sucht.

Die Rekonstruktionen, die wir deutschlandweit erleben, sind nichts anderes als der Aufschrei einer Gesellschaft, die sich mit den Architekturen, die wir ihnen in den letzten 50 Jahren angeboten haben, einfach nicht mehr zurechtfindet. Wir diskutieren in diesem Raum seit sieben Jahren das Thema *Stadt* und haben zum ersten Mal Architekten eingeladen, hervorragende Architekten. Es sollte erlaubt sein, darüber zu reden, ob und wie ihre Häuser in den städtischen Raum hineinwirken. Um mehr geht es nicht. Das kann ich wunderbar mit Steinen machen, mit Glas, mit Aluminium. Ich muss es nur richtig machen. Wir kümmern uns zu wenig um das Detail. Wir konzentrieren uns stattdessen auf die Gesamtform, die in irgendeiner Weise schön sein muss. Es muss der schöne und elegante Grundriss sein. Aber dass Details haptisch sein müssen, dass ein Stadtbewohner eine Fassade annehmen muss und sich nicht abgestoßen fühlen darf, ist das, um was es mir bei dieser Diskussion geht.

Sauerbruch Auch meiner Wertschätzung kannst du dir versichert sein. Ich weiß, dass das alles nicht einfach ist und dass euer Büro das mit großer Passion und auch Können macht. Aber ich nehme dich ernst in deinen weit verbreiteten Polemiken gegenüber der Stadt der Moderne. Da muss man auch offen drüber reden dürfen, ob man das, was man behauptet, auch wirklich erreicht.

Das Zoofenster, das ich gezeigt habe, hat im Erdgeschoss eine Arkade. Eine Arkade ist ein urbanes Element, das wir aus dem Süden kennen. Wir kennen es alle aus Turin, Bologna und Genua. Dort gibt es wunderbare Läden, das Leben tobt. Gehe ich in diese Arkade am Zoofenster, komme ich an einem Beauty Shop, einem Juwelier und dem Eingang zum Waldorf Astoria vorbei. Das empfinde ich als Aggression, tut mir leid. Ich sehe da eine Vereinnahmung des öffentlichen Raumes durch das Hotel. Dasselbe gilt, bis zu einem gewissen Grad, für das Material. Ich kann dich nur beglückwünschen, dass du es geschafft hast, Naturstein in dieser Stärke verbauen zu können. Das Detail ist sauber gemacht. Der Stein geht richtig um die Ecke. Aber was passiert da im Kontext von Zoopalast und der Fünfzigerjahre-Architektur, die auf der anderen Straßenseite steht?

Da herrscht meines Erachtens ebenfalls Aggression, jedenfalls so gut wie keine Korrespondenz. Dieses Städtische, das Zusammenwachsen oder Zusammengehören auch von heterogenen Elementen entsteht nicht durch solche Konfrontationen.

Mönninger Lieber Matthias Sauerbruch, ich darf kurz dazwischen grätschen. Du bist kein Architekt mit einem Glaskinn. Du kannst austeilen, kannst aber auch einstecken. Du bezeichnest Christoph Mäckler als Erfüllungsgehilfen des internationalen globalen Kapitals, weil er Schönheit produziere, während an seinen Ladengeschosszonen höchstens Juweliergeschäfte und sonst nur Müllstationen liegen. Wenn ich an der Kochstraße entlanggehe, an deinem GSW-Gebäude, finde ich, dass es an der Straße nicht ankommt. Ich war vorgestern auf Einladung von Jörn Walter zum ersten Mal in Wilhelmsburg bei deiner Stadtentwicklungsbehörde. Ich hatte keine Lust, um das Gebäude herumzugehen. Aber das sage ich auf Grund meiner hohen Wertschätzung deiner Arbeit. Wenn wir heute über Schönheit als tauschwertfördernden Aspekt der Architektur reden, dann gilt das doch nicht in den Bereichen, in denen wir hier arbeiten. Da reden wir über Bilbao, über Branding, über die Elbphilharmonie, über die großen Landmarken. Das sind Gebäude, die nicht schön oder hässlich sind. Man muss sie mit dem Begriff des Erhabenen, des Überwältigenden, des Schauerlich-Schönen bezeichnen. Man kann Bilbao gut finden, aber nicht im Sinne von Schönheit und Wunschbildlichkeit. Man kann sagen, dass es tolle Leistungen von Herrn Gehry oder von Herzog & de Meuron sind, aber schön sind diese Bauten nicht. Es sind Landmarken des Überwältigenden, des Erhabenen. Das ist die Ästhetik des 18. Jahrhunderts.

Das internationale Kapital hat mit Schönheit nichts zu tun. Dafür ist Christoph Mäckler viel zu harmlos. Ich würde mir wünschen, dass wir irgendwann nochmal auf den wunderbaren Aufschlag von Peter Stephan zurückkommen, auf die Raumhaltigkeit. Wir leiden seit hundert Jahren unter der Dummheit

Klaus Schäfer

der planen Bildebene der Fassaden. Wir haben die Raumhaltigkeit vergessen. Selbst wenn wir bei Herrn Kister einen einfachen, durchgesteckten Balkon sehen, ein Stück Innenfläche, die nach außen gestülpt wird, wissen wir sofort, dass der Reichtum von Architektur und Fassade in der Verwendung architektonischer Innenmotive auf der Außenseite ist. Architektur, die ihr Inneres nach außen stülpt, wie uns Peter Stephan das mit historischer Architektur gezeigt hat, sollte unser Thema sein. Ich habe ganz wenige Häuser heute gesehen, die diese Porosität haben, wie wir es von Schinkel oder selbst von Schultes Kanzleramt kennen. Lasst uns bitte bei diesem Thema bleiben.

Bartetzky Ob wir nun zu diesem Thema zurückkehren können, wissen wir noch nicht. Wir kehren jetzt aber auf jeden Fall zurück zur Rednerliste. Weiter geht es mit Frau von Mansberg.

Von Mansberg Jetzt ist die Diskussion schon ein bisschen vorangeschritten. Ich bin ein Nutzer dieses Gebäudes in Wilhelmsburg. Wer mich kennt, der weiß vielleicht, dass ich, als ich den Wettbewerbsbeitrag von Herrn Sauerbruch das erste Mal gesehen habe, nicht besonders begeistert war. Ich bin nämlich kein großer Freund von bunt und ein bisschen kurvig.

Seit drei Jahren arbeite ich nun dort und ich muss sagen, dass es ein ganz wunderbares Gebäude ist. Es wirkt nicht nur über seine wirklich freundliche Fassade, sondern auch über diese genau richtige, städtebaulich sensible Einfügung in den Ort. Es geht nicht um Bauen im Bestand an dieser Ecke. Das Gebäude definiert eine völlig neue Ecke eines Stadtteils. Städtebaulich leistet dieses Gebäude ganz viel und man merkt, dass es eben nicht nur über die Fassade funktioniert, sondern über den prägnanten Städtebau. Dieser nimmt die ganz unterschiedlichen Seiten, die Bahnseite und die Straßenseite sowie den Hinterhof, gut auf. Die meisten Mitarbeiter der Hamburger Behörde für Stadtentwicklung und Umwelt, die vor drei Jahren aus der schönen Hamburger Innenstadt nach Wilhelmsburg verpflanzt wurden, waren erst ganz unglücklich darüber. Dieses Haus aber hat uns damit versöhnt. Wir sind alle sehr glücklich darüber, weil es im Inneren ganz unglaublich gute Qualitäten hat. Ich finde es ein bisschen schade, das auf dieses Sockelthema runterzubrechen, weil es städtebaulich und innenräumlich wie gesagt ein sehr gut funktionierendes Gebäude ist.

Bartetzky Städtebauliche Wirkung besteht nicht nur aus dem Sockel, so wichtig der Sockel auch sein mag.

Schade-Bünsow Ich bin ganz froh, dass wir wieder auf eine architektonische Ebene zurückgekommen sind. Was mich bei den drei Projekten geärgert hat, ist, dass wir Äpfel mit Birnen vergleichen. Da gelingt es Ansgar Schulz ein Eckgrundstück endlich einmal so zu bebauen, wie du, Christoph, es gerne möchtest. Es hat im Erdgeschoss vielleicht nicht die allerbeste Qualität, die wir uns wünschen, aber eine viel bessere als das meistens gelingt. Das müssen wir vergleichen mit einer Lückenschließung an einem Platz, wo vorher eine Katastrophe war, und mit einem Projekt, das städtebaulich richtig ist an einem Ort, an dem vorher gar keine Stadt war. Wilhelmsburg war ein fürchterlicher Unort, der an Hamburg angebunden werden musste, weil nicht jeder in der Hamburger Innenstadt leben kann. Wer es wie Jörn Walter wagt, mit 1.100 Leuten über die Elbe zu springen, der muss so etwas wie eine Landmarke bauen. Das löst das Problem der Identifikation und des Wohngefühls in Wilhelmsburg gleichzeitig. Wenn wir diese drei Projekte miteinander vergleichen und dieselben Maßstäbe ansetzen, dann führt es genau zu dieser Art Kritik, die wir bei den einzelnen Projekten finden. Das finde ich falsch. Ich finde alle drei Projekte in ihrer Form völlig richtig.

Fassl Wenn man meinen sollte, man könne dem Thema Schönheit entkommen, dann irrt man sich. Vor wenigen Jahren war im Dresdner Hygienemuseum eine Ausstellung, die unter dem Titel *Was ist schön?* dem Thema grundsätzlich nachging. Eine Quintessenz war, dass, auch wenn die Fachleute sich damit schwer tun, dieses Thema bei den Menschen sehr präsent ist. Seit über 2.000 Jahren wird darüber geschrieben. In der Naturphilosophie und der Philosophiegeschichte ist es präsent. Wir brauchen nur in die Naturwissenschaften zu schauen, wo natürliche Phänomene im Molekularbereich als schön betrachtet werden. Sicher ist es richtig und notwendig, es zu präzisieren, aber offensichtlich ist es ein menschliches Bedürfnis, über Schönheit zu reden. Es ist wohl auch ein menschliches Bedürfnis, Schönheit in irgendeiner Weise als Ziel, als Orientierung zu haben. Dessen sollte man sich bewusst sein, gerade als Architekt.

Brands Ich möchte noch mal zu dem Anfangsvortrag von Peter Stephan zurückkommen. Ich denke, dass es doch ganz einfach ist, wenn wir uns mit dem Referenziellen in der Architektur auseinandersetzen, also mit dem, wo wir sind. Der Makler sagt immer: »Lage, Lage, Lage«. Als Architekt würde ich sagen: »Ort, Ort,

Ort«. Das ist doch der zentrale Ausgangspunkt im Schaffen eines Ausdrucks von Architektur. Wir haben über Lübeck gesprochen. Ich fand die Beispiele dort eigentlich ziemlich gut. Da weiß ich sofort, wo ich bin. Da kann man sagen: Aufgabe erfüllt. Ich habe der Stadt eine gewisse Referenz erwiesen. Ich habe mich auf das bezogen, was die Geschichte des Ortes hergibt, was der Ort selbst noch widerspiegelt.

Womit ich überhaupt nicht umgehen kann, ist das, was Herr Schade-Bünsow heute Mittag gesagt hat. Dass wir Häuser schaffen, die das Leben der Menschen bildlich nach außen kehren. Da ist zum Beispiel die Flüchtlingsfamilie oder die Patchwork-Familie zu nennen. Für die malen wir vielleicht die Fenster bunt an und schieben sie noch wild hin und her. Dann haben wir den Steuerhinterzieher, der sein Geld in Panama hat. Dem schrauben wir noch ein Gitter an die Fassade und so weiter. Damit kommen wir doch nicht weiter. Die Menschen kommen und gehen, aber die Häuser bleiben. Das heißt, dass die Häuser eine Solidität in ihrem architektonischen Ausdruck schaffen müssen, die alle Zeiten, alle Nutzungsveränderungen, alle gesellschaftlichen Veränderungen überdauern, die einfach da sind, die diesen Stadtraum markieren und bereichern. Da bin ich auch ganz bei Herrn Mönninger im Sinne der Plastizität, der Raumhaltigkeit, also des starken Ausdrucks von Fassaden: Das ist diese Stadt, dieser Ort, und diese Architektur bereichert diesen Ort. Das ist keine Frage des Autismus eines einzelnen Architekten, sondern eher eine Frage der städtebaulichen Kategorie: Wie schaffe ich es, mit meinem Haus Stadt zu bauen? Da muss ich mich persönlich vielleicht auch ein Stück zurücknehmen und nicht die große Weltinszenierung loslassen. Danke.

Bartetzky Ihnen allen vielen Dank für die lebhafte Diskussion zu diesem Block. Wir haben einige Minenfelder betreten. Die Schönheit ist das Minenfeld par excellence, wie sich immer wieder zeigt. Dabei ist es aber nicht zu schweren Explosionen gekommen. Im nächsten Block werden wir über Fassaden in München sprechen.

Fassaden in München

Vortrag 1
Christoph Sattler

[1] Eckhaus, München-Schwabing

Ein kompaktes Wohnhaus auf der Eckparzelle eines Schwabinger Blocks. [1] In den Straßen keine Läden, jedoch vereinzelt Bäume. Der Reiz des Standorts liegt in den beiden angrenzenden Wohnhäusern:

— südlich ein Gründerzeitgebäude mit Sockel, horizontalen Gesimsprofilen, flachem rechteckigem Erker und Quergiebel, und Gauben im Dach, [2]

— östlich ein Haus aus den frühen Dreißigerjahren mit dreieckigem Erker, Münchner Art déco. [3]

Dazwischen unser Haus mit Brüstungsbändern in handwerklich ausgeführtem Kammputz und abgerundeten Erkern. [4, 5] Der Hauseingang ist durch ein Steinportal über zwei Geschosse in grünlich-grauem italienischem Kalkstein mit organischen weißen Einschlüssen betont. [6]

Außerdem drei Blicke ins Innere des Hauses, um den ambivalenten Zusammenhang Innen versus Fassade zu zeigen.

Der Entwurf bildet den Versuch, den für die beiden Straßen typischen Erkerabfolgen aus unterschiedlichen Epochen eine neue Variante hinzuzufügen. Es stellt sich die Frage, ob es uns gelungen ist, kein auf Kontrast setzendes Nebeneinander im Hausensemble, sondern weiche Übergänge zu schaffen.
Vielen Dank.

[2] Südliches Nachbarhaus

[3] Östliches Nachbarhaus

[4] Fassade

[5] Fassade

[6] Eingang

183

Vortrag 2
Johannes Kuehn

Städte sind komplexe Gebilde. Über sie zu sprechen, bedeutet, einen Ausschnitt in den Fokus zu rücken und dabei andere Bereiche auszublenden. Der touristische Blick interessiert sich besonders für die Monumente und Sehenswürdigkeiten. Uns soll es im Folgenden hingegen genauso um die anonyme Masse an Bauten gehen, aus der Stadt in weiten Teilen besteht.

Wann immer wir in der Stadt bauen, fügen wir uns in einen Generationen-Kontext ein: Es gibt unsere Eltern, die bereits einige Projekte in der Stadt gebaut haben. Wir bauen weiter. Als Kinder haben wir die Tendenz, uns zu unseren Eltern in der einen oder anderen Weise zu verhalten. Wir können uns von ihnen distanzieren, wenn wir eine schwere Kindheit hatten, wir können ihnen aber auch eng verbunden bleiben. Ich werde auf diesen Aspekt zurückkommen.

Im Folgenden möchte ich Ihnen zwei Projekte in München vorstellen, die beide auf gewonnene Wettbewerbe zurückgehen.

Wer sich das Zentrum Münchens anschaut, erkennt ein riesiges Patchwork von Gebäuden verschiedenen Alters. Jede Generation baut nicht nur auf einer, sondern auf vielen Generationen auf. Wir haben die Wahl, auf wen wir uns beziehen; räumlich präsent ist zunächst der direkte örtliche Kontext. Die Frage wird sein, wie wir mit ihm jeweils umgehen.

Das erste Projekt liegt an einem Ort, der im Münchener Stadt-Sprachgebrauch als sogenannter *Norkauer Platz* bezeichnet wurde, nach dem gleichnamigen Laden, der sich dort lange befand. Eigentlich war der zentral in der Innenstadt zwischen Karl-, Dachauer- und Augustenstraße gelegene Platz ein Unort, eine alte Trafostation; von allen drei Seiten von Straßenbahnen umgeben, denkbar ungünstig für eine Bebauung. Das hatte deshalb auch noch niemand richtig versucht.

Ein Investor hatte der Stadt das Grundstück abgekauft, mit der Idee, dort ein Geschäftshaus zu bauen.

Der zu lösende Grundkonflikt bestand für uns darin, dass das Grundstück viel zu klein ist, um dort einen prägnanten Solitär zu errichten. Auf der anderen Seite jedoch erfordert das dreieckige Grundstück seiner Lage und Form nach genau das: ein Landmark.

Ein Thema war die Gebäudehöhe, die aus unserer Sicht möglichst groß sein sollte, um in der Summe die größte Ausnutzung zu bieten und im Ganzen ein sinnvolles Gebäude zu schaffen. Um den nötigen Ausdruck zu erzielen, hatten wir dann im Wettbewerbsentwurf zunächst die Abstandsflächen auch etwas überschritten. Als der Wettbewerb in eine zweite Phase ging, mussten wir jedoch zeigen, wie wir die Abstandsflächen einhalten, ohne die Grundidee des Entwurfs preiszugeben.

Baurechtlich galt in der Anwendung des Einfügegebotes nach § 34 BauGB die Redensart: Wie du mir, so ich dir. Wenn das Nachbarhaus zu hoch war, durften wir genauso hoch werden. Wir durften folglich mit den Abstandsflächen die Straßenmitte um die gleiche Länge überschreiten. Wir haben die gesamten Nachbargebäude zeichnerisch ab- und unser Gebäude dagegen geklappt. Dadurch ergaben sich dort, wo man überschnitten hatte, noch mehr Überschneidungen. Da, wo man nicht überschnitten hatte, konnte man zumindest auf die Straßenmitte gehen. Daraus hat sich eine ganz interessante Variante der ursprünglichen Gebäudeform ergeben. [1–3] Das Haus fügt sich im Ergebnis sehr selbstverständlich in die Umgebung ein. Die Einzüge, die wir vorgenommen haben, haben zur Folge, dass das Gebäude auf jeder Straßenseite Rücksprünge aufweist. Über diese kommuniziert es mit dem Stadtraum.

Um das Gebäude andererseits möglichst groß wirken zu lassen, obwohl es das eigentlich nicht ist, haben wir die Fassade an allen Seiten gleich gestaltet und außerdem die Ecken abgerundet. Wenn man um die Fassade herumgeht, erscheint das Gebäude dadurch länger. Ursprünglich hatten wir drei runde Ecken

[1] Karlstraße 47, München

[2] Karlstraße 47, München

[3] Karlstraße 47, München

geplant. Dann haben wir gemerkt, dass das Gebäude zu schnell, zu dynamisch wurde. Wir haben daraufhin an einer Ecke eine Zäsur gesetzt und sie als richtige Ecke ausgebildet, die dem Haus einen sicheren Halt gibt.

Dadurch ergibt sich ein kleiner Platz vor dem Haus. Das ist wichtig, denn hier war zuvor ein öffentlicher Platz, der nun privatisiert wurde. Von Anfang war es essenziell, den öffentlichen Raum auf Straßenniveau unter das Gebäude laufen zu lassen, um der Stadt soviel Erdgeschossfläche wie nur möglich zurückzugeben.

Wir haben uns aus diesem Grund auch entschieden, die Sockelzone über zwei Geschosse auszuführen und damit den städtischen Charakter zu stärken. Der Sockel zieht sich nun aus der Südspitze zurück und erzeugt unter dem Gebäude einen großzügigen Arkadenraum, der dem Restaurant im Erdgeschoss als Außenterrasse dient.

Die Nachbarbauten stammen aus zwei Epochen, der Gründerzeit und dem Wiederaufbau. Sie bilden als solche zwei Gruppen mit jeweils typischen Merkmalen. Die älteren Bauten weisen überwiegend Putzfassaden in Pastelltönen mit stehenden Fenstern auf. An den Gebäuden aus der Nachkriegszeit findet man häufig Natursteinelemente und eine stärker plastische Materialität sowie quadratische bis liegende Fenster.

Wir haben diese relativ großen, liegenden Fenster gewählt, um das Äquivalent einer großen Ordnung zu kreieren. Diese arbeitet aber nicht über Pilaster, sondern zieht sich als Struktur über das ganze Gebäude. Sie gab uns die Möglichkeit, aus einer Kolonnade heraus die Fassade im aufgehenden Bereich zu gliedern. Damit war es möglich, die gesamte Fassade über alle Geschosse hinweg zusammenzufassen.

In einem ganz anderen Kontext steht das zweite Projekt, das ich hier vorstellen möchte: Das Joseph-Pschorr-Haus in der Neuhauser Straße inmitten der Münchner Fußgängerzone [4] ist von vielen denkmalgeschützten Gebäuden umgeben. Das war auch einer der Gründe, weswegen der Wettbewerb von dem privaten Eigentümer des Grundstücks in Zusammenarbeit mit der Stadt ausgelobt wurde.

Das Gebäude, das vorher an dieser Stelle stand, war der sogenannte *Karstadt am Dom*. Für dieses Gebäude gab es aus dessen Entstehungszeit einen Bebauungsplan, der noch galt. Wenn man zügig bauen möchte, ändert man den Bebauungsplan nicht, sondern fügt sich genau in diesen Plan ein. So wurde auch hier verfahren.

Das Grundstück ist ein riesiger Block. Oberirdisch umfasst das Haus ungefähr 20.000 Quadratmeter. Es ist 50 Meter breit und 100 Meter tief. Auf der gegenüberliegenden Straßenseite im Norden gibt es eine Renaissance-Kirche, Sankt Michael, von 1597. Auf der Südseite befindet sich der barocke Damenstift Sankt Anna von 1735. Diese beiden Kirchen rahmen das Gebäude historisch und räumlich ein.

Die Auslobung forderte ein Kaufhaus mit mehreren Einzelhandelsgeschäften und einem kleineren Wohnungsanteil. Während des Wettbewerbs haben wir entschieden, dass ein so großes Haus, auch wenn es vorranging nur eine Nutzung hat, nach außen hin unterschiedlich reagieren kann und sogar muss. Von einem dogmatisch modernistischen Standpunkt aus, der die Fassade als den äußeren Ausdruck einer inneren Verfasstheit begreift, wäre das möglicherweise ein Fauxpas. Darum will ich das im Folgenden etwas genauer begründen.

Zunächst zur Hauptseite an der Neuhauser Straße. Neben Sankt Michael und unserem Gebäude genau gegenüber liegt die Alte Akademie, ebenfalls ein Renaissancebau mit einer horizontal gegliederten Fassade. Im näheren Umfeld schließen sich zahlreiche schmale Stadthäuser an, die der engen historischen Parzellierung folgen.

[4] Joseph-Pschorr-Haus, München

Wir fragten uns, wie wir uns mit der sehr breiten Fassade in diese unterschiedlichen Maßstäbe einfügen können. Als Antwort haben wir an fünf schmale Häuser gedacht und diese so zusammengefügt, dass eine sehr differenzierte, sowohl horizontal als auch vertikal gegliederte Fassade entstand.

Das Gebäude, das Herr Ingenhoven hier vorgestellt hat, gefällt mir sehr gut, weil es ein Thema bearbeitet hat, das nicht selbstverständlich für ein Kaufhaus ist: Transparenz. Besonders dann nicht, wenn man den *Karstadt am Dom* mit seinen geschlossenen Waschbetonplatten noch in Erinnerung hat. Ein Kaufhaus benötigt keine Transparenz. Fensteröffnungen dienen nicht in erster Linie dazu, dass die Kundschaft herausschaut, sich durch die benachbarte Renaissance-Architektur ablenken lässt oder die Geschehnisse in der Fußgängerzone beobachtet. Stattdessen geht es hier um die effiziente Nutzung jeden Quadratmeters. Die Fenster dienen also weniger der Funktion des Gebäudes denn als Vitrinen, die zur Stadt hin wirksam werden. Sie erfüllen eine Aufgabe für das Gemeinwohl, von dem die Bürger als Nutzer des Stadtraums profitieren.

Es gibt an der Neuhauser Straße eine zweigeschossige Sockelzone. Durch zwölf Meter hohe Glasscheiben wirkt der folgende Teil wie ein einziges riesiges Obergeschoss, hinter dem sich in Wirklichkeit zwei Geschosse befinden. Darüber liegt ein Mezzaningeschoss mit Wohnungen. Die Dachform war vorgegeben.

An der Fassade hängen ungefähr 35 Tonnen Bronze in Form von gekanteten Platten. Uns war es wichtig, dass diese möglichst großflächig sind und sehr sauber gefügt. Das ist nicht bei jedem Budget möglich und

[5] Joseph-Pschorr-Haus, Fassade Eisenmannstraße

[6] Joseph-Pschorr-Haus, Fassade Altheimer Eck

ein wichtiger Aspekt, der hier ganz andere Voraussetzungen bot, als etwa bei dem Hamburger Beispiel von Matthias Sauerbruch. Auch die Innenseite der Fassade wurde mit Bronze versehen und verleiht ihr dadurch eine große Tiefe. Das ist auch die Grenze, an der unsere Intervention endet. Ab da kann der Mieter machen, was er will. Nur gebohrt werden darf in das Metall nicht, auch von innen nicht. Das ist etwas, das die Zeiten überdauern soll.

Betrachten wir nun die Fassade in der schmalen Gasse, die sich nach Westen an die Hauptseite anschließt. [5] Dort verändert sich das Gebäude. Hinter der Fassade verbirgt sich das große Fluchttreppenhaus, sodass es überhaupt keine Notwendigkeit gab, hier Fenster vorzusehen. Wir haben uns daher dazu entschieden, eine plastische, gefaltete Bronzefassade über die ganze Höhe zu realisieren.

Dann gibt es eine Zäsur. Die Südfassade vis-à-vis von Sankt Anna ist verputzt. [6] Im oberen Bereich liegen Wohnungen und im unteren befindet sich hinter der Fassade das Kaufhaus. Deshalb haben wir an dieser Stelle mit Blindfenstern gearbeitet. Diese Fassade ist dank bester Schweizer Bautechnologie auch bautechnisch interessant. Es ist eine zweischalige Betonfassade mit Kerndämmung, deren äußere Schale verputzt wurde. Wir konnten so auf ein Wärmedämmverbundsystem verzichten. Die Fassade nimmt hier mit großer Selbstverständlichkeit den Maßstab des

[7] Joseph-Pschorr-Haus, Hoffassade

gegenüberliegenden Damenstifts auf und fügt sich in ihrer Materialität in das angrenzende Hackenviertel mit seinen schlichten Wohnbauten ein.

Zum Schluss komme ich zur Innenfassade des Gebäudes. [7] Die Stadt hatte uns vorgeschrieben, einen Innenhof zu planen, da Höfe ein typisches Merkmal der historischen Bebauung in der Münchner Innenstadt darstellen. Im Bebauungsplan war mit Rücksicht auf die kommerzielle Nutzung andererseits festgelegt, dass der Hof nicht bis in das Erdgeschoss, sondern nur bis zum ersten Obergeschoss reichen würde. So wurde aus dem Hof ein hängender Garten. Wir haben die Südseite über die ganze Höhe als ein vertikales Gewächshaus für mediterrane Pflanzen gestaltet. Auf den übrigen Seiten staffeln sich die Fassaden etagenweise zurück und bilden im obersten Geschoss einen großen Dachgarten für die Bewohner. Die Staffeln der Ladengeschosse wurden gegeneinander versetzt mit Spiegelglas belegt sowie mit Lavendel, Salbei und Bergminze bepflanzt. So entstand anstelle des Hofes ein facettenreiches Spiegelkabinett unter freiem Himmel, das dem Gebäude im Inneren an unerwarteter Stelle einen ganz eigenen Charakter verleiht.

Vortrag 3
Ludwig Wappner

Meine sehr geehrten Damen und Herren,

zunächst noch einmal vielen Dank für diese doch ein wenig überraschende Einladung von Christoph Mäckler zu dieser Konferenz No. 7 in Düsseldorf und seinem übergeordneten Tagungsthema, dem ich aber nach einem kurzen inhaltlichen Austausch dann doch sehr gerne gefolgt bin. Denn nur im erlebten Dialog und Austausch kann man sich seine eigene Meinung zu einem bestimmten Thema nachvollziehbar aneignen. Das vorgeschlagene Thema der Konferenz ist natürlich immer auch ein wesentliches Thema bei unserer täglichen Arbeit im Münchner Büro, insbesondere aber auch bei der intensiven Ausbildung angehender ArchitektenInnen an meiner Universität in Karlsruhe.

Bevor ich mich den beiden aus dem Fundus unseres Büroportfolios ausgewählten innerstädtischen Bauwerken in München, zum einen vorgeschlagen von Christoph Mäckler, zum anderen zielgerichtet ergänzt von meiner Seite, in meinem Kurzvortrag zuwende, erlauben Sie mir vorweg noch einige einleitende und grundsätzliche Gedanken, die unsere konzeptionelle Herangehensweise bei diesen beiden Projekten widerspiegeln könnten.

Wir erleben es natürlich auch bei unserer täglichen Arbeit, dass die historisch gewachsene europäische Stadt eine spürbare Renaissance erlebt. Mehr aber spürbar für uns in der Art und Weise einer Renaissance eines erkennbar nachhaltigen Lebensgefühls von Wohnen und Arbeiten in den Städten als in einem verklärten Blick zurück in die bauliche Vergangenheit und deren versuchte Nachahmung, wie es viele ArchitektenInnen derzeit gerne für die Zukunft der europäischen Stadt propagieren.

Hier sehen wir uns mehr der zeitgenössischen Architektur verpflichtet, die die an sie gerichteten Fragestellungen und Aufgaben mit nachvollziehbar eigenen Konzeptansätzen aus der jeweiligen Zeit heraus und nach vorne gewandt bestmöglich lösen wollen. Die derzeit insbesondere in der breiten Mitte der Gesellschaft latent vorhandene Fortschrittsskepsis ist ungeheuer groß und wird entsprechend untermauert durch die sichtbare Zuwendung zu vielen kulturellen Werken der Vergangenheit. Es ist kaum noch möglich, neue kontextuell und gut gemachte Architektur ohne größere Aufruhr vorzustellen, auch wenn sie sich noch so gut einfügt, aber nicht die gewöhnlichen Sehgewohnheiten bedient. Skandalisierung und Minderheitenvoten dagegen in allen Medien sind schon fast die Regel.

Dieses Verhalten überzieht aber gerade in Zeiten der notwendigerweise dichter zu denkenden Städte auch schon gewöhnlichste, einfache Bauaufgaben, unabhängig von stadträumlicher Qualität und nachvollziehbarer sowie in der Regel gut erklärbarer Vorgehensweise.

Wir spüren und realisieren natürlich auch, dass gerade in Deutschland aktuell, und speziell auch in München, wenige gute neue Stadtquartiere entstehen, die im Gegensatz zu den historischen Arealen von den Bürgern als lebenswert, alltagstauglich und insbesondere auch als schön wahrgenommen werden. Es genügt eben in der Stadtplanung scheinbar nicht mehr nur nach den Aspekten des Baurechts, der Ökonomie und des Sozialen zu handeln, sondern mit Nachdruck auch den kulturellen Aspekt eines neuen Stadtquartiers, seine öffentlichen Räume, seine Schnittstellen zwischen Drinnen und Draußen, die Fassaden und seine Detailqualität mehr in den Fokus einzufordern, damit wieder identitätsstiftende Quartiere entstehen, die nicht mehr nur einer Fachplanung, sondern wieder vermehrt einer fundierten Stadtplanung entspringen. Wir brauchen dazu natürlich auch mehr als nur schöne und qualitätsvolle Fassaden und gebaute Objekte in der Stadt. Wir brauchen wieder eine spürbare Poesie des Alltäglichen, die sich sehr stark auch an den gesellschaftsrelevanten Wahrnehmungen der Rezipienten orientiert und nicht nur

[1] Stadtquartier am Prinzregentenplatz vor der Revitalisierung

vergangenen Bildern von Stadt nachhängt. Uns interessiert hierbei das Spiel mit Grenzen, mit dem Innen und Außen, das Brechen gewohnter Bilder, das Ermöglichen vielfältiger Nutzungen und Raumdispositionen, ohne unsere architektonischen Wurzeln und die auch uns geläufige Baugeschichte zu verleugnen, die wir natürlich auch als Bildspeicher stets bei unserer Arbeit mit uns herumtragen und auch anwenden, immer aber konzeptionell angereichert mit unserem Blick in die Zukunft.

Mit dem spontan heute nach den ersten Beiträgen selbstgewählten Titel *Poesie des Alltäglichen* will ich Ihnen nun unsere beiden Beiträge zum Bauen im städtischen Kontext an bedeutenden Schnittstellen in der Stadt vorstellen.

Es handelt sich bei beiden Gebäudeanlagen auch um notwendige städtische Reparaturen im gewachsenen, gründerzeitlichen Kontext, bei denen insbesondere auch der umgebende öffentliche und halböffentliche Stadtraum eine wesentliche Rolle in den Konzeptionen und in der späteren Bewertung der Maßnahmen einnehmen.

Das von Grund auf revitalisierte Stadtquartier am Prinzregentenplatz in München umfasst die Sanierung, Aufstockung und Neukonzeption zweier Geschäftshäuser unmittelbar gegenüber dem bedeutenden Prinzregententheater im Münchner Stadtteil Bogenhausen. Interessant und spannend an dieser zunächst einfach erscheinenden Bauaufgabe war die Tatsache, dass an diesem besonderen Ort in der

[2] Stadtquartier am Prinzregentenplatz nach der Revitalisierung

Stadt ein lebenswerter, wenn auch zu Beginn der Planungen wenig genutzter Platzraum vorhanden war, der sich aus drei Baugenerationen zusammensetzt. [1] Ein gründerzeitliches, stattliches Bürgerhaus mit offenem Arkadenerdgeschoss grenzt direkt an ein gewaltiges Bauvolumen eines Siebzigerjahre-Hauses. Dieses weist ebenfalls eine tiefgezogene Arkade auf und wird als reiner Bürobau genutzt. Es ist zur Platzbildung zurückversetzt und verzahnt sich ungelenk mit dem westlich danebenstehenden Gewerbebau aus den Sechzigerjahren. Letzteres bildet das städtebauliche Pendant zum Bürgerhaus und dient als Torgebäude für eine schmucke Nebenstraße. Diese ungleichen Nachbarn galt es nun konzeptionell in der städtebaulichen Gesamtbetrachtung, in der neuen gewünschten Nutzungsstruktur, der bauplastischen Artikulation aller Fassaden und Interieurs, bis hin zum Detail und zuletzt auch in der Betrachtung der dazugehörigen Stadträume zu untersuchen und passende Antworten für eine Revitalisierung zu finden. [2]

Alles natürlich aber auch unter den Prämissen einer vorformulierten Wirtschaftlichkeit dieses Fondprojekts. Wir haben im Ergebnis, speziell eingehend auf die Fragstellungen dieser Konferenz, bei diesem Ensembleprojekt auf folgende wesentliche Aspekte in der Bearbeitung hingearbeitet: Da war zum einen die Verbesserung der bauplastischen Erscheinungen der drei zusammenhängenden Häuser. Jedes Haus sollte seine Entstehungszeit aufzeigen können und eigenständiger Teil des gemeinsamen Platzraums

[3] Stadtquartier am Prinzregentenplatz nach der Revitalisierung, Platzsituation

werden. Hierzu haben wir das Eckhaus aus den Sechzigerjahren aufgestockt und somit seine besondere Stelle in der Stadt wohltuend hervorgehoben. Weiterhin erhält das Haus zusätzlich einen zurückversetzten neuen Aufbau, der sich nun selbstverständlich mit dem bereits vorhandenen Staffelgeschoss des mittleren Hauses aus den Siebzigerjahren verbindet und eine elegante Dachkante bildet. Zusätzlich entstanden bestens nutzbare Dachterrassen mit traumhaftem Blick über das gründerzeitliche Bogenhausen bis hinein in die Altstadt. Der Duktus und Rhythmus des Hauses wurde vom öffentlichen Erdgeschoss bis hin zu den Details von Öffnungen und der Fassadenstruktur des grobkörnigen Münchner Rauputzes einerseits referenziell an seine ursprüngliche Erscheinung angelehnt. Andererseits zeigt sich das Gebäude heute nicht mehr als graues, unscheinbares Haus, sondern als zeitlos elegantes Bürohaus. Somit kann das subtil revitalisierte, alte Haus nun sichtbar gut mithalten mit den gründerzeitlichen Nachbarn.

Die gravierendsten Veränderungen haben wir bei dem für den Platzraum zurückversetzten Bürobau aus den Siebzigerjahren vorgenommen. Hierzu wurde die grundsätzliche Struktur des vorhandenen Fassadenaufbaus respektiert, jedoch das Zusammenspiel mit den baulichen Nachbarn von Grund auf völlig neu komponiert. Im Spiel von Massivität und Leichtigkeit, von Transparenz und Reflexion und als gestische Referenz an das gegenüberliegende Prinzregententheater wurde eine völlig neue Vorhangfassade entwickelt, die mittels hell verputzter Lisenen

[4] Stadtquartier am Prinzregentenplatz nach der Revitalisierung

und mit unterschiedlich bedruckten, raumhohen, vertikal ausgelegten Prallglasscheiben in der vorderen Ebene eine adäquate Antwort auf diesen besonderen Ort gibt.

Das Gründerzeithaus wurde leider während der Planung schon weiterverkauft. Die notwendige Sanierung orientierte sich aber weitestgehend an unserem städtebaulichen Gesamtkonzept bis hin zur Farbigkeit der Fassaden. [4]

Somit ist im Zusammenspiel all dieser kleinen Interventionen dieser anerkannt besondere Stadtraum aus drei völlig unterschiedlichen, baulichen Protagonisten entstanden. Mittels eines überzeugenden Gesamtkonzepts und mit handwerklichen Mitteln bis hin zum Detail, ist das Quartier zu neuem städtischem Leben erweckt worden. Das vertraute Bild blieb räumlich erhalten. Alleine die heutige Wahrnehmung im städtischen Raum ist eine völlig andere: Nicht spektakulär, nicht effektheischend, nicht überladen, sondern einfach gute Architektur, die ich somit hier und heute gerne als *Poesie des Alltäglichen* bezeichnen.

Das zweite Projekt aus München, welches ich Ihnen hier zum Konferenzthema vorstellen möchte, ist ebenfalls ein Stadtbaustein in einem Gründerzeitviertel in München-Neuhausen. Es befindet sich im Kontext der bekannten alleeartigen Nymphenburger Straße und seiner stadtraumprägenden Vorgartenzone. Hier stelle ich Ihnen lediglich das neue Wohn- und

[5] Wohn- und Geschäftshaus in München-Neuhausen

Geschäftshaus in vorderer Reihe vor. [5, 6] Das dahinter sich befindende, denkmalgeschützte ehemalige Fabrikgebäude, in welchem sich auch unsere Büroräume befinden, ist nicht Gegenstand dieser Betrachtung. Es spielt aber in der Gesamtbewertung unseres Konzepts und der Umsetzung für dieses Areal von Wohnen und Arbeiten eine nicht unerhebliche Rolle.

Das neue Stadthaus an der Straße ist freistehend und nur unterirdisch über eine Tiefgarage mit dem Bestand verbunden. Ansonsten respektiert es die ensemblegeschützte Vorgartenzonierung zur Straße hin und die gestaffelte Bauweise, die auf Theodor Fischers Staffelbauordnung für München zurückzuführen ist. Das neue Wohn- und Geschäftsgebäude soll inmitten seiner vielfältigen innerstädtischen Umgebung Stabilität vermitteln. Wand und Dach bilden dabei eine homogene Einheit und verleihen so dem Gebäude eine skulpturale Kraft. Die Wohnungsgrundrisse sind dabei zugleich neutral und flexibel gestaltet, was eine große Bandbreite an Nutzungen erlaubt. Eine vertraute Fremdheit, eine Paradoxie kennzeichnet das Erscheinungsbild des Hauses: Eine vermeintlich abstrakte und solide wirkende Grundfigur wird über mehrere Brechungen von Oberfläche und bündiger Form individualisiert und in ihre Umgebung eingepasst. Die Ausbildung des Daches, die teils bündigen, teils tief liegenden, rhythmisierten Fenster sowie die Auflösung des Sockels unterlaufen das Bild eines repräsentativen Stadthauses, das dem nachbarlichen Kontext entlehnt ist. Die Strategie einer stabilen, selbstbewussten Positionierung

[6] Wohn- und Geschäftshaus in München-Neuhausen

im Stadtraum und der gleichzeitigen Infragestellung dieser Stabilitäten sind für uns Ausdruck gegensätzlicher, aber gleichermaßen legitimer Anforderungen an ein neues Stadthaus zum Wohnen und Arbeiten an dieser Stelle in der Stadt.

Das Haus zeigt sich einladend, ist auf seine Weise spürbar eigen im Quartier und doch auch vertrauter Nachbar in der kontextuellen städtebaulichen Zusammenschau bis hin zu den Details.

Es offeriert ebenso alle als angenehm wahrnehmbaren Parameter in der Betrachtung und Nutzung, wie die gerne betrachteten gründerzeitlichen Partner in der Straße. Es fügt sich ein. Es ist einfach nur ein wenig anders.

Vielen Dank für Ihre Aufmerksamkeit, ich freue mich auf eine anregende Diskussion.

Diskussion
Fassaden in München

Arnold Bartetzky
Wolfgang Dunkelau
Johannes Kuehn
Christoph Mäckler
Christoph Sattler
Klaus Schäfer
Wolfgang Sonne
Ludwig Wappner

Jörn Düwel, Michal Mönninger, Wolfgang Dunkelau, Roland Stimpel

Dunkelau Vielen Dank an die Referenten. Die Vorträge haben mir sehr gefallen. Ich möchte dazu eine Frage stellen. Ich denke, dass Städtebau erst mal nichts mit der Größe eines Gebäudes zu tun hat; das haben wir heute bereits gesehen. Die Welle (BSU in Wilhelmsburg) von Herrn Sauerbruch ist sicherlich an der Stelle richtig. Manchmal brauchen wir in einer Diaspora eine Landmarke. Mit Städtebau hat dies aber in erster Linie nichts zu tun. Städtebau ist Geflecht / Vernetzung, wo ich meine Zeitung kaufe, wo ich meine Fahrkarte bekomme oder der Kiosk ist, zu dem ich regelmäßig gehe. Das alles muss an der richtigen Stelle sein. Dort, wo ich auch in meine S-Bahn steige oder aber, bei Ludwig Wappner hat man es gesehen, mein Fahrrad abstelle. Wenn ich über das Wohnen rede, will ich vielleicht eine Blume vor dem Haus haben.

Nun komme ich zurück zur Fassade. Die Frage, die Christoph Mäckler hier stellt, haben wir heute eigentlich immer nur angerissen. Ich nenne sie *Rödelheim ist überall*. Rödelheim, ein Frankfurter Stadtteil, den es in ähnlicher Form in allen Großstädten gibt.

Ich erläutere dies anhand eines Beispiels: Da gibt es ein wunderbares Schulgebäude, das neu aus Ziegeln gebaut wurde. Auch wir haben heute Morgen tolle Ziegelgebäude aus Lübeck gesehen. Dieses Schulgebäude ist wirklich *High-Class-Architektur*. Wir sprachen bereits über den pekuniären Aspekt in der Architektur. Dieses Gebäude war ebenfalls teuer. Das sieht man an jeder Ecke: Die Details stimmen, die Ziegel werden korrekt um die Ecke geführt. Das Problem ist, dass es überhaupt nicht an den Ort passt. Rundherum sind alle Gebäude verputzt, beispielsweise die

Jahrhundertwende-Gebäude, die direkt daneben stehen. Da fragt man sich: Wie landet ein Ziegelstein in Frankfurt-Rödelheim?

Insofern kann ich das, was Ludwig Wappner über die Putzfassaden berichtet hat, natürlich nur bestätigen. Wir können auch mit Putzfassaden Städtebau bereichern. Die EnEV und Wärmedämmverbundsysteme haben dazu geführt, dass wir Putzfassaden oft kritisch gegenüberstehen. Aber auf der anderen Seite ist es die Stimmigkeit, die wichtig ist. Es geht darum, den Charakter des Ortes aufzugreifen.

Eine Frage hätte ich nun an Herrn Sattler. Ihr Eckgebäude Wohnungsneubau Isabellastraße 32, München, ist wirklich sehr schön. Woran aber erkenne ich, dass es neu ist? Ich hätte mir gewünscht, dass Sie an einer Stelle einmal ausgebrochen wären, sodass man deutlich erkennen könnte, dass das Gebäude neu ist. Sie haben es dort so wunderbar hin gebaut, dass man tatsächlich sagen könnte: Das Haus hat den Krieg überlebt.

Sattler Ich finde, dass man das Haus ganz genau datieren kann: 2013. Man erkennt das anhand vieler Aspekte. Würden Sie es anders einordnen? Würden Sie sagen, dass es aus dem Jahr 1937 oder aus einem anderen Jahr stammt? Das wäre für mich ein großes Kompliment. Dann würde das Haus eine Art von freier Handhabung darstellen.

Sonne Ich möchte etwas zu der These sagen, dass Stadt ein zeitliches *Patchwork* sei. Ich beziehe mich dabei auf den Vortrag von Johannes Kuehn.

Die Überzeugung ist weit verbreitet, dass wir diesem städtischen Flickwerk ihren eigenen, ganz neuen Flicken hinzufügen müssten. Dabei tun wir so, als wäre es schon immer üblich gewesen, sich in dieser Weise selbst zu manifestieren. Nicht selten gehen wir mit dem städtischen Raum so um, als wäre unser Beitrag der wichtigste.

Ein städtebauliches Flickwerk ist dann kein Problem, wenn der öffentliche Raum bei aller Individualität einzelner Bauten dennoch als Gesamtkomplex, als Ensemble wirkt und funktioniert.

Das erste Bauwerk, das Johannes Kuehn gezeigt hat und das ein kompliziertes Eckgrundstück gekonnt ausnutzt, finde ich sehr spannend. Besonders interessant finde ich, dass die Fassade mit der Öffentlichkeit kommuniziert, obwohl sie sehr bündig ist. Eine gewisse Tiefe der Fassade zeigen Sie nur im Erdgeschoss, also genau dort, wo die Öffentlichkeit ist. Ich habe eine Frage zu dem Haus: Aus welchem Material besteht die Fassade?

Kuehn Über das Material habe ich in meinem Vortrag nichts gesagt. Es ist auch immer interessant zu sehen, wie sich ein Projekt entwickelt. Wir hatten ursprünglich Naturstein als Material gewählt. Einen hellen Kalkstein. Dann ging es irgendwann in die Kostenrunde: Wir haben gebogene Fenster vorgesehen, die ein Vermögen kosten. Als es dann in die Einsparrunde ging, haben wir gesagt, dass an den Fenstern nicht gespart wird, das war völlig klar. So beschloss man, statt Naturstein Putz zu verwenden.

Wir haben bisher fast nur Gebäude mit verputzten Fassaden gebaut, ausgenommen das Gebäude in der *Neuhauser Straße*. Folglich hatten wir keine Berührungsängste mit dem Material. Wir finden, dass Putz ein super Werkstoff ist. Bei den Pfeilern, die unten frei stehen, hatten wir dann das Glück, dass sie nicht isoliert werden mussten, da sie nichts dämmen müssen. Diese konnten unten also massiv realisiert werden. In dem Bereich, wo es in die Dämmebene geht, hat man natürlich diesen Klopf-Effekt. Uns ging es hier aber hauptsächlich um die Glätte und deshalb verwendeten wir einen Glattputz. Dann haben wir die sehr bündig eingesetzten Fenster mit Prallscheiben realisiert. Diese haben umlaufend ungefähr fünf Zentimeter Luft, was man auf die Entfernung nicht sieht.

Uns interessiert eine gewisse Immaterialität, eine Modellhaftigkeit der Gebäude. Gerade der Kontrast zwischen diesem Aufgespannten, bei dem man den Körper fast physisch spürt, und das man auch an den gebogenen Scheiben sieht, und dem *Sichöffnen* war ein Thema, das uns sehr beschäftigt hat. Dieses Thema findet sich auch immer dort wieder, wo man das Gebäude betritt.

Schäfer Ich würde gern die Fassade von Herrn Wappner noch mal sehen und ich möchte dazu etwas sagen. Es geht um das Stadthaus in der Nymphenburger Straße. Der Weg zur Architektur sollte aus meiner Sicht über ihre Aussagen zum Tragen und Lasten entstehen. Folglich möchte ich Zusammenhänge erläutern, die über eine Empfindung erklärt werden. Hierbei hilft mir immer Rudolf Arnheim, ein Gestalttheoretiker. Was er aufgeschrieben hat, ist sehr bedeutsam. Auf sein Buch würde ich hier gern einmal die Aufmerksamkeit lenken. Es trägt den Titel *Die Dynamik der architektonischen Form*. Darin geht es darum, die Dynamik der Architektur nicht als etwas zu verstehen, das eine Bewegung ausdrückt, sondern als ein logisches System, das Kräfte nachvollziehbar zur Ruhe bringt. Dass dies die Aufgabe von Architektur ist, kann man bei der Lektüre dieses Buchs sehr gut vom Detail bis zur gesamten Gestalt von Gebäuden nachvollziehen. Besonders im Studium ist diese Erfahrung sehr wichtig. Anhand der großen Pylone von Barnett Newman (*Broken Obelisk*), die mit ihren Spitzen aufeinander stehen, lässt sich dann sehr schön demonstrieren, dass es eben nicht die Aufgabe von Architektur ist, Fragezeichen in die Welt zu setzen. – Ich als Mensch bin das bewegliche Element, die Architektur ist das, was demgegenüber Stabilität in unsere Umwelt, besonders in unsere Städten bringen sollte.

Bei der Fassade des Hauses in der Nymphenburger Straße verstehe ich aus dieser Sicht nicht, warum sie so aufgebaut ist. Man wagt kaum noch zu fragen, warum das Erdgeschoss schwebt und die Fenster sich gegeneinander verschieben.

Christoph Sattler

Wappner Diese Frage hatte ich fast erwartet. Anhand der Konzeption dieser Fassade kann ich auch meinen Studierenden immer gut erklären, wie wir im Büro mit der Ambivalenz von *Schwere und Leichtigkeit* umzugehen versuchen. Ich habe in meinem Vortrag versucht zu erklären, dass dieses Spiel der sichtbaren Kräfte für uns bei diesem Projekt dazu diente, eine vertraute Fremdheit herzustellen. Diese Paradoxie soll zeigen, dass man auch ein solide wirkendes Haus über mehrere Brechungen und konstruktive Störungen individualisieren und dennoch in den städtebaulichen Kontext einfügen kann. Die Nymphenburger Straße ist überwiegend noch von gründerzeitlich geprägten Gebäuden mit einer definierten Vorgartensatzung geprägt. Ich möchte daher für unser neues Haus das Wort *zeitgemäß* von heute Nachmittag nicht weiter überstrapazieren, weil es zu kurz gefasst unsere eigentlichen Intensionen widerspiegeln würde. Die zu Projektbeginn vorgefundene Situation des Abbruchs eines nicht mehr zu sanierenden Bestandsbaus in Kombination mit einer rückwärtig gelegenen, wunderbaren und denkmalgeschützten Fabrik in dem sich heute unser Büro befindet, gab uns im

Ludwig Wappner, Helmut Riemann

Rahmen der städtischen Spielregeln die Möglichkeit des Auslotens an einer sensiblen Stelle in der Stadt, die sicher heute, gerade auch zum Thema der sichtbaren Lastabtragung eines Stadthauses, mehr ermöglicht als dies in der Gründerzeit der Fall war. Dennoch fügt es sich unserer Meinung nach kontextuell ein, nur einfach ein wenig anders. Das Haus ist ansonsten ganz einfach gebaut und nutzt die in der Nachbarschaft anzutreffenden vertrauten Bilder eines repräsentativen Stadthauses. Ein stabiles Haus gleichzeitig mit der Lastabtragung über die Fassade sichtbar in Frage zu stellen, sehen wir als durchaus legitim an. Ich denke, dass genau diese Haltung zu den pluralen Potenzialen unseres Tuns als Architekten, von denen ich heute auch schon gesprochen habe, zulässt, dass man solche Diskussionen kontrovers, aber auch offen und unverkrampft führen kann. Vielleicht sollten Sie es so auch einmal Ihren Studierenden darlegen, wenn Sie Ihnen unser Haus zum Thema Stabilität zeigen. Mehr kann ich zu Ihrem Einwand, dass dieses Haus nicht stabil in Ihrem Sinne dastehe, nicht sagen.

Ergänzend vielleicht noch so viel, dass, wenn man das Haus von einer anderen Perspektive als nur frontal anschaut wie im Vortragsbild, man sehr wohl sehen kann, dass es eigentlich nur einmal eine ungewöhnliche Subtraktion an einer Gebäudeecke gibt, die dieses Spiel mit den Stabilitäten bewusst aufzeigt. Denn hier befindet sich auch eine wichtige Adresse zur gewerblichen Einheit im Erdgeschoss. Es ist auch aus diesem Wortwechsel zu ersehen, dass uns diese Diskussion in unserer Arbeit reizt, ohne Recht haben zu wollen. Wir sehen dies absolut nicht als architektonisch und handwerklich frevelhaft und auch nicht

Jan Kleihues, Arnold Bartetzky

als Verrat an der Vitruv'schen *Firmitas* in der Architekturlehre an. Es ist einfach für uns ein mögliches Potenzial unserer konzeptionellen Kreativität.

Schäfer Sehe ich das richtig, dass das, was wir in der Fassade sehen, ein Abbild der pluralen Gesellschaft sein soll?

Wappner Das ist jetzt ganz Ihre Aussage, ich habe bewusst nichts von einem Abbild der Gesellschaft gesagt, dies läge mir auch sehr fern. Es handelt sich übrigens auch um keine »Schüttelfassade«, sondern eine unserer Meinung nach gut gemachte Haut mit den notwendigen und auch passenden Öffnungen. Die Münchner lieben dieses Haus, die Bewohner sind glücklich, was will man mehr?

Schäfer Aber würden Sie es heute noch mal genauso machen?

Wappner Das ist eine suggestive Frage, die man eigentlich hier nur mit ja beantworten sollte. Das Haus und sein Konzept ist immer auch Ausdruck und Abbild seiner Entstehungszeit. Unsere Gebäude sollen, soweit möglich, zeitlos modern und niemals modisch sein, das haben wir uns von Anfang an auf die Fahne geschrieben. Dass speziell bei diesem Haus Themen wie *Standbein–Spielbein* mittels der Statik die sichtbare Schwerkraft beeinflussen, ist dann auch etwas, das unsere Architektur ausmacht und diskussionswürdig macht. So viel konzeptionelle Offenheit wollen wir uns immer bewahren. Um nochmals auf Ihre Frage zurückzukommen, wir sehen noch keine Notwendigkeit, es heute grundsätzlich anders zu machen, wenn dann nur in Details.

Mäckler Ich würde ganz gerne auf die Fassade von Christoph Sattler zurückkommen. Es gab zu allen Zeiten unterschiedlichste Architekturen. Wir haben festgestellt, dass sich die Architekturen weiterentwickeln, dass es unterschiedliche Haltungen zur Architektur und dass es in Lübeck eine Stadtgesellschaft gibt, die Giebelhäuser haben möchte. Und wir haben festgestellt, dass es junge Architekten gibt, die mit dem Entwurf eines Giebelhauses überhaupt kein Problem haben. Was mich aber beschäftigt, ist die Art und Weise, wie sich ein Haus, vor allem im Erdgeschoss, zu seiner Straße verhält. Ich beziehe mich da auf dieses *Innen und Außen* der Beispiele, die ich heute Morgen gezeigt habe. Wir müssen diese Genauigkeit in dem, was wir in der Stadt tun, diskutieren. Diese heutige erste Runde scheint mir dafür sehr geeignet zu sein, da sie uns verdeutlicht, dass es bei allen unterschiedlichen Auffassungen von Architektur städtebauliche Kriterien gibt, die es aufzugreifen gilt, wenn es darum geht, städtische Räume zu artikulieren, zu bearbeiten und zu kreieren.

Bei den letzten Konferenzen haben wir immer darüber gesprochen, wie wir städtische Räume herstellen, und dass uns die Stadtbaumeister, die Architekten fehlen, die einen Platz oder eine Straße als Raum zu entwickeln in der Lage sind.

Mir ist in den letzten Jahren klar geworden, dass der städtische Raum, wenn er denn städtebaulich im Sinne eines Josef Stübben oder eines Theodor Fischer als Raum in einem Fluchtlinienplan geformt wurde, auch von der Qualität der Fassade geprägt wird. Da gibt es viele Aspekte, aber einen ganz besonders wichtigen, den wir als Architekten begreifen müssen: Wir müssen versuchen, mit der Materialität des Ortes umzugehen. Das konnte man sehr schön bei Johannes Kister sehen. Er entwarf eine ganz einfache Putzfassade zwischen zwei einfachen Putzfassaden. Ob dann die Balkone geschwungen sind, oder ob sie gerade oder als Loggien ausgebildet werden, ist dabei erst einmal sekundär. Mir ist wichtig, dass wir zu unserem architektonischen Handwerk zurückfinden. Dieses Handwerk hat mit Stil nichts zu tun, sondern erst einmal damit, zu begreifen, dass es in den verschiedenen Städten Deutschlands, in denen wir arbeiten, verschiedene Materialien und verschiedene Haustypologien gibt. Das konnte man heute Morgen ganz wunderbar am Beispiel Lübeck sehen.

Das Letzte und Wichtigste ist dann das Detail, das wir in den letzten Jahrzehnten bei aller *Skulpturenbildung* einfach vergessen haben. Da ist das von Christoph Sattler entworfene Haus einfach fantastisch. Wer hätte sich vor 20 Jahren getraut, eine Fenstersprosse zu zeichnen? Das war völlig undenkbar. Aber man stelle sich die Fassade von Christoph Sattler in ihrer horizontalen Gliederung ohne die *horizontale Sprossung* vor, die dort vorhanden ist. Das würde gar nicht funktionieren, das ganze Gebäude würde auseinanderfallen. Genau diese Detaillierung, die in den Gesimsen und in den horizontalen Putz-Kanneluren weitergeführt wird, macht die Qualität des Entwurfs aus. Eine solche Qualität müssen wir, vor allem im Erdgeschoss, aber natürlich auch in der Gesamtfassade, wieder umsetzen.

Bartetzky Das klang nach dem Schlusswort des Tages und ich glaube, dass es auch so gemeint war. Ich habe allerdings selbst noch eine direkte Nachfrage an Herrn Sattler zu seinem schönen Haus, bei dem ich persönlich kein Problem damit habe, dass man es mit einem Dreißigerjahre-Haus verwechseln könnte. Ich denke, wer es wissen will, kann sich informieren. Meine Nachfrage bezieht sich auf das Erdgeschoss. Vielleicht habe ich etwas überhört, aber da scheint es überhaupt keine Erdgeschossproblematik zu geben. Das Erdgeschoss ist genauso offen wie die anderen Geschosse. Wie wird es genutzt?

Sattler Das ist die Schwäche dieses Hauses. Im Erdgeschoss befinden sich ebenfalls ganz normale Wohnungen, die sich eindeutig zum Garten hin orientieren. Dort befinden sich Nebenräume, im Grunde so ähnlich wie bei dem Mezzanin-Geschoss des Gründerzeithauses, das sich nebenan befindet. Das ist das Problem dieser Struktur. Die Bauherren wollten an der Ecke ursprünglich ein Café realisieren, das allerdings dann doch nicht gebaut wurde. Ich würde sagen, dass diese Erdgeschossnutzung und auch das Wärmedämmverbundsystem die echten Nachteile des Hauses sind.

Bartetzky Vielen Dank. Dann würde ich gerne zum Ende kommen. Ich möchte nur noch mal einen Gedanken in wenigen Worten ausformulieren, der mir bei dem Vortrag von Herrn Kuehn gekommen ist: Die Frage der *Geschlossenheit*.

Ich glaube, wir müssen uns klar machen, dass Geschlossenheit, geschlossene Formen, geschlossene Flächen, auch historisch ebenso zum Städtischen gehören wie offene Flächen. Mit historisch meine ich Beispiele wie Friedhofsmauern, Klostermauern, die oft zum Schönsten gehören, was die Städte zu bieten haben. Später gilt das für Kaufhäuser, Kirchen und Synagogen. Einer der besten Neubauten in Leipzig ist die Kirche St. Trinitatis von Schulz und Schulz. Das ist ein geschlossener Kasten, der allerdings aufgrund der haptischen Wirkung der Mauern wunderbar wirkt.

Wir müssen uns weiter mit Geschlossenheit beschäftigen. Wir werden keiner Synagoge ihre Geschlossenheit jemals übel nehmen. Die Dresdner Synagoge hat beispielsweise ebenfalls eine sehr geschlossene und sicherlich sehr gelungene Form. Es stellt sich die Frage, ob man sich mit der Geschlossenheit etwas systematischer beschäftigen kann? Ob man Mittel entwickeln kann, auch bei kommerziellen Bauten durch Geschlossenheit zu stadtverträglichen Lösung zu kommen.

Wer weiß, vielleicht wird das morgen ein Thema sein, etwa bei dem Vortrag von Sophie Wolfrum über die Porosität der Mauer, mit dem der Tag um 9.00 Uhr planmäßig beginnt. Nun möchte ich mich für die Diskussionsfreude, die Beiträge und die Ausdauer bei Ihnen bedanken. Ich glaube, wenn wir jetzt etwas ermattet sind, ist das keine Schande. Wir haben gute Perspektiven für den Abend: Ein festliches, musikalisches Abendessen wird uns sicher zu neuem Leben erwecken.

Dankeschön.

Fassaden in Berlin und Bonn

Vortrag 1
Jan Kleihues

Ein Haus am Leipziger Platz

Um die Entwicklung des Entwurfs zu verstehen, bedarf es im Fall des Wohn- und Geschäftshauses am Leipziger Platz in Berlin-Mitte der Annäherung über den Ort, die städtische Einbindung. Der Leipziger Platz ist Bestandteil der historisch bedeutsamen und seinerzeit weltberühmten Doppelplatzanlage Potsdamer/Leipziger Platz. Architektonisch prägte den von Beginn an auf Einheitlichkeit und maßstäbliche Balance ausgelegten Leipziger Platz eine gediegene Wohnbebauung. Mit wenigen Veränderungen bewahrte der Platz sein Erscheinungsbild bis in die zweite Hälfte des 19. Jahrhunderts. Mit der Verstädterung der westlichen Vorstadtbereiche wuchsen der Leipziger Platz und der Potsdamer Platz zu einer Doppelplatzanlage zusammen, die zum zentralen Brennpunkt großstädtischen Gefüges wurde. Im Zuge der Entwicklung vollzog sich ein vehementer Wandel der architektonischen Gestaltung, der zu einer Individualisierung der einzelnen Gebäude führte.

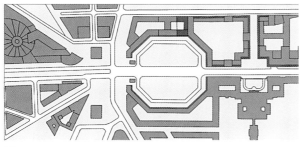

[1] Die Parzelle im Gefüge der Platzfigur

Nach der Wiedervereinigung Deutschlands war die Grundrissfigur nur noch anhand von Resten der Fahrbahn und der Bordsteinkanten zu erahnen. 1991 gewannen die Architekten Hilmer und Sattler mit einem konzeptuellen Ansatz zur europäischen Stadt den städtebaulichen Wettbewerb zum Potsdamer/Leipziger Platz. Der Senat strebte eine Wiederherstellung der historischen Form des Leipziger Platzes an und hielt sich in seinen Vorgaben zur Bebauung eng an das von Hilmer und Sattler entwickelte Konzept. Dieses Konzept sah vor, durch die Festlegung von Traufhöhen und enge Vorgaben bei der Fassadenzonierung, die einzelnen Neubauten der klaren Geometrie des Platzes unterzuordnen. [1]

In diesem besonderen Fall verlangt der Ort die klare Einordnung des Neuen in die Geschichte der Substanz. Man hätte diese gestalterischen Vorgaben als Einengung sehen können. Wir haben sie jedoch vielmehr als Chance begriffen, eine Architektur zu schaffen, die sich moderat und bescheiden, aber auch selbstbewusst in das Ensemble integriert. Die entwurfliche Idee musste stark und überzeugend genug sein, um sich in der Auseinandersetzung mit dem Ort behaupten zu können. Aber sie musste zugleich auch bescheiden genug sein, das Existierende und Vorgegebene zu respektieren. Wie kann aber ein Entwurf Selbstbewusstsein in der Idee und dennoch Respekt vor dem Bestehenden vereinen? Die Antwort liegt für uns in einer klaren geometrischen Ordnung! Denn in dieser finden sich Stärke und Ruhe zugleich.

In der Übertragung dieser Ansätze auf das Projekt selbst fiel eine Besonderheit ins Auge: Auffällig war, dass die Grundstücksbreite von 22,50 Metern der vorgegebenen Höhe der Traufkante entsprach. Das daraus resultierende Quadrat als ordnendes Element wurde auf die angestrebte Funktionsverteilung übertragen. So deckt sich die Struktur der Platzfassade in ihrer Differenzierung in Sockel–Schaft–Staffelgeschossen mit der Funktionsverteilung Einzelhandel–Büro–Wohnen. Die Symmetrie über die Diagonale des Fassadenquadrates bildet die Grundordnung der Fassade. [2, 3]

Der Entwurf des Fugenbildes in der vorderen Fassadenebene verfolgt die eben genannte geometrische Ordnung weiter. Die Spiegelung über die Diagonale fordert eine richtungsneutrale Steinanordnung und erlaubt keine vertikale oder horizontale Betonung: Es entsteht ein Geflecht. Eine konsequente Umsetzung dieses Prinzips muss seine Fortsetzung dementsprechend auch in der Bearbeitung des Materials finden.

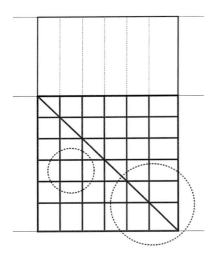 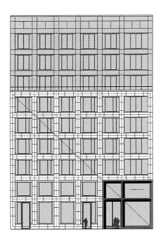 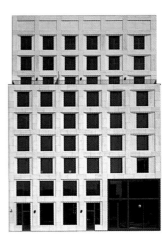

[2] Entwicklung der Fassade aus der Diagonalen

[3] Entwicklung der Fassade aus der Diagonalen

[4] Haus am Leipziger Platz

So wird das Bild des richtungsneutralen Geflechts neben der Verteilung der Fugen auch durch die Behandlung des römischen Travertins verdeutlicht: Der Stein wird mit dem Lager geschnitten – dies ist vergleichbar mit dem Schnitt eines Holzes entlang seiner Maserung. So entsteht eine längsgemaserte Steinoberfläche, die entsprechend eingesetzt dazu beiträgt, die jeweilige Richtung der Bänder des Geflechts zusätzlich zu unterstreichen.

Was also waren die relevanten Kriterien beim Entwurf des Wohn- und Geschäftshauses? Ort und Funktion bilden die Grundlage für die Entwicklung einer entwurflichen Ordnung. Die gewählte technische, konstruktive und materielle Umsetzung des Projekts entspricht jeweils der individuellen Interpretation dieser Kriterien und stellt die letzte logische Konsequenz eines in sich stimmigen Entwurfs dar. Das Übertriebene, Unnötige und das Unschöne wurde eliminiert und das Haus auf seine notwendigen, bescheidenen Grundelemente zurückgeführt. Wenn das Erscheinungsbild bis zur Essenz reduziert ist, wird jede Einzelheit, jedes baukonstruktive Element, jede Materialentscheidung zu etwas Wichtigem. Man muss deshalb genau entwerfen. Dies gilt für die Definition der Bedürfnisse am Anfang eines Entwurfs genauso wie für das Tilgen von Weitschweifigkeiten und Ungenauigkeiten, damit das empfindliche Gleichgewicht zwischen elementaren Erfordernissen eines Entwurfs und essenzieller Ästhetik nicht gestört wird. [4]

Ein Turm am Alexanderplatz

Gleich dem Entwurf für den Leipziger Platz wurde auch das Konzept für den Turm am Alexanderplatz aus dem Ort und der umgebenden Bebauungsstruktur heraus entwickelt. [5, 6]

Der Alexanderplatz wird durch die Überlagerung verschiedenartiger städtebaulicher und architektonischer Konzepte charakterisiert: Die hellen Natursteinbauten von Peter Behrens prägen den Ort ebenso wie die Bauten der Nachkriegsmoderne, die auf der Abstraktion und Transformation streng geometrischer Formen basieren. Der Entwurf reflektiert die Besonderheiten und Erscheinungsmerkmale der umgebenden Baukörper und fügt diese zu einem neuen Bautyp. Als Berliner Wohnhochhaus tritt das Gebäude am Alexanderplatz in Erscheinung und nimmt mit seiner kubischen Form Bezug auf die Gebäude der Moderne. Die Herausforderung des Entwurfs besteht darin, ein Gebäude zu entwickeln, welches sich trotz seiner herausragenden Höhe und der Bedeutung, die ihm durch die zentrale Lage in der Stadt zukommt, in den Kontext einfügen kann und angemessen auf die Umgebung reagiert. Ein Gebäude, das – obwohl es als Turm konzipiert ist und den Charakter eines Solitärs in sich trägt – das Vermögen besitzt, ein Ensemble zu erzeugen. [7]

Die Fernwirkung des Gebäudes findet in der klaren Baukörperfigur ihren Ausdruck, die Nahwirkung wird durch die vielschichtige Fassadengestalt bestimmt. [8] Turm und Sockelbau werden als autarke Elemente behandelt und klar durch die Fuge als Entwurfsmittel betont, gleichwohl bilden sie eine in sich schlüssige Gesamtfigur. Die Gebäudegeometrie als vierseitiges Prisma ist Ausdruck einer modernen und rationalen Architekturhaltung, die es vermag, Identität am Platz zu schaffen.

Die Interpretation einer seriell elementierten Fassade, ihre Weiterentwicklung um plastisch anmutende Nuancierungen, ihre subtile, einer Drehung gleichende Behandlung und ihre Rückkoppelung an klassische Materialien, sowohl im Sockelbereich als auch darüber, vermittelt zwischen den Zeiten. Im Gegensatz zu dem einfachen, skulpturalen Baukörper entwickelt die Fassade eine komplexe, vielschichtig dreidimensionale Struktur, welche aus der Grundstücksgeometrie abgeleitet ist. In den Sockelgeschossen glatt, gewinnt die Struktur von Ebene zu Ebene an Plastizität und Komplexität. [9] Die Nutzungen sind klar in dem Fassadenaufbau abzulesen – der glatte Sockel spiegelt die serielle Struktur des Hotelbereiches wider, die sich auffächernde Struktur der oberen Bereiche deutet die dahinter liegende Wohnnutzung an, deren Individualität somit auf die Fassade projiziert wird. Geschossweise alternierend entstehen individuelle Außenräume, welche den Blick in zwei Himmelsrichtungen ermöglichen, den von

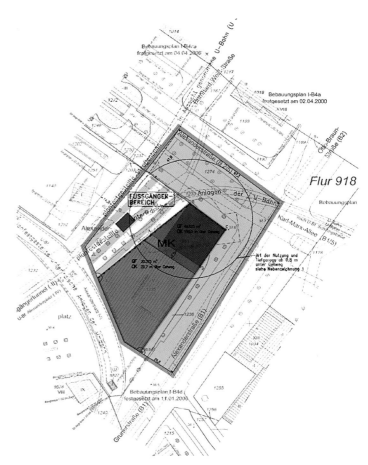

[5] Bebauungsplan Alexanderplatz

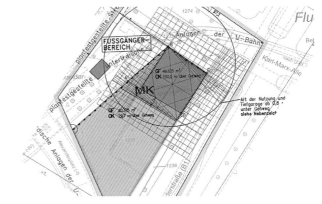

[6] Entwicklung des Entwurfs aus der Umgebung

[7] Visualisierung des Wohnturms

[8] Fassade des Wohnturms

214 Fassaden in Berlin und Bonn

Wohnung zu Wohnung jedoch verwehren und somit ein hohes Maß an Intimität erzeugen. [10] Das im Plan einfach wirkende Konstruktionsprinzip der Fassade entwickelt in seinem gebauten Pendant, bedingt durch die Vor- und Rücksprünge, ein faszinierendes Licht- und Schattenspiel und entfaltet so ein lebendiges Fassadenspiel, das eine eigene Identität im Stadtraum schafft.

Wie kann also ein einzelnes Bauwerk zur Schönheit und Lebensfähigkeit der Stadt beitragen? Die Definition der Bedürfnisse – städtischer sowie funktionaler – ist das Fundament eines jeden Entwurfes. Die grundlegende Essenz beruht in ihrer Reduktion auf einer individuell interpretierten, dem Ort entsprechenden, sowohl technisch, konstruktiv als auch materiell durchdachten Gestaltung. Die so erzielte Klarheit eines Bauwerkes, welches konzentriert auf das Wesentliche in Erscheinung tritt, bildet eine eigene Ausdruckskraft und zeugt zugleich von dem Vermögen, Teil eines städtischen Gefüges zu sein oder ein solches zu bilden.

[9] Visualisierung des Wohnturms

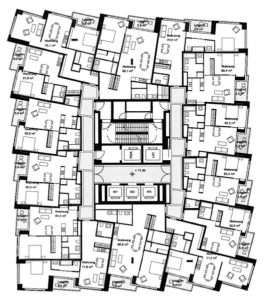

[10] Grundriss eines Turmgeschosses mit Wohnnutzung

Vortrag 2
Uwe Schröder

Die *Fassade*, wenn ich hier zunächst und nicht ohne Vorbehalt dieses einseitige Wort verwende, ist eine immanent räumliche Angelegenheit. Mir selbst ist das schlichte Wort *Wand* stattdessen lieber, da es eine Zweiseitigkeit intendiert – das *Hier und Da*, das *Drinnen und Draußen*.

Ich möchte drei Aspekte nennen, die bereits auch unter dem Begriff der *Porosität* angesprochen wurden. Das ist zum einen die Raumhaltigkeit oder besser die Räumlichkeit der Wand selbst. In erster Linie sind darunter diejenigen Öffnungen zu nennen, die einen Aufenthalt im Inneren der Wand ermöglichen: In der Nische, im Fenster, in der Tür und so weiter. Wände sind zum anderen stets zweiseitig raumwirksam, gemeint ist hier der Anschluss von Räumen auf beiden Seiten der Wand. Es sind diejenigen Räume, die sich der Wand entlehnen, beispielshalber auf der einen Seite der Raum der Straße und auf der anderen Seite der des Zimmers. Wenn wir im Weiteren das In-der-Stadt-Wohnen ansprechen, dann stellen wir die Räumlichkeit der Wand und die sich ihr entlehnenden Räume als architektonische Repräsentation der gesellschaftlichen Trennung von öffentlich und privat vor. Die Wand als Grenze ist dabei aber nicht als *Guillotine* misszuverstehen, vielmehr geht es bei einer *Architektur der Grenze* im Besonderen um die Gestaltung des Übergangs von der einen räumlichen Sphäre in die andere. Nur allzu oft aber hält uns das Denken in verschiedenen Maßstäben davon ab, Stadt und Haus als einen organismischen Zusammenhang vorzustellen. Nicht schon an der Außenwand endet die Räumlichkeit der Stadt und nicht erst an der Innenwand beginnt die andere des Hauses, vielmehr schließt die Räumlichkeit der Wand mit ihren verfeinerten Öffnungen beide in abgestuften Raumfolgen aneinander an. Eine wirklich räumliche Vorstellung von Architektur hebt die dualistische Vorstellung von Stadt und Haus schlussendlich auf: Die räumlichen Sphären des Städtischen und des Häuslichen durchdringen einander, mal mehr, mal weniger verschieben sich die Grenzen zwischen drinnen und draußen.

Die Gestaltung dieser räumlichen Situationen mit reziprok überlagerten Widmungen, wie Öffnungen, Übergänge, Passagen, Zwischenräume und so weiter ist die eigentliche Aufgabe städtischer Architektur.

Mit der nachfolgenden Vorstellung von zwei Bonner Bauten hoffe ich, das zuvor Gesagte auch exemplifizieren zu können:

ROM.HOF (Bonn, 2009–2014)

Topologisch schlägt der Bau in peripherer Lage als studentischer Wohnhof eine assoziative Brücke zur nachbarlichen *Ortschaft* und den dortigen universitären Gebäuden des ausgehenden 19. Jahrhunderts in der Nähe des Schlosses. [1] Sie sehen eine Gegenüberstellung von zwei Orten und mithin von zwei Bauten: Links das Alte und rechts das Neue.

Von keinem Standpunkt in der Stadt kann diese räumliche Beziehung in den Blick genommen werden. Ästhetisch bleibt sie der *Korrespondenz* beider Orte über Ähnlichkeiten vorbehalten. [2] Hier noch ein weiteres Bildpaar: Links alt und rechts neu.

Der ROM.HOF liegt unmittelbar an einer Straße. Es ist ein *Ort*, der sprachlich vielmehr ein *Dazwischen* als ein *Inmitten* verdient, eine Lage zwischen zwei Dörfern, die nach dem Krieg mit Siedlungen lose vernäht wurden. Jedenfalls ist die räumliche Identität wirksamer von der Topografie der überkommenen Landwirtschaft geprägt als von der auslaufenden *Landstraße* und den mitgeführten, verstreuten Ansiedlungen: Wo kein wirklicher Ort ist, da soll man ihn gründen, wo keine Stadt ist, da soll das Haus eine werden!

Von der Straße aus führt ein Tor zu inneren Laubengängen, an denen kleine Wohnungen liegen. [3] Über Treppen in den Ecken sind die offenen Korridore der vier Stockwerke miteinander verbunden.

[1] Bonner Universitätsviertel und ROM.HOF   [2] Bonner Universitätsviertel und ROM.HOF   [3] Blick durch das Portal

Der Kernraum wird durch einen eingestellten Querriegel (Waschhaus) geteilt und weist auf der oberen Eingangsebene und der unteren Ausgangsebene Höfe auf, die von Lauben umschlossen über das untere Tor an die offene Landschaft anschließen. [4] Am unteren Hof liegt die Küche, am oberen der Wasch- und darüber der Spielraum.

Über Öffnungen mit Türen und Fenstern sind die Wohnungen mit ihren Anräumen samt Küchen und Bädern an die Laubengänge angeschlossen. Den nach außen gerichteten Zimmern sind Loggien (*Studioli*) vorgelagert. [5]

Der Backstein mauert Bögen und Gewölbe. Öffnungen unter Bögen lassen Wände schwer erscheinen. Fließend werden die Lasten über den Bogen in Wand und Pfeiler umgelenkt und im Erdboden abgetragen. Das *Abfließen* der Lasten lässt die Wand gleichsam standfest im Grund wurzeln und aus ihm herauswachsen.

Diese eigentümliche Wirksamkeit der Wand kommt im Gefüge der Steine sinnbildlich zur Darstellung. Nähert sich die Wand dem Erdboden, wechselt der Wasserstrichziegel ins Rote und wegen des Höhenversprungs von der Straße zur hinteren Landschaft bildet der Bau rückwärtig ein vornehmlich in Rot gekleidetes Sockelgeschoss aus. [6] Die über dem Sockel aufgehenden Wände verlaufen ins Gelbe. Der Übergang vom Rot zum Gelb zeigt in Zu- und Abnahme einen Verlauf, der im vermischenden Übergang das *Wachsen* der Wand und das *Wachstum* des Baus mimetisch darstellt.

Gleich in mehrfacher Hinsicht wird diese Sinnbildhaftigkeit der *organischen* Wand und des organischen Baus transformiert und mit dem Vorkommen von Kopf-, Läufer- und Lagerseiten des Steins, mit dem wilden Verband, mit der Verästelung des Fugennetzes, mit Vor- und Rücksprüngen und vorherbestimmten handwerklichen *Fehlern* untermauert. [7] Das so entstehende, unregelmäßige Muster zeichnet das wachstümliche Gewebe der Wand aus und bestimmt die Tektonik des Baus – einer Pflanze gleich.

[4] Oberer Hof

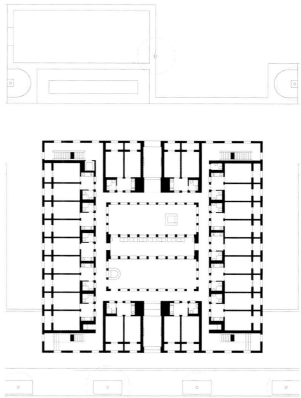

[5] Grundriss

[6] Gartenansicht

[7] Ansicht von der Straße

Galerie- und Atelierhaus (Bonn, 2009–2015)

Am nördlichen Fuß der Hochebene des Venusberges zwischen den Ortsteilen Kessenich und Poppelsdorf markiert ein in den 1860er Jahren – damals noch außerhalb der Stadt – als Heilanstalt errichtetes Gebäude den Ort. Die bestehenden und neu hinzugekommenen Gebäude von Galerie und Atelier ziehen ein Ensemble zusammen, das in seinem Inneren einen Platz ausweist. Über den steil ansteigenden Aufweg schließt der Platz an die abwärts gelegene Straße an. Alte und neue Gebäude nehmen Adresse und Orientierung auf. Mit dem Kiosk, mit der Laube und eingelassenen Bänken, mit Wand und Öffnung, mit Außen- und Eingangstreppen, mit der Loggia und dem Auf- und Abweg weist die Raumgestaltung auf die öffentliche Widmung hin. Als offene Terrasse versammelt der Platz Landschaft, als geschlossener Hof Stadt.

Die Hanglage des Ensembles bringt einen durchgehenden Sockel hervor und lässt ihn abwärts zur Straße hin an Höhe zunehmen. [8] Wände und Beläge sind ganz aus massiver Mendiger Basaltlava aus der nahen Eifel gemauert und gepflastert. Die dunkel geräucherten Eichenfenster und -türen treten in den Öffnungen tief zurück und sind innen bündig angeschlagen. Diametral gegenüberliegend sind bei Galerie und Atelier Höfe, Lauben und Loggien in den Sockelbereichen ausgespart, durch die der Weg ins Innere führt.

Die aufgehenden Wände oberhalb des Sockels sind mit einem handgemischten Putz unter Zugabe von Tuff abgedeckt. [9] Sohlbänke und Attikasteine sind aus Weiberner Tuff gefertigt. Die hellen naturfarbenen Eichenfenster liegen außenbündig in der Wand.

Mit den *inneren Außenräumen* von Höfen, Lauben und Loggien, die auf überlieferte Typologie zurückgreifen, schließen die Zimmer und Wege der Häuser an die Plätze und Straßen der Stadt an. [10]

Vielen Dank.

[8] Neue Treppenanlage der alten Villa

[9] Atelierhaus

[10] Gesamtansicht

Vortrag 3
Tobias Nöfer

Ich zeige Ihnen zwei Fassaden, deren Gemeinsamkeiten sind, dass sie Baulücken schließen und sich in prominenter Lage in Berlin befinden. Das eine Projekt ist die *Bergmannstraße 5* in Berlin-Kreuzberg. Dort haben wir vor ungefähr neun Jahren ein Ärztehaus gebaut. Das zweite ist das Projekt *Kurfürstendamm 170*, das sogenannte *Palais Holler*, das zurzeit noch im Bau ist. Ich kann daher noch keine Fotos des fertigen Hauses zeigen.

Die Bergmannstraße liegt im Chamisso-Kiez, der im Krieg glücklicherweise nur durch Brandbomben, nicht durch Sprengbomben bombardiert wurde. [1] Deswegen findet sich hier noch sehr viel Altbausubstanz. In den Fünfziger-, Sechziger- oder Siebzigerjahren war auch schlichtweg nicht genug Geld vorhanden, um den Kiez komplett abreißen zu können, wie man es an anderen Stellen in Berlin getan hat. Der Chamisso-Kiez war in diesen Jahren eine der ärmsten Gegenden in Berlin und *entging* deshalb der Sanierung. Mittlerweile sind die meisten Häuser in dieser Gegend denkmalgerecht saniert worden. Das gesamte Viertel zeigt einen beeindruckend guten und einheitlichen Erhaltungszustand und gehört heute auch deshalb zu den beliebtesten Wohnlagen in der Hauptstadt.

Es gab dort ein Grundstück, das von einem Bauherrn mit einem Ärztezentrum bebaut werden sollte. Es war ein notleidendes Projekt in zweierlei Hinsicht: Der Bauherr war 2006/2007 in einer schwierigen Zeit, als die Bergmannstraße noch lange nicht so beliebt und wirtschaftlich prosperierend war, wie sie heute ist. Das Ärztezentrum war daher wirtschaftlich nur mühsam zu realisieren. Darüber hinaus wurde das Vorhaben von den Anwohnern auch inhaltlich stark bekämpft. Einerseits gab es eine große Angst vor jeder Veränderung und andererseits wollten viele keinen unförmigen Neubau in dem ansonsten intakten Altbauquartier.

Der Streit um dieses Projekt war insgesamt so groß, dass der Bauherr irgendwann dem großen Druck nachgegeben und einen Wettbewerb veranstaltet hat, den

[1] Chamisso-Kiez in Berlin-Kreuzberg

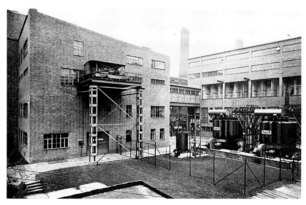

[2] Heinrich Müller: Abspannwerk, Berlin, 1929–1931

wir gewonnen haben. Es ging dabei um den Gebäudeteil zur Straße hin, der besonders umstritten war.

Zum Grundstück: Im hinteren Teil des Grundstücks befindet sich ein denkmalgeschütztes Abspannwerk von Hans Heinrich Müller, ein in Berlin lange Zeit zu Unrecht vergessener Architekt, der damals fantastische Bauwerke für die Bewag errichtet hat. Paul Kahlfeldt hat ein sehr gutes Buch darüber verfasst und ihm damit wieder zu größerer Bedeutung verholfen. Dieses Abspannwerk in der Bergmannstraße ist

[3] Baulücke in der Bergmannstraße

aus meiner Sicht allerdings architektonisch eines der schwächsten Projekte von Hans Heinrich Müller. Das übrige Grundstück war, von dem Abspannwerk abgesehen, nie bebaut.

An dieser Stelle möchte ich Ihnen – wie eine Zwischenblende – einen Bau von 1929 / 1930 zeigen, aus der Zeit, in der das Abspannwerk errichtet wurde, das berühmte Shell-Haus. Es hat ebenso einen modernen Impetus und war Ausdruck des Zeitgeistes. Ich komme gleich darauf zurück.

Unser Projekt befindet sich in der Lücke zwischen zwei Gründerzeitbauten. [3] Alle Häuser in der Nachbarschaft stehen unter Denkmal- und Ensembleschutz. Auf dem Grundstück befanden sich zwei Baracken, die nie etwas anderes waren als eingeschossige Notbehelfe. Während der Baustelle hat sich gezeigt, warum das Grundstück nie bebaut wurde: Eine große Torflinse befindet sich unmittelbar unter der Oberfläche. Darüber hatten offenbar bereits die Gründerzeit-Architekten Kenntnis – jedenfalls haben sie die Fläche nie in Angriff genommen. Unser Bauherr musste das Problem dann stemmen.

Das Grundstück ist so breit wie drei gründerzeitliche Parzellen. Die ganze Bergmannstraße hat in etwa gleich breite Parzellen. Unsere Aufgabe bestand also auch darin, den Maßstab dieser einzelnen Parzellen gestalterisch wieder zu treffen. Unser Anspruch an das Projekt war, dass es sich einfügt, obwohl die Anlage übermaßstäblich ist.

Ich zeige Ihnen zunächst den Entwurf, auf dessen Grundlage der Wettbewerb stattfand. Gegen diesen richtete sich der Protest der Anwohner. Man sieht zwischen hin- und herspringenden Fenstern rote, grüne und blaue Felder, umgeben von ansonsten schmucklosen Flächen, was untypisch ist. Auch sonst bieten die Fassaden in ihrer übergangslosen Kantigkeit keine Einbindung in die Umgebung.

Wir haben uns bei unserem Entwurf zunächst an der Traufhöhe der Nachbarbauten orientiert – das wichtigste Kriterium für den städtebaulichen Maßstab. Dann haben wir die Fassade so gegliedert, dass die drei Parzellen sichtbar werden und damit die Breite der Nachbarbauten übernommen wird. Es sind damit sozusagen drei Häuser in einem Haus. Der Mittelteil schiebt sich hoch, weil im rückwärtigen Teil eine intensive Nutzung vorhanden ist. Dort gibt es 43.000 Quadratmeter Ärztehaus mit Fitness und weiteren Funktionen. Das heißt, dass in dem Haus die Entwicklung des Hauses in die Tiefe eine Rolle spielt. Der Mitteltrakt schiebt sich zu einer zweigeschossigen Öffnung hoch, um die Öffentlichkeit in der Mitte zu betonen und den Leuten die Auffindbarkeit zu erleichtern.

Wichtig war uns, dass das Gebäude trotz der Dreiteilung einheitlich auftritt. Deshalb haben wir uns für eine horizontale Zusammenfassung mit geschossweisen Gesimsen und eine entsprechend gleichförmige Befensterung entschieden. Die Fenster des jeweiligen Bauteils sind allerdings mit jeweils eigenem Rhythmus versehen. Die Idee dahinter ist, dass alle Fassadenteile, obwohl sie zusammen ein großes Gebäude bilden, eigene Mittelachsen und damit eine eigene Identität haben. [4]

[4] Ärztehaus in der Bergmannstraße

[5] Eingangsbereich

Unser Anliegen war, eine gestalterische Verwandtschaft zwischen dem Neubau und der Nachbarschaft herzustellen. Wir wollten eine eigenständige Sprache zum Ausdruck bringen, ohne einen völligen Bruch zur bestehenden Architektur zu verursachen, indem wir nicht nur hinsichtlich der Plastizität, sondern auch in der Farbigkeit und der Materialität den Anschluss gesucht haben.

Der fertige Bau zeigt einen intensiv genutzten Erdgeschoss-Bereich. [5] Der Supermarkt ist, soweit ich weiß, einer der bestlaufenden in ganz Berlin. Das hat wohl nur in geringem Umfang mit der Fassade, sondern vor allem mit dem Standort zu tun. Das Gebiet wird intensiv von unterschiedlichsten Leuten genutzt und ist immer noch stark im Wandel.

Wir haben einige Ornamente in dem Projekt untergebracht. Da gibt es nicht nur diese horizontale Bänderung mit den sehr stark plastischen Gesimsen, sondern auch die gebogenen Fensterscheiben, die dem Bauherrn trotz Sparzwang gerade noch abgetrotzt werden konnten. Ein weiteres gestalterisches Thema ist in der Art der Beschriftung aus plastisch vor der Fassade stehenden Lettern zu sehen. Darunter befindet sich ein schwarzer Glaskasten, dessen weiß eingeschnittene Lettern mit der Adresse des Hauses nachts, zusammen mit den Leuchtern in den drei Jochen, einen eleganten Lichteffekt erzeugen. Hier kommt also die Beschriftung wie ein Ornament über dem Portal zur Geltung.

Sie sehen die Einbindung in die Straße. Wenn man noch weiter zurückgeht, sieht man, dass die Fassade im Weichbild dieser Straßenwand zu verschwinden versucht und trotzdem seine Eigenständigkeit behält. [4]

Der Bau befindet sich an einem extrem urbanen Ort und wird entsprechend intensiv genutzt und fortlaufend verändert. Dort herrscht ein ständiger Wandel. Werbung wird ab- und wieder angeschraubt, neue Läden eröffnen. All das verträgt das Gebäude. Über dem Gewimmel im Erdgeschoss lagert die breite, ruhige Putzfassade. Im Grunde gefällt mir dieses Chaos da unten doch sehr gut. Solange das Gesamte stark genug ist, hält es sehr viel Störung aus, die Architektur wird im Grunde stärker.

Das zweite Projekt, das Palais Holler am Kurfürstendamm 170, befindet sich zurzeit noch im Bau. Es ist ein Projekt, für das zunächst ein Bestandsbau abgerissen werden musste. Das Grundstück liegt an der südlichen Straßenseite des Kurfürstendamms, sodass unsere Fassade nach Norden gerichtet ist. Der Bestand aus den Sechzigerjahren war in all seinen Teilen baufällig. Es gab eine undichte Fassade, Grundwasser und Schimmel im Keller und eine Totalversiegelung mit einer Grundflächenzahl von 1,0, die dem Bezirk ein Dorn im Auge war. Der zweite Grund, warum es abgerissen wurde, war die Ansicht des Eigentümers, dass das bestehende Haus dem Anspruch auf Hochwertigkeit seiner Immobilien nicht gerecht würde. Der Bau gehörte der Holler-Stiftung, dessen Gründer ihn 1964 selbst errichten ließ.

Der Ku'damm, die Hauptstraße des exzentrischen Westens der Stadt, hat sich vom ursprünglich ehemaligen Reitweg zum Grunewald in Windeseile zum Boulevard entwickelt. Er wurde von Häusern gesäumt, die sich extrem plastisch in den öffentlichen Raum entwickelt haben. An Porosität, von der wir bereits gehört haben, sind sie kaum zu übertreffen. Das gilt für die Bauten aus der Gründerzeit über den Expressionismus bis hin zur frühen Moderne. Die erhaltenen Vorkriegsbauten wurden teilweise saniert und umgebaut, verhalten sich in diesem breiten Straßenraum aber noch immer sehr stark räumlich.

Der Vorgängerbau aus den Sechzigerjahren zeigt ganz leise architektonische Versuche von Plastizität. Er war nicht schlecht, nur eben zu sparsam gemacht. Dieses war für den Bauherrn nicht akzeptabel. Er wollte ein Gebäude in dieser Lage besitzen, das in seiner

[6] Entwurf für den Kurfürstendamm 170

Architektur durch Plastizität und Räumlichkeit einen angemessen repräsentativen Ausdruck erzeugt.

Bei unserem Neubau haben wir die Geschossflächenzahl nahezu verdoppelt, von 2,7 auf 5,0. Unser Gebäude fügt sich völlig logisch in die Straßenwand ein. Man kann dort aus meiner Sicht gar nichts anderes als genau das machen. [6] Trotz der hohen Geschossflächenzahl gab es wenig Diskussion in der Öffentlichkeit und beim Stadtplanungsamt. Es war leicht zu erklären, dass man in dieser Reihe von fünf vorhandenen Bauten eine Reparatur vollzieht und dort wieder ein Gebäude hinstellt, das dieselben Dimensionen und den gleichen Duktus hat wie seine Nachbarn. Es sollte folglich ein symmetrisch gegliedertes Palais mit einem Innenhof und einem Durchgang geben.

Vorgegeben war, dass der Neubau an die Brandwand des benachbarten denkmalgeschützten Baus in einer Fluchtlinie anschließt und ein ebenso geneigtes Dach hat. Um das Gebäude in die Tiefe zu erschließen, wollten wir, dass der Eingang in der Mitte liegt. Das Gebäude hat fünf Hauptachsen und fünf Fensterachsen. Diese basieren nicht auf einem Büroraster. Es ist kein optimierter Bürobau, sondern vor allem ein repräsentatives Palais. Das heißt, dass die Räume, die dahinter liegen, großzügig sein sollten, sich also in ihrer Struktur nicht zwangsläufig der Flexibilität eines üblichen Bürorasters unterordnen.

Weiterhin planten wir einen zweigeschossigen Eingang im Erdgeschoss, um die Mitte der Fassade angemessen zu betonen. Dieser Zug in die Höhe setzt sich

[7] Kurfürstendamm 170 aus der Sicht eines Passanten

bis ins fünfte Obergeschoss fort, das risalitartig hervortritt und die Traufe in Bewegung versetzt. Auch dies ist eine Neuinterpretation der Formgebung bei den Nachbargebäuden, die ebenfalls, allerdings in ihrer Sprache, eine sehr bewegte Traufe haben. Hinzu treten die beiden Erker, die sich nach vorne in den öffentlichen Raum hineinschieben.

Die Fenster sind nahezu quadratisch. Diese Proportionen sind kein Thema der Eleganz, sondern der Opulenz, daher der Ausdruck des Schwergelagerten und Breitgezogenen.

Die fünf Geschosse sollten sich an den entsprechenden Geschosshöhen der Nachbarbauten orientieren. Die beiden weiteren Geschosse werden durch das Traufgeschoss und das Ateliergeschoss *kaschiert*. Darüber schwingt das Volumen von der Straße zurück und legt damit zwei Terrassen frei. Aus dem Dachraum ganz oben kommt man auf eine kleine Terrasse, die über dem Mittelrisalit thront. In die Dachfläche eingearbeitet ist eine Atelierverglasung, hinter der sich ein großer Innenraum über die gesamte Grundstücksbreite befindet.

Aus der Perspektive eines Passanten sieht man gut, wie plastisch sich die Erker in den öffentlichen Raum schieben. [7] Zwischen ihnen ist ein Balkon aufgespannt. Man könnte sagen, dass man bei einem Bürogebäude keinen Balkon benötigt, aber alleine die Möglichkeit, nach draußen zu gehen und auf den Ku'damm zu schauen, ist eine luxuriöse Option, die an Altbauten so geschätzt wird.

Das Gebäude entwickelt sich stark in die Tiefe. [8] Es gibt einen Innenhof und eine Raumfolge: Man geht vorne am Kurfürstendamm in einen zweigeschossigen Innenraum, gelangt durch die Lobby in den Innenhof, tritt durch die zweite Lobby, die als Büroerschließung repräsentativ gestaltet ist und erreicht schließlich den Garten. Der Garten ist der letzte Raum der Inszenierung. Dort wird der Bauherr

[8] Blick in die Tiefe

[9] Türsturz

eine Skulptur als Point de vue aufstellen. Es soll also, wie uns das Peter Stephan gestern am Beispiel des Schlosses gezeigt hat, eine extreme Tiefenwirkung erzeugt werden. Diese Sichtachse durch die Raumfolge im Gebäude wird durch eine entsprechende Beleuchtung auch nachts erfahrbar sein.

Nun komme ich zum Material, aus dem die Fassade gebaut ist und zunächst zu einem besonderen Detail, dem Türsturz. [9] Die Fassade besteht komplett aus Naturstein. Gerade im Eingangsbereich wollten wir den Stein nicht einfach der Baumasse und den Räumen folgen lassen, sondern ihn selbst bauplastisch bearbeiten. Deshalb wird es dort ein Akanthus-Fries geben. [10]

Wir haben insgesamt 500 Tonnen Jura-Kalkstein vor die Fassade geblendet. Verwendet wurde Material aus einen Steinbruch in Treuchtlingen in Franken. Die einzelnen Versatzstücke aus den gebrochenen Blöcken werden mit einer nagelneuen 3D-Säge geschnitten. Wir haben jede einzelne Form im Computer modelliert und die Daten an die Säge übertragen. Diese Hightech-Säge machte es im Übrigen überhaupt erst möglich, unsere Pläne zu realisieren. Es handelt sich um eine Vielzahl von Einzelformen, die nur deshalb so genau und verhältnismäßig kostengünstig vor die Fassade gesetzt werden können, weil wir allermodernste Mittel eingesetzt haben.

Die eigentliche Konstruktion ist eine selbsttragende Natursteinwand, eine Vormauerschale, die mindestens neun Zentimeter dick ist. Zusätzlich ist diese Schale über eine Aluminium-Konstruktion in dem Stahlbetonrohbau rückverankert.

Ich zeige Ihnen Fotos der Fassade mit noch offenen und mit geschlossenen Fugen. Das ist die Untersicht eines der Balkone. Dort wird es die eine oder andere elastische Bauteilfuge geben, da die Balkone thermisch getrennt sind. Ansonsten ist die selbsttragende Fassade mit mineralischen Fugen fest vermörtelt.

Sobald die auf dem Bild noch offenen Fugen geschlossen werden, entsteht eine große Homogenität in der Fläche, wodurch die plastischen Formen noch deutlicher in den Vordergrund treten. Hier ist also nicht das Fugenbild entscheidend, sondern die große Form, die die zusammengefügten Steine gemeinsam bilden.

Abschließend möchte ich noch einmal zu dem Akanthusfries kommen. An dieser Stelle über dem Haupteingang wollten wir der Fassade ein Ornament hinzufügen. Uns ist heutzutage die Ikonografie von Bauplastik und Ornamentik verloren gegangen, die bei den von uns heute so geschätzten Nachbarbauten aus der Gründerzeit noch eine so tragende Rolle gespielt hat. Welche Ikonografie kann hier nun authentischer Ausdruck unserer Zeit und in irgendeiner Weise passend für unser Palais sein? Der Urheber des Kapitals der Holler-Stiftung, Christian Holler, war Versicherungsmakler – eine dazu passende Form ist kaum zu finden, da es wohl schwerlich eine Ikonografie für Versicherungsberechnungen und Verträge geben kann. Deswegen haben wir ein sehr klassisches und vom Gehalt des Hauses unabhängiges Naturornament gewählt. Der Türsturz wird gebildet von einem langen und gleichförmigen Akanthusfries, der durch die Reihung noch abstrakt genug ist, um nicht aus dem Rahmen zu fallen. Das vom Steinmetz gehauene Ornament wird die vielen Stadtmenschen, die in dieses Haus ein- und ausgehen werden, an die Schönheit der Natur erinnern, aus der alles hervorgeht. Nachts wird das Ornament – von unten beleuchtet – damit stärker als schon tagsüber in Erscheinung treten und der Schwere und Massivität der Opulenz dieser Natursteinfassade einen speziellen Ausdruck verleihen.

Vielen Dank.

[10] Akanthusfries

Vortrag 4
Petra Kahlfeldt

[1] Unter den Linden 14, Berlin (drittes v. r.)

Auch ich bedanke mich für die Einladung und zeige gerne die Fassade, um deren Vorstellung ich gebeten wurde. Es handelt sich um das Haus Unter den Linden 14 in Berlin. [1] Zunächst erörtere ich die städtische Situation unseres Wohn- und Geschäftshauses. Die Straße Unter den Linden, jeder von Ihnen kennt sie, war von Anbeginn ein Sammelpunkt öffentlichen Lebens. Sie war nicht nur der Wohnsitz des Königs, sondern auch der Bürger dieser Stadt. Die beginnende Konzentration von Behörden im 18. und zu Beginn des 19. Jahrhunderts an diesem Standort ließ sie zur offiziellen Repräsentationsstraße werden. Sie war der direkte Verbindungsweg nach Charlottenburg, der Hauptzugang zum damalig einzigen Park Berlins und auch die einzige Straße mit einer Mittelpromenade und Sitzbänken. Dies machte sie zum idealen und auch kostenlosen Treffpunkt für Arm und Reich – ein repräsentativer, öffentlicher sowie kommunikativer, sozial durchmischter Raum par excellence.

[2] Kreuzung Unter den Linden / Friedrichstraße um 1937

[3] Kreuzung Unter den Linden / Friedrichstraße um 2005 mit dem Interhotel kurz vor seinem Abriss

Die Straße Unter den Linden ist die gute Adresse Berlins mit einem charakteristisch und hochspezifisch ausformulierten, urbanen Raum. In die Bebauung, die die Raumkanten bildet, sind die Schichten und auch Geschichten der städtischen Entwicklung eingeschrieben. Nach einer ersten Umbauphase während der Industrialisierung im 19. Jahrhundert veränderte sich die Straße noch einmal vor dem Krieg in einer weiteren Umbau- und Erneuerungsphase. Auf dem Foto aus dem Jahre 1937 sehen Sie das Haus der Schweiz, das dort im selben Jahr fertiggestellt wurde. [2]

Wenn man sich die einzelnen Gebäude, die heute an dem Boulevard stehen, genauer anschaut, lassen sich über alle Baualter, Bauweisen, unterschiedlichen politischen Syteme, Zerstörungen und Wiederaufbauten, Neubauten und Umbauten hinweg klar ablesbare, stadträumliche und architektonische Gemeinsamkeiten bis heute feststellen. Es gibt dort eine weitgehende, parzellenweise Bebauung, die Blockrandschließung, der Gebäudesockel ist bespielt mit einer öffentlichen Nutzung: Mit Läden, Cafés oder Restaurants. Die aufgehende Fassade ist als drei- oder viergeschossiges *Laibchen* ausgebildet, in autonomer Gliederung. Das oberste Geschoss, das über einem Attikagesims als Attikageschoss ausgebildet ist, besitzt ein meist geneigtes Dach ohne Dacheinschnitte, allerdings mit Gauben. Die Fassadenbekleidungen sind in natürlichem oder künstlichem Stein in matter Ausführung angefertigt worden, der Anteil der Fassadenöffnungen ist in einem ausgewogenen Verhältnis zur Gesamtfassadenfläche ausgebildet.

Bei der Betrachtung der Fassadenausbildungen der Gebäude auf der Straße Unter den Linden zeigt sich ganz deutlich auf der einen Seite eine großstädtische Gliederung in einer städtischen Vitalität und auf der anderen Seite zugleich eine allgemeine Anerkennung von Konventionen über alle Zeiten, alle Bauweisen, alle Bekleidungsmaterialien hinweg für alle, die in diesen städtischen Raum hineingearbeitet haben. Sie weist eine straffe Typologie auf. Dieser Arbeitsrahmen war immer festgeschrieben und ist es auch heute noch. Es ist die sogenannte *Gestaltungsverordnung Unter den Linden*. Darin ist genau das festgeschrieben, was wir eben schon als das Typische der Bebauung feststellen konnten.

Viele von Ihnen werden sich an das Interhotel an der Kreuzung zur Friedrichstraße erinnern, das 1966, nachdem die Vorgängerbauten im Krieg komplett zerstört waren, neu errichtet wurde. [3] Die Fassaden des Hotels waren mit pastellgelben Platten, kombiniert mit hellblauen Feldern, bekleidet. Mit der Errichtung dieses Bauwerks zeigt sich deutlich die Abkehr von der bis dahin akzeptierten und anerkannten lokalen Konvention und dies in zwei Maßstäben: zum einen in der städtebaulichen Raumfigur. Mit der Aufweitung des Stadtraumes durch die beträchtliche Verbreiterung der Friedrichstraße am Kreuzungsbereich manifestiert sich die Abkehr von der Charakteristik des Boulevards, der als breite Korridorstraße angelegt ist und in den schmalere Straßen einmünden. Zur Schaffung einer großen Einkaufsstraße in Ost-Berlin sollte die Friedrichstraße auf die Breite der Linden verbreitert werden, deswegen stand die Hotelbebauung so weit zurück und bildete nurmehr einen schmalen Kopf zu den Linden aus.

Zum anderen von der Maßstäblichkeit der vorhandenen Bebauung: Ließ sich an der typischen Bebauung immer die Parzelle in einer bürgerlichen Größe ablesen, so überlagerte der Hotelneubau in seiner stattlichen Länge mindestens fünf bis sechs Parzellengrenzen.

Mit dem Abriss des Interhotels im Jahr 2006 nähere ich mich langsam unserer Fassade, aber auch der Debatte, die in diesen Jahren in Berlin leidenschaftlich geführt wurde: der des Leitbilds der europäischen Stadt. Schade, dass Hans Stimmann heute nicht mehr anwesend sein kann! Er war der *Zuchtmeister* der Debatte, die ich hier vor Ihnen nicht näher ausführen muss, Sie alle waren dabei.

Mit dem Abriss des Interhotels und der Möglichkeit, diese wichtige Kreuzung räumlich wieder gemäß dem historischen Stadtgrundriss fassen zu können, ergab sich nicht nur die Möglichkeit, diesen stadträumlichen Fehler aus der DDR-Zeit auszumerzen, sondern zugleich auch die Möglichkeit, aus den Erfahrungen, die bei den bereits nach der Wiedervereinigung realisierten und damit auch erlebbaren neuen Bebauungen in der Friedrichstraße und auf der Straße Unter den Linden gemacht wurden, lernen zu können. Anders als bei dem direkt gegenüber liegenden sogenannten Lindencorso, das Christoph Mäkler geplant hat, sollte kein großer Block mit unendlich langen monotaktischen

[4] Der gesamte Gebäudekomplex von der Kreuzung Unter den Linden / Friedrichstraße aus gesehen

Fassaden entstehen, sondern die konventionelle, maßstäbliche, parzellenweise Bebauung.

Der Wettbewerb für das nun freigeräumte Grundstück wurde von den Architekten von Gerkan, Marg und Partner gewonnen. Der Gebäudekomplex erstreckt sich von der Straße Unter den Linden über die Friedrichstraße zur Mittelstraße und gliedert sich in insgesamt fünf einzelne, adressierbare Häuser. Für alle fünf Häuser wurde ein gemeinsamer, durchgängiger Rohbau errichtet. Drei Architekturbüros (gmp Architekten, Romano Burelli, Petra und Paul Kahlfeldt) erarbeiteten darauf die jeweils individuelle Gestaltung der einzelnen Gebäude. [4] Für gmp Architekten bedeutete die gestalterische Reglementierung durch die Lindensatzung vielleicht einen größeren Einschnitt in die gestalterische Freiheit als für unser Büro. Daher haben wir die Parzelle, die an den Bestandsbau von 1910 anschließt, zur weiteren Planung erhalten. [5]

Die Bebauung ist insgesamt elfgeschossig, es gibt drei unterirdische und acht überirdische Geschosse. Der realisierte Gebäudekomplex ist, wenig glücklich als *Upper-Eastside Berlin* benannt, vermarktet worden.

In der Schnittdarstellung ist die Zonierung und Schichtung unsere Hauses, die sich in der Fassadengestaltung widerspiegelt, am besten verdeutlicht: Es

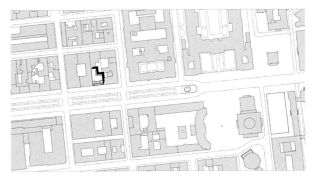

[5] Die an eine Bestandsbebauung von 1910 angrenzende Parzelle

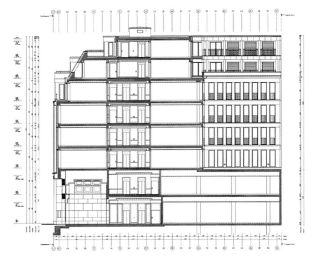

[6] Schnitt

[7] Eingangssituation

gibt einen zweigeschossigen Sockel, bestehend aus Erdgeschoss und erstem Obergeschoss, der die gesamte Parzelle überbaut. An der linken Seite befindet sich der Eingang, der einen hohen, anderthalbgeschossigen Hallenraum als Entree ausbildet. Über diesem zweigeschossigen Sockel sind vier Bürogeschosse angeordnet; das oberste Bürogeschoss bildet das Attikageschoss aus. [6] Daran schließen sich im sechsten und siebten Obergeschoss zwei Wohnetagen an, die sich unter dem, nach Lindensatzung vorgeschriebenen, steilgeneigten Dach befinden.

Angeregt und animiert durch das Vorbildliche der historischen Nachbargebäude, wie zum Beispiel den sogenannten Römischen Hof von Kurt Behrend aus dem Jahr 1909, ist das Thema unserer Fassadenausbildung Tiefe und Plastizität und damit Masse und Gewicht, um gleichzeitig eine Anmutung zu erreichen, die über feine Gliederungen und Detaillierungen, schöne Materialien, ausgearbeitete Oberflächen erzeugt wird. Es sollte aber nicht jedes der drei beteiligten Architekturbüros für sich alleine entwerfen, sondern wir alle als ein Ensemble, das heißt in einem Miteinander. Mit einer gemeinschaftlich entwickelten Gestaltungsverabredung haben wir uns, über die Lindensatzung hinausgehend, ein Gestaltungsthema über ein gemeinsames Fassaden-Bekleidungsmaterial erarbeitet, das als Grundmelodie so stark ein sollte, dass die individualisierten Fassaden als individuelle Tonlagen zum Ganzen bereichernd beitragen.

Die Bekleidungen für die Fassaden kommen alle aus einem einzigen Travertin-Steinbruch in Tivoli, dort aber aus unterschiedlichen Höhenlagen im Bruch. Die Architekten von gmp wählten einen sehr weißen, makellosen Travertin aus. Romano Borelli entschied sich für einen sehr knorzigen, dunklen Travertin mit viel enthaltenem organischen Material, etwa wie Travertino Noce. Wir haben einen leicht gelbbraunen Stein mit sich fein abzeichnendem Lagenbild für unser Haus verwendet. Alle Steine sind aus dem gleichen Bruch. Vielleicht beurteilen Sie vor Ort, ob es tatsächlich gelungen ist, aus dem Material heraus eine gemeinsame Melodie in den unterschiedlichen Tonlagen vorzutragen.

Gerne zeige ich auch den Eingang zu unserem Gebäude: Wir hatten für unser Haus fünf Achsen ausgebildet, in der äußerst rechten Achse des Gebäudes liegt der Eingang, [7] dessen Position sich aus der Gesamtorganisation des Grundrisses ergibt. Selbstverständlich ist der Eingangsbereich, in dem der Außenraum zum Innenraum wird, ein gestalterisch verdichteter Bereich; der Bereich, in dem das Haus und seine Bewohner eine Visitenkarte abgeben. Wir haben die Situation sehr sorgfältig für unseren Bauherrn untersucht und angeregt, diesen Eingangsraum einehalbgeschossig zu gestalten, und die Decke als eine gewölbte Decke auszubilden. Räume sind umso interessanter, je unterschiedlicher der Raumabschluss, also die Decke, zum ebenen Fußboden ist. Am Modell konnten wir dem Bauherrn sehr gut veranschaulichen, wie schön der Gebäudeeingang sein könnte, wenn er denn auf die paar Quadratmeter Fläche im ersten Obergeschoss verzichtet und sich die Ausgestaltung gönnt.

Herr Schade-Bünsow hat gestern die Anregung oder Kritik geäußert, Fassaden neuzeitlicher Gebäude sollten mehr von den Bewohnern erzählen, die dahinter leben. Es war beispielsweise von Patchwork-Familien die Rede. Gerne zeige ich, wer unter anderen Mietern in unser Haus eingezogen ist: Google! Dass ausgerechnet eines der führenden Unternehmen des digitalen Zeitalters aus dem amerikanischen Silicon Valley hier residiert, sieht man dieser Fassade wahrscheinlich, und auch Gott sein Dank, auf den ersten Blick nicht an.

Ich möchte nun zu unserem zweiten Projekt kommen. Ich hatte mir schon gedacht, dass alle Fassaden, die im Rahmen der Konferenz gezeigt werden, Neubaufassaden sein werden. Gerne würde ich Sie in ein anderes Thema entführen: Was ist mit den Fassaden, die es gibt, die sich aber aus bestimmten Gründen stets verändern mussten oder mit verändern wollten? Wie gehen wir mit diesen Schichten und Geschichten um, die in diesen Fassaden eingeschlossen sind?

Das Gebäude befindet sich an der Taubenstraße 27 in Berlin-Mitte, zwischen Hausvogteiplatz und Gendarmenmarkt. Dieses Quartier war vor dem Ersten Weltkrieg traditionell durch Betriebe der Damenoberbekleidung, Konfektion und Mode geprägt. So auch in unserem Haus, im zweiten Obergeschoss befand sich eine Pelzwarenfabrik. Es handelt sich um einen typischen, wilhelminischen Bau mit viel *Brokkoli* an den Fassaden, einem klar dezidierten Sockel, drei Obergeschossen, einem kräftigen Traufgesims und einem darüber liegenden Zwerghaus. [8] Das Haus wurde in den Zwanzigerjahren des 20. Jahrhunderts von dem Berliner Architekten Paul Zucker als Geschäftssitz einer Berliner Bank umgebaut, um ein weiteres Geschoss aufgestockt und an seiner Straßenfassade grundsätzlich verändert. Dieses Umbaus wegen ist das Haus unter Denkmalschutz gestellt worden, da er den Maßstabssprung und auch die formale Umformung Berlins aus der kaiserzeitlichen in die bauliche Fassung der so benannten Neuen Sachlichkeit sichtbar macht. [9]

Während der Jahre der Teilung Deutschlands und Berlins wurde das Gebäude in das Bauensemble der

Akademie der Wissenschaften der DDR aufgenommen, die die Gebäude des gesamten Blocks umfasste. Unser Gebäude hatte nicht einmal mehr einen eigenen Eingang. Es wurde durch die Nachbargebäude erschlossen und als Großwäscherei und Großbäckerei ge- oder eigentlich besser vernutzt.

Unser Bauherr, der Vertreter einer namhaften deutschen Privatbank, die das Gebäude vor dem Zweiten Weltkrieg erworben und dann mit der Teilung Deutschlands wieder verloren hatte, hat das Haus 2006 ein zweites Mal gekauft und uns gebeten, es wieder in ein Bürohaus zurückzubauen. [10] Im festen Glauben an eine Kontinuität in Städtebau und Architektur ist es uns eine Selbstverständlichkeit, dass wir an die erreichten baulichen Qualitäten des Architekten Paul Zucker angeknüpft haben. Die Herausforderung für uns bestand darin, den zeitgemäß großen Anforderungskatalog des Planungs- und Baurechts einzuhalten, ohne dass die im Bauwerk eingelagerte Geschichte, Gliederung und Gebäudequalität verloren geht.

Ein besonderes Augenmerk lag auf der Herstellung der ursprünglichen Fassade, der Wiederanlage eines eigenen Zugangs von der Straße. Zusätzlich wurde die Zucker'sche Aufstockung nochmals von uns aufgestockt, zu sehen an der Anlage des geneigten Daches.

Alle Natursteinarbeiten im Inneren wie an der Fassade sind mit deutschen Natursteinen ausgeführt worden. Der Sandstein von der Elbe bekleidet die Fassade von außen, aus ihm sind die stark plastisch gegliederten, weit auskragenden Fassadenteile wie Gurtgesims und großen Fensterumrahmungen. Der Elbsandstein zieht sich aus dem Außenbereich in das Innere des Gebäudes und ist auch das Material der Wandbekleidung im neuen, zweigeschossigen Entree.

Damit bedanke ich mich bei Ihnen für Ihre Aufmerksamkeit.

[8] Taubenstraße 27 vor dem Umbau

[9] Taubenstraße 27 nach dem Umbau 1927

[10] Taubenstraße 27 nach dem Wiederaufbau

Diskussion
Fassaden in Berlin und Bonn

Arnold Bartetzky
Andreas Denk
Jörn Düwel
Dankwart Guratzsch
Helmut Holzapfel
Petra Kahlfeldt
Christoph Mäckler
Michael Mönninger
Tobias Nöfer
Franz Pesch
Jan Pieper
Boris Schade-Bünsow
Wolfgang Sonne
Peter Stephan
Jürg Sulzer
Ludwig Wappner
Gerwin Zohlen

Dankwart Guratzsch, Christian Thomas, Andreas Denk

Bartetzky Allen vier Referentinnen und Referenten danke ich für die großartigen Beiträge. Es war sehr passend, dass Petra Kahlfeldt eine historische Fassade miteinbezogen hat. Dieses Beispiel hat gezeigt, dass Bestandsentwicklung, das Weiterarbeiten im Bestand, für sie eine mindestens ebenso wichtige Aufgabe wie das Neu-Bauen ist.

Ich glaube, dass alle Referenten zwei Gemeinsamkeiten haben: Die eine Gemeinsamkeit besteht in der Güte, in der gestalterischen Qualität der gezeigten Fassadenlösungen. Wenn dies der Standard wäre, müsste diese Konferenz nicht abgehalten werden. Dann gäbe es keinen Handlungsbedarf. Die andere Gemeinsamkeit besteht darin, dass Sie uns allen sehr deutlich gemacht haben, wie Sie zu Ihren gestalterischen Lösungen gekommen sind, wie Sie Ihre Fassaden durch eine Analyse entwickelt haben. Die Analysen beschäftigen sich mit der Baugeschichte des Ortes, dem Umfeld und der künftigen Interaktion des Neubaus mit dem Stadtraum, in den er sich einfügt. Ich denke, dass sowohl diese überragende gestalterische Qualität als auch die sehr intensive Analyse zusammenhängen.

Schade-Bünsow Da ich so oft erwähnt werde, muss ich das Gestrige noch mal wiederholen. Für mich ist es extrem wichtig, dass wir uns darüber klar werden, für wen wir die Stadt, die Polis, bauen. Die Stadt oder die Polis ist erst mal nur eine Gemeinschaft von freien, gleichen Bürgern, die sich in ein gemeinsames Recht und eine Ordnung begeben haben. Da es in den allermeisten Teilen der Welt so schrecklich ungemütlich ist, begeben sich viele Menschen in eine gebaute Stadt.

Ohne die Gesellschaft wäre all das, was ihr baut, nichts wert, da niemand darin wohnen würde. Es ist extrem wichtig, dass die gebaute Stadt und die gebaute Architektur, ein Spiegel der Gesellschaft sind. Wenn ich ein Revolutionärs-Wort umformulieren würde, hieße das: *Jede Gesellschaft bekommt die Architektur und die Stadt, die sie verdient.* Deswegen ist es mir so wichtig, dass wir mit unserer Architektur keine gestrigen gesellschaftlichen Verhältnisse abbilden. Unser Zusammenleben hat sich entwickelt. Wir dürfen unserer gegenwärtigen Gesellschaft kein veraltetes Bild aufdrücken. Stattdessen sollten wir etwas Modernes und Neues hinzufügen. Für mich ist dieser Punkt sehr wichtig.

Düwel Warum nur, lieber Herr Schade-Bünsow, klammern Sie sich an ideologische Formeln, die doch gestrig sind? Schließlich ist die Denkfigur, die Ihrem Imperativ zugrunde liegt, vor einhundert Jahren entstanden. Erst mit der Wende zum 20. Jahrhundert hatte eine selbsternannte Avantgarde den radikalen Bruch mit dem baukulturellen Erbe zur Voraussetzung für eine zeitgenössische Architektur erklärt. Diese Behauptung war schon damals weder logisch noch irgendwie gesetzmäßig. Vielmehr war sie eine Anmaßung, verknüpft mit einer diffusen Utopie. Die Protagonisten reklamierten für sich, den »sozialen Fortschritt« zu verkörpern. Freilich stellten sie ihre Vorschläge gar nicht erst zur Wahl, sondern behaupteten deren universelle Gültigkeit. Die verschiedenen Formen von Architektur und Stadt waren politisch vereinnahmt und polarisierend in Stellung gebracht worden. Folglich war der *Kampf* unversöhnlich. Höre ich Ihnen heute zu, habe ich den Eindruck, sie fechten noch immer diesen uralten Kampf. Sie scheinen die betagten Denkmuster derart verinnerlicht zu haben, dass Sie sich überhaupt nicht vorstellen können, dass es in der langen Geschichte des Abendlandes im Grunde niemals darauf ankam, allein das voraussetzungslos Neue zu akzeptieren.

Den Heißspornen, die von Traditionen als unversiegbarer Quelle für Zeitgenössisches nichts wissen wollten, hatte bereits Cornelius Gurlitt ins Gewissen geredet. Der damalige Präsident der Freien Deutschen Akademie für Städtebau mahnte unermüdlich, dass es gerade nicht darauf ankäme, jeder aktuellen Forderung, und sei sie scheinbar noch so berechtigt, nachzukommen. So widersprach er leidenschaftlich Plänen, in die alten Städte Schneisen für den neuen Verkehr zu schlagen. Natürlich sperrte sich der achtzigjährige Gurlitt nicht gegen den Fortschritt. Jedoch gab er zu bedenken, dass unsere Städte ihre Form und ihre Gestalt zumeist schon vor mehreren hundert Jahren bekommen hätten. Und er machte darauf aufmerksam, dass die Städte in ihrer langen Geschichte viele Herrscher kommen und gehen sahen. Trotzdem sei die Stadt in ihrer Struktur im Wesentlichen unverändert geblieben. Die Stadt habe folglich ein viel längeres Gedächtnis als kurzfristige Nutzungen oder Funktionen. Die Stadt kann etwas fortschreiben, braucht dafür aber nicht das, was Sie, Herr Schade-Bünsow, gebetsmühlenartig *Zeitgenossenschaft* nennen.

Nun aber zurück zu unserem eigentlichen Anliegen, zur Schönheit der Stadt. Ich möchte Herrn Nöfer eine Frage stellen. Tobias Nöfer machte darauf aufmerksam, die Ikonografie von Schmuck und Bauformen sei in weiten Teilen verloren gegangen. Sicher ist die Beobachtung zutreffend, dass inzwischen mehrere Generationen von Absolventen in ihrem Architekturstudium kaum mit klassischem Bauschmuck in Berührung gekommen sind. Manche dürften ihr Diplom sogar erhalten haben, ohne jemals vom Akanthusblatt gehört zu haben. Obwohl das Akanthusblatt seit der Antike in der Architektur seinen festen Platz hat und sogar über die ganze Welt verbreitet ist, ist es hierzulande, zumindest im aktuellen Bauen, nahezu in Vergessenheit geraten. Sie, Herr Nöfer, haben es sozusagen wieder hervorgeholt. Wo hat Ihr Akanthusblatt am Kurfürstendamm seine Vorbilder?

Nöfer Als Vorlage diente nicht ein bestimmtes Akanthusblatt, sondern diese Dekorform allgemein. Wie

Sie bereits sagten, hat diese eine sehr lange Geschichte. Ich habe das klassischste Motiv gesucht. Meine Idee dahinter war die Frage, wer sich in diesem Haus aufhält und dort ein- und ausgeht. Vermutlich sind es meist Anwälte und Notare. Mein Anliegen war es, sie in ihrer Trockenheit und Papierverliebtheit auf etwas Konträres, auf die Natur hinzuweisen. Ich habe dazu keine wissenschaftliche Untersuchung durchgeführt, hatte kein konkretes Vorbild. Plastische Tiefe am Haus war die Vorgabe. Mein Fries ist ein Teil der Lösung. Ich habe mir natürlich viele Akanthusblätter angeschaut, dann aber ein eigenes entwickelt und daraus ein eigenes Ornament entworfen. Aber viel allgemeiner als dass ich sagen könnte, dass es einem Bestimmten entsprechen würde. Die Idee dahinter ist nicht die Geschichte des Blattes, sondern der Verweis auf die Endlichkeit, auf die Natur, auf alles, das die Leute nicht im Kopf haben. Wenn sie in das Haus hineingehen, sollen sie in diesem Moment eine Erinnerung an etwas haben, das über ihren Alltag hinausgeht.

Mönninger Ich bin froh, dass wir nach der schwierigen, teils ideologisch eingefärbten Debatte am gestrigen Nachmittag wieder zu unserer Kernkompetenz zurückgefunden haben.

Architektur wird die Welt nicht retten. Sie wird aber doch einen bedeutenden Beitrag dazu leisten, dass die Aufenthaltsqualität in dieser Welt ein bisschen besser wird. Ich danke Frau Wolfrum für den Begriff der *Porosität*, der von Walter Benjamin eingeführt wurde und den sie nun wieder aufgegriffen hat. Auch bei Axel Schultes und vielen anderen klugen Leuten ist er fest in ihre städtebaulichen Überzeugungen eingegangen. Allerdings habe ich das Gefühl, dass man mit diesem Begriff so viel Schindluder treiben kann, wie vor 20, 30 Jahren mit dem Begriff der *Dichte*. Die *Dichte* ist die Krönung der Schöpfung und das Wichtigste der Architektur. Welche Verbrechen sind im Namen der Dichte begangen worden!

Heute beschäftigen wir uns mit dem Begriff der *Porosität*. Was können wir mit einem so wunderschönen Wort für Transitzonen, Schwellen, Sublimierungen, im Anblick unserer Wildschweingebiete und Tintenklecks-Urbanisierung für porösen Unsinn anstellen! Wir müssen mit der *Porosität* wie mit Südfrüchten umgehen. Sie sind köstlich, aber importiert, und sie müssen ganz besonders zubereitet werden. Wir müssen mit dem Begriff der *Porosität* folglich sehr vorsichtig umgehen. Bei den verschiedenen Entwürfen, die alle höchst spannend waren, sind eigentlich nur zwei auf die Fassadendetails eingegangen. Ich spreche von den beiden Beispielen, bei denen der alte Günter Behnisch sagen könnte, es handle sich um materielle Verstopfung. Gemeint sind die Tonnen von schweren Lasten, die hier aufgetürmt werden. Die Beispiele sind ganz schön, sie gehen in Richtung einer Verräumlichung von Fassade. Warum aber gibt es dort diese ungeheure Verstopfung?

Eine Fassade ist räumlich zu denken. Sie ist ein Erscheinungsraum der sozialen Akteure. Diese Metapher der Theaterloge darf uns nicht verführen, die Fassade nur als ein Festivalisierungs-Element zu sehen. Sie zeigt die Grenze zwischen Innen und Außen, den Ort, an dem die Leute zwischen verschiedenen Sphären wechseln. Uwe Schröder sagte dazu, diesen Übergang müsse man hinauszögern. Das sei die Sublimierung, das Hindurchschreiten durch eine Grenze, das zu einer Verfeinerung, zu einer Gesellschaftsfähigkeit des Individuums führe.

Das sehe ich bei unseren Fassaden hier nicht. Sie sind nicht räumlich, nicht praktikabel. Sie haben keine eigene Tiefe, in die man eintreten könnte. Wie kreieren wir bei unserer Architektur, wenn wir nicht nur tonnenschwere Bronze-, Granit-, Travertin- oder sonstige Materialien auftürmen, diesen Erscheinungsraum der sozialen Akteure? Wo kann die Architektur ihr Inneres nach außen stülpen und das Dekor wirklich ins Leben treten lassen? Dazu hätte ich gern noch weitere Angaben.

Zohlen Aus philologischen Gründen möchte ich vor einer zu extensiven Verwendung des Begriffs Porosität in der Architektur warnen. Sich auf Walter Benjamin zu beziehen und ihn zu zitieren, ist natürlich immer gut, aber bleibt zugleich hoch kompliziert. Benjamin war kein strenger Systematiker. Die Porosität entstammt bei ihm, wie Sophie Wolfrum ja schön gezeigt hat, einem *Denkbild*, was als Gattungsbezeichnung für einen Text schon schwierig genug ist. Und der Text umspielt den Begriff in vielen Varianten der Anschauung, nicht nur in der Architektur. So ist der Begriff bei Benjamin, ohne ihn hier eingehend ausdeuten zu können, weit mehr ein Konnubium von Wahrnehmung und Literatur, Empfindung und Gedanke, eine philosophische Exposition zur Deutung eines ganzen Lebens- und Gesellschaftszusammenhangs. Benjamin verwendet den Begriff Porosität weit mehr als Metapher einer (südlichen) Sehnsucht denn als materiale Realitätsbeschreibung – wenn sie im Text auch einen düsteren Ton nicht abstreifen kann. Zur architektonischen Beschreibung, gar zu einer Gestaltunganweisung eignet der Begriff sich weniger – oder wenn, dann eher im Sinne der Sphären-Philosophie von Peter Sloterdijk als im Sinn einer wieder zu gewinnenden urbanen Stadtarchitektur; er trägt das luftig Leichte und Schwammige seiner Sprachherkunft mit sich. Aus diesem Grund halte ich den Begriff der Raumtiefe der Fassaden, wie Peter Stephan ihn am Beispiel des Berliner Schlosses (heute Humboldtforum) extemporiert hat, für tragfähiger und geeigneter, den urban gewünschten Zustand der Fassadengestaltung zu erfassen und als wiederzugewinnendes Ziel zu beschreiben.

Thomas Will, Jan Pieper

Bartetzky Frau Kahlfeldt, Herr Nöfer oder beide, möchten Sie etwas zu diesem Vorwurf der *Materialschlacht* sagen?

Kahlfeldt Bezieht sich dieser Vorwurf auf die Natursteinbekleidung? Die *Lindensatzung* schreibt tatsächlich Stein vor. Es kann ein Werk- oder Naturstein verwendet werden. Diesen Naturstein würde man normalerweise mit einer massiven Außenwand verheiraten. Dann hätte man den Wandaufbau, den wir lehrbuchartig bis in die Zwanzigerjahre des 20. Jahrhunderts verwendet haben und der auch heute wieder vorkommt. Für uns war aber die Frage: Wie können wir einen anderen Rohbau, der vom Bauherren so gewünscht war, dennoch mit einer schönen Fassade bekleiden?

Zur Frage der Raumhaltigkeit und zum Erscheinungsraum für urbane Akteure: Raumhaltigkeit hat natürlich auch etwas mit dem Planungsrecht zu tun. Es gibt Baugrenzen und Baulinien, an denen wir gezwungen sind zu bauen. Das gilt auch für Auskragungen aus der Fassade selbst. Wenn auch dort vieles limitiert ist, muss man vielleicht mit anderen Planungsinstrumenten für ein größeres Verständnis und für mehr Raumqualität sorgen.

Nöfer Ich habe ein Projekt vorgestellt, bei dem ich vor allem die Plastizität zum Ausdruck bringen wollte. Das geht am besten mit massivem Material. Wir bauen das Haus so, dass es nicht morgen oder in 20 Jahren wieder saniert werden muss. Wir verleihen ihm Dauerhaftigkeit. Die Umsetzung erfolgt mit der Formensprache von heute, aber mit einem sehr dauerhaften Anspruch. Ich möchte dem Vorwurf widersprechen, das sei eine *Materialschlacht*. Diesen Vorwurf finde ich falsch. Ich habe nur deshalb die 500 Tonnen Jura erwähnt, weil dies ungewöhnlich ist. Die Suche nach dem Nichts hat die letzten 50 Jahre geprägt. Es darf nichts mehr da sein, alles muss minimiert werden und so ist es dann auch *ephemer*. Dieses *Ephemere* ist die Gegenthese zum *Dauerhaften*, das bleiben will. Ich glaube auch nicht, dass es in der Realisierung als *Materialschlacht* in Erscheinung tritt, da es nur ein plastischer Körper ist. Die Tiefe ist der Anspruch auf Dauerhaftigkeit.

Mönninger Ich habe nicht *Materialschlacht*, sondern *materielle Verstopfung* gesagt. Damit meine ich einen vorübergehenden Zustand, der mit gewissen Relaxantien wieder aufgelöst werden sollte.

Bartetzky *Materialschlacht* haben Sie in der Tat nicht gesagt. So hatte ich es vielleicht etwas unzulässig zugespitzt. Über diesen Beiträgen schwebt aber folgende Frage: Sind Masse, Gewicht und Körper gleich Tiefe? Werden massive Fassaden auch automatisch als tiefe Fassaden wahrgenommen?

Ich glaube, dass hier im Raum unterschiedliche Ansichten diesbezüglich versammelt sind. Eine Aussage von Frau Kahlfeldt habe ich mir notiert. Sie sagten, Ihre Fassade hätte Masse, Gewicht, Körper und Tiefe. Die Masse bescheinigt Ihnen Herr Mönninger auf jeden Fall auch, aber nicht unbedingt die Tiefe. Vielleicht können wir diesen Aspekt noch fortführen, wenn es sich ergibt.

Guratzsch Ich möchte mich von den Metaphern der Physik und der Kunstwissenschaft entfernen und zu denen des Lebens zurückkehren. Die Stadt ist ein Lebenszusammenhang. Was ich so unglaublich angenehm finde, ist die Regie, die hier waltet. Heute sehen wir dazu einen Gegenentwurf zu dem, was wir gestern Nachmittag gesehen haben. Wir haben gestern überraschend viele Fassaden gesehen. Darunter waren auch Formen der Spiegelung, die überhaupt kein kommunikatives Element sein können, sondern einen geradezu zurückwerfen. Sie spiegeln zwar einen Ausschnitt von Stadt wider, allerdings in verzerrter Form und werfen ihn zurück. Damit greift man die Umgebung an und verhöhnt sie in gewisser Weise. Dem gegenüber sind die Fassaden, die wir heute gesehen haben, ungeheuer beredt. Sie stellen das Haus in einen *Redezusammenhang*. Dieses wundervolle Wort stammt von Jakob Grimm. Er beschreibt damit das Haus als einen Kommunikator, als einen Kommunikationspartner. Solche Redegesellen sind die schönsten Fassaden in der Stadt, weil sie Kontakt zu den Nachbarhäusern und zur Stadt im Ganzen aufnehmen und auch, weil sie Leben stiften. Es kommt nicht nur auf das *materiell Schöne*, sondern auch auf das *gesellschaftlich Schöne* an. In dem *gesellschaftlich Schönen* sprechen nur die mit, die korrespondieren, mit denen eine Korrespondenz entsteht. Von Gottfried Benn gibt es dazu ein wundervolles Gedicht, in dem es heißt: »Kommt, reden wir zusammen, wer redet, ist nicht tot. Es züngeln doch die Flammen schon sehr um unsere Not.«

Dieses *Reden der Gebäude*, diese Korrespondenz, wird tatsächlich durch Plastizität geleistet. Wie hier auch aus den Zusammenhängen heraus erklärt wurde, wie die einzelnen Fassaden zustande gekommen sind, ist ein Beleg dafür, wie sehr sich die Autoren an den Nachbargebäuden, an diesem *Redezusammenhang* orientiert haben. Ich bin beglückt darüber, dass wir solche Beispiele heute wieder sehen können, die in eine neue Richtung weisen und die Stadt wieder zum Sprechen bringen.

Denk Die Art und Weise, wie heute im Allgemeinen und hier im Besonderen bislang über Fassaden gesprochen wird, geht am Thema vorbei. Fassaden haben nicht nur einen grafischen Wert oder lassen sich allein auf ihren Reliefcharakter zurückführen. Noch die Achtziger- und Neunzigerjahre haben wenigstens diskutiert, ob Fassaden das Kleid bilden, das den

Körper umfängt, die Haut, die das Skelett umgreift, oder die Hülle, die die Funktion umfasst. Ist diese Diskussion angesichts der vielfach geübten Praxis, den Baukörper getrennt von der Fassade zu planen, inzwischen obsolet geworden? Manchmal hilft die Schärfung der Begriffe durch die Theorie. Dazu gehört unter anderem die *Architekturästhetik* von Herman Sörgel, die er bereits erstmals 1918 veröffentlicht hat. Sörgel hat die schöne Begrifflichkeit von der *Janusköpfigkeit* der Architektur geprägt. Er hat davon gesprochen, dass die Fassade oder bleiben wir im Allgemeinen, die Wand »doppelt konkav« sei. Er meint damit nichts anderes, als dass sie sowohl nach innen als auch nach außen stets die Umgrenzung eines Raumes bedeutet. An dieser phänomenologischen Erkenntnis des Münchner Architekten kommen wir auch heute noch nicht vorbei. Solange wir die Fassade nur als Fläche, als Ornament oder als Stapelungsmöglichkeit von hergeleiteten Architekturelementen begreifen, werden wir dem Phänomen der Wand als räumlichem Element nicht gerecht.

Die Wand ist nicht nur eine formale oder gestalterische Herausforderung, sondern vor allen Dingen eine räumlich-soziale. Ich will kurz erläutern, warum es so sein könnte: Für die Gegenwart, die nicht mehr über Säulenordnungen und hoffentlich auch nicht mehr über historische Gewandungen nachdenken muss, stellt sich dennoch die Frage nach dem Eindruck und dem Ausdruck der raumumhüllenden Wand. Ein modernes, demokratisches Analogon zur frühneuzeitlichen Möglichkeit, mit Hilfe von Säulenordnungen Bedeutungen oder Funktionen von Gebäuden unterscheiden können, haben wir nicht mehr. Die kontinuierliche Repetition unverfänglicher Lochfassaden sorgt inzwischen für eine Uniformität des Neubaus, die der Ubiquität der Produkte in der globalisierten Welt entspricht. Die gehobene Langeweile zeigt das Fehlende auf: Wir wollen eigentlich nicht, dass alles gleich aussieht. Eine Grundannahme Wolfgang Sonnes ist, dass Fassaden Schnittstellen zwischen dem öffentlichen und dem privaten Raum sind.

Das heißt aber auch, dass Wände in jedweder Ausprägung immer räumlich zu denken sind, seien sie bloße Fläche, Relief oder raumhaltiges Element. Das ist das, was Sörgel mit seiner *Bi-Konkavität* der Architektur meint: Jedes noch so flache Relief, der Raum der Wand, prägt sich dem öffentlichen und dem privaten Raum wie ein Stempel ein. Genauso wie der öffentliche Raum über das Wandrelief den *Wand-Raum* ins Innere des Hauses eindringt, bilden sich Teile des inneren Raums über die Wand dem Öffentlichen ein, wie Peter Stephan am Beispiel des Berliner Schlosses vorgeführt hat. Der Eindruck, den der Passant im öffentlichen Raum vom Privaten bekommt, basiert auf der gewollten, erwünschten oder vielleicht unvermeidlichen Wirkung eines Gebäudes im Stadtraum. Dieser Eindruck kann durch das System der Wand, durch die Varianz und den Zeigecharakter der Wandelemente gesteuert werden. Das Eindringen des Öffentlichen in das Private und die entsprechende Wirkung im Inneren wiederum drückt sich gleichzeitig als Ausdruck des Allgemeinen im privaten oder im halböffentlichen Innenraum aus.

Insofern entscheidet die Art und Weise, wie die Wand oder die Fassade als Filter oder Membran zwischen dem öffentlichen und dem privaten Raum entwickelt und wahrgenommen wird, über die *Zugewandtheit* von Innen- und Außenräumen – und damit letztlich über eine soziale Eigenschaft des Hauses und der Stadt: Das sorgfältige Austarieren des Hauses und seiner Grenzen zum Kontext drückt das Verhältnis des Individuums zur Gemeinschaft aus. Wir steuern folglich mit der Art und Weise, wie wir die Wand – oder die Fassade – als Mittler zwischen den unterschiedlichen Formen der Räume einsetzen, das Verhältnis des Öffentlichen und des Privaten sowie des *Halböffentlichen* und des *Halbprivaten*.

Das Haus ist immer Teil der Stadt. Das ist eine Lektion, die wir vielleicht schon gehört, aber nicht immer verinnerlicht haben. Wenn diese einfache Erkenntnis möglicherweise ein Gesetz unserer Zeit sein muss, wird auch die Wand immer Teil eines räumlichen Gefüges sein, dessen Relief und dessen Öffnungen emblematischen, zeichenhaften, zeigenden und verbergenden Charakter haben. Mit der Wand und ihren Öffnungen, ihrem räumlichen Eindruck in den öffentlichen Raum und ihrem Ausdruck des Verbergens und Zeigens entscheiden wir nicht mehr und nicht weniger als über die Sozialität des Hauses und die Sozialität der Stadt. Die Verantwortung dafür möchte ich eigentlich keinem Architekten absprechen.

Bartetzky Danke für den Beitrag, der noch mal gezeigt hat, was hier auf dem Spiel steht.

Stephan Ich danke allen Referenten für die sehr guten Beispiele. Toll fand ich bei Herrn Kleihues, dass er seinem Bauherrn einen Innenraum für die Gestaltung der Fassade abringt. Ich finde es großartig, dass der Begriff der *Opulenz* wieder gefallen ist. Auch sie kann ein Gütezeichen von Architektur sein. Sehr mutig finde ich, dass wir auch wieder inszenieren und Raumachsen schaffen. Was mir bei Tobias Nöfer sehr gefallen hat, ist, dass eine Fassade auch Qualität bekommt, wenn man in einem Abstand von einem Meter unter ihr steht, nach oben schaut und dann sieht, welche Dynamik sie im *Konvex-Konkaven* entfalten kann. Das kennen wir beispielsweise von Borromini.

Herr Schade-Bünsow, Ihnen wollte ich auch noch etwas mit auf den Weg geben: Ich glaube, dass gute Architektur zeitlos und unabhängig von ihren gesellschaftlichen Verhältnissen ist. In einer großbürgerlichen Wohnung aus dem Jugendstil kann nicht nur der *Kommerzienrat* aus der Zeit von Wilhelm II. leben, sondern auch eine Wohngemeinschaft. In einer toskanischen Finka kann nicht nur der Großgrundbesitzer leben, dort kann auch eine Jugendherberge untergebracht sein. Gute Architektur lässt diese Veränderungen zu. Auch kann ich mir nicht vorstellen, wie in einem Straßenzug ein Junggesellenhaus oder ein Patchwork-Familienhaus aussehen soll. Was passiert mit dem Haus, wenn die Patchwork-Familie nach 20 Jahren auszieht?

Ich halte auch den Gedanken der Polis für etwas überstrapaziert. Die meisten von uns hätten nicht in einer attischen Polis leben wollen, in der nur etwa zehn Prozent der Menschen Bürgerrechte hatten. Das sind alles Begriffe, von denen man sich vielleicht freimachen sollte. Gute Architektur ist gute Architektur. Diese hat einen Wert an sich.

Sonne Ich möchte den Begriff der *Porosität* aufnehmen. Der Vortrag von Sophie Wolfrum passt genau zum Thema dieser Konferenz. Sie hat wunderbare Beispiele von *Porosität* im städtischen Zusammenhang gezeigt. Es wurde aber auch Unbehagen im Zusammenhang mit diesem Begriff geäußert, das ich teile. Es können Probleme bei solchen Begriffen auftreten, die aus anderen Bereichen entlehnt sind. Bei dem Begriff der *Porosität* denke ich zum Beispiel an den Schwamm in der Biologie. Diesen Begriff hat man auf die Architektur übertragen und ich bin der Meinung, dass er gut funktioniert.

Porosität in der Architektur bezieht sich auf eine Zwischenzone, eine Mischzone, eine nicht klar definierte Zone im Städtebau und in der Stadtarchitektur. Es geht nicht um Restflächen. Michael Mönninger hat einen Urbanismus angesprochen, bei dem auf undefinierten Flächen undefinierte Körper niedergelassen werden. Das könnte man auch als *Porosität* verstehen. Genau das ist aber nicht gemeint. *Porosität* bezieht sich auf ein Phänomen an der Grenze zwischen Öffentlichem und Privatem.

Die Tiefe, die *Porosität* der Fassade, schafft nicht nur ein gestalterisches Problem, sondern führt dazu, dass an dieser Stelle eine Interaktion stattfindet. Selbst wenn ich im dritten Stock am Balkon stehe, erlebe ich Interaktion mit dem öffentlichen Raum. Es gibt folglich ein Zwischenspiel des Individuums mit der Öffentlichkeit. Der entscheidende Punkt ist, dass wir *Porosität* nicht als etwas Unbestimmtes belassen müssen, sondern sie vielmehr an das binden können, was die Grundlage für Urbanität darstellt;

Ansgar Schulz, Tobias Nöfer

gemeint sind Trennung und Austausch von sozialer Öffentlichkeit und Privatem.

Pieper Ich fasse mich kurz, vieles wiederholt sich. Ich bin ebenfalls der Meinung einiger Vorredner, dass wir mit den heutigen Entwürfen dem Fassadenthema einerseits näher gekommen sind und uns andererseits weiter davon entfernt haben. Nähergekommen sind wir zum Beispiel bei der Besprechung der Fassade von Herrn Nöfer. Sehr schön finde ich, dass Sie gezeigt haben, wie sich der Innenraum mit dem öffentlichen Raum verzahnt. Dabei ergeben sich Durchblicke, wie sie auch Frau Wolfrum mit ihrem Vortrag angesprochen hat. Sie nennt es *Porosität*. Man kann es auch Verzahnung oder Schwellensituation nennen. Das gilt auch für die Beispiele, die Frau Kahlfeldt gezeigt hat.

Als Architekt habe ich gleichzeitig ein Gefühl des Unwohlseins im Umgang mit diesen historischen Formen, wie ihn diese Entwürfe praktizieren. Nicht nur als Architekt, sondern auch als Bauhistoriker. All diese historischen Formen haben ganz klare Bedeutungen, die wir nur noch zum Teil kennen, wir müssen sie aus der Literatur und der Architekturtheorie rekonstruieren, man kann sie nicht mehr als allgemein bekannt voraussetzen. Insofern ist der Umgang mit diesem Architektur-Code der historischen Form problematisch.

Was diese historische Form auch ausmacht, ist, dass sie nicht nur eine Bedeutung hat, sondern auch eine Stilisierung des konstruktiven Denkens darstellt. Das gilt insbesondere für die Elemente, die Sie gezeigt haben, Frau Kahlfeldt. Ich meine beispielsweise die Säule. Die Frage, ob dieses Architekturelement das

Tragen, das Stützen nur noch als Bild zeigt oder ob es tatsächlich konstruktiv als tragend ausgebildet ist, rührt an ein Kernproblem des architektonischen Handelns. Wenn die Säule oder der Pfeiler ausgehöhlt wird und darin eine Stahlkonstruktion vorhanden ist, hat die Konstruktion nichts mehr mit dem zu tun, das Herr Guratzsch Beredsamkeit nennt. Das finde ich extrem problematisch.

Was mir während der Diskussion noch in den Sinn gekommen ist, bezieht sich auf Herrn Schade-Bünsow. Sie mahnen an, dass die Architektur nicht mehr die Verfassung der Gesellschaft zeigen würde. Vielleicht tut sie es gerade in dieser Verkleidung, dieser Täuschung, die damit gewissermaßen *gesellschaftsfähig* geworden wäre. Gleichwohl würde ich diese Architektur als *Verfälschungsarchitektur* bezeichnen.

Holzapfel Herr Schade-Bünsow hat heute gesagt, dass die Architektur uns nichts aufdrücken dürfe. Architektur, wie die von Herrn Kleihues beispielsweise, würde demnach den Menschen etwas aufdrücken. Da habe ich mich gefragt, was es mit diesem Ausdruck des *Aufdrückens* auf sich hat, den man sehr kreativ verwenden kann. Ist den Menschen das Märkische Viertel aufgedrückt worden? Ich komme aus einer Profession, dem Verkehrswesen, die den Menschen möglicherweise auch etwas aufgedrückt hat, die aber in diesem Zusammenhang nicht genannt wurde. Was hat uns die Automobilorientierung nicht alles aufgedrückt!

Ich habe für den hier sitzenden Herrn Walter eine kleine Stellungnahme verfasst. Es ging darum, was alleine Verkehrsschilder im städtischen Raum für die Passanten zerstören. Es gibt so viele Vorschriften, die alle eingehalten werden müssen, daher gibt es viele Schilder. Weniger *Aufdrücken* heißt vielleicht auch, Dinge wie Verkehrsschilder wieder zu entfernen, weil sie stören. Aus diesem Grund erklärt sich vielleicht auch der Trend zu alten Formen. Möglicherweise sind sie uns Menschen angemessener. Ich hatte das große Glück, mich neben meinem Schwerpunkt Verkehr

auch mit anderen Themen auseinanderzusetzen. Ich möchte ein Beispiel aus der Umweltpsychologie erläutern. Wo setzen sich die Leute hin, wenn in einem Raum Stühle in der Mitte und am Rand stehen? Sie setzen sich natürlich auf die Plätze am Rand. Die Stühle in der Mitte werden zuletzt besetzt. Das zeigt, dass Ränder wichtiger sind als die Mitte. In Bezug auf Plätze haben wir das jetzt wieder begriffen. Diese grundsätzlichen menschlichen Bedürfnisse wieder zu begreifen ist nicht *retro*, sondern ein Gewinn. Das drückt den Menschen nichts auf, sondern knüpft an das an, was bereits vorhanden ist und funktioniert. Diese Versuche, die hier gestartet werden, sind die Anfänge davon, Dinge, die schon lange funktionieren, wieder neu zu entdecken. Man sollte den Begriff des Aufdrückens auf andere Aspekte anwenden: Zum Beispiel auf meine Fachprofession.

Wappner Ich möchte zu dieser Diskussion zunächst erst einmal bewusst anmerken, dass ich aus Süddeutschland komme. Wir sprechen scheinbar dort auch noch eine weitere Sprache als die hier hör- und sichtbare nördlich der Mainlinie. Ich möchte damit ausdrücken, dass das, was unsere mehr plurale Architekturhaltung prägt und ausmacht, vielleicht mehr ein Abbild unserer aktuellen Gesellschaft darstellen könnte als die hier sichtbare Angst vor zeitgenössischer Architektur. Gibt es neben der durchaus nachvollziehbaren Faszination für die alte Baukunst keinen Fortschrittsoptimismus in der Architektur mehr? Können wir zeitgenössischen Architekten unsere Bauaufgaben nicht mehr so gut lösen wie unsere Vorgänger?

Ich reibe mir schon auch die Augen, wenn meine KollegenInnen in Berlin scheinbar enorme wirtschaftliche Mittel zur Verfügung haben, um Tonnen von Naturstein an eine Fassade zu hängen. Herr Pieper hat gerade gesagt, dass das für ihn mehr eine Kulissenarchitektur sei. Ich wiederhole das Gleiche nicht auch noch einmal, und weil ich neidvoll nach Berlin blicke, sondern es uns im Büro gar nicht in den Sinn käme, ganze Steinbrüche an eine Fassade zu hängen. Ich war jüngst erst einmal wieder in der Friedrichstraße in Berlin. Dort kann man heute richtig gut sehen, was der dogmatisch steinerne Wiederaufbau der Straße erzeugt hat, nämlich eine recht kühle und wenig einladende Straße mit vielen gebauten Autisten. Es entwickelt sich für mich kein sonderlicher Reiz, dort entlang zu flanieren, es hat erlebbar so gar nichts von dem Reiz der alten Bilder dieser Straße. Es ist eben genau auf den Denkschemata aufgebaut worden, die ich heute schon öfters hier gehört habe, als es um Übergänge und Schichtungen im öffentlichen Raum ging und die ich mir durchaus auch anders vorstellen kann.

Herr Stephan, Sie sprachen von Gebäuden, die sehr wohl in früherer Zeit erlebbare Schichtungen, Öffnungen und Übergängen hatten. Sie erläuterten das beispielsweise sehr gut an Schinkels Altem Museum, was man natürlich dort auch heute noch gut nachvollziehen kann. Aber was man hier bei den gezeigten Fassaden und deren Übergängen in den Stadtraum sieht, ist meist sehr nüchtern gehalten und eher wenig einladend. Da wird auch niemand auf einem der gezeigten Balkone stehen, weil es schon von der Nutzung her gesehen gar keine Häuser mehr sind, bei denen man diese Balkone überhaupt braucht. Diese Häuser sind auf hoch ökonomische Weise im Prinzip ein Ausdruck wachsender Zuneigung zu den kulturellen Werken der Vergangenheit. Es irritiert mich schon ein wenig, dass wir nur auf diese Beispiele dieser Berlin-Runde unsere Diskussion aufbauen, die ich aber dennoch sehr spannend finde und worüber es sich lohnt zu diskutieren. Man lässt aber spürbar hier in der Runde nichts anderes mehr so richtig als angemessene Architektur zu. Es wird in großen Teilen eine Baukunst glorifiziert, die mit der baulichen Wirklichkeit und den gesellschaftlichen Problemen in großen Teilen dieses Landes einfach nichts mehr zu tun hat.

Bartetzky Vielleicht zeigt aber der Anblick der Friedrichstraße in Berlin nicht nur die ökonomischen Zwänge, sondern möglicherweise auch, dass man die angestrebte Schichtung zunächst einmal wieder lernen muss. Seit diesen ersten Gehversuchen sind 15 bis 20 Jahre vergangen. Was wir heute vorgeführt bekommen haben, sind doch Ergebnisse einer Entwicklung, eines Lernprozesses, die seit dem stattgefunden haben.

Wappner Ich möchte hierzu nur noch eine ganz knappe Anmerkung machen. Es wurde heute hier öfters schon gesagt, dass in den Fünfziger- und Sechzigerjahren nur ganz leise Versuche von substanzieller und guter Architektur gemacht wurden. Meiner Meinung nach wird man dieser Zeit damit wenig gerecht. Dagegen halten würde ich gerne hier und heute, dass man dieser Zeit des Wiederaufbaus aber auch des materiellen Mangels nicht einfach nur den Spiegel der Vergangenheit entgegensetzen kann. Ich glaube nicht, dass wir nur noch auf das vorletzte Jahrhundert zurückgreifen müssen, um die hier angesprochenen Probleme vieler städtischer Fassaden zu lösen. Da hege ich schon mehr Zukunftsoptimismus für unsere Zunft.

Sulzer Ich glaube nicht, dass uns diese Kontroverse unbedingt weiterbringt. Ich finde auch, dass das Ganze nicht so schwierig ist, wie wir darüber diskutieren. Wir sprechen über *materielle Verstopfung* und *gegenseitiges Aufdrücken*. Ich halte von derartigen Schlagworten nichts. Stattdessen sollten wir uns mit dem städtebaulichen Ensemble in seiner umfassenden Bedeutung auseinandersetzen. Bauten ohne einen klaren Bezug auf das Ensemble und die Umgebung, folglich ohne die exakte Reflexion dessen, was schon da ist, sind von gestalterischer Zufälligkeit, Willkür oder baulicher Aneinanderreihung geprägt. Derartige architektonische Eigeninszenierungen kann man in der Baugeschichte, ganz besonders in der Phase der Moderne, die immer wieder etwas Neues erfinden will, sehr gut beobachten. Fassaden, die in ihrer gestalterischen Haltung auf die Umgebung reagieren, vermitteln zwischen dem einzelnen Haus und dem baulichen Ensemble.

Ich habe drei Aspekte, die die Bedeutung des städtebaulichen Ensembles ausmachen, aus unseren Diskussionen herausgegriffen. Erstens: Ohne eine starke, öffentliche Stadtplanung geht das Ensemble sowohl im Städtebau als auch in der Objektplanung verloren. Das hat das Beispiel aus der Stadt Lübeck sehr deutlich gezeigt. Es ist noch nicht lange her, da haben wir in ähnlichen Kreisen darüber diskutiert, ob es die Stadtplanung überhaupt noch braucht oder ob die Architekten das nicht ohne öffentliche Planung besser machen könnten. Aus meiner Sicht muss das Ensemble von einer starken Stadtplanung betreut werden.

Zweitens vermittelt die Fassade im Ensemble immer zwischen zwei Polen, wenn man so will zwischen einer Mikro- und einer Makroebene. Die Fassade vermittelt in gewisser Demut zwischen dem Neubau selbst und dem, was an Bestandsbauten bereits vorhanden ist. Gestern und heute haben wir eine breite Palette schöner Beispiele gesehen, die gegenüber dem historischen Erbe der Stadt eine erfreulich *demütige* Haltung einnehmen.

Der dritte Aspekt, der das Ensemble zum Thema macht, ist die verständliche Darstellung seiner Geschichte. Wenn wir das nicht machen, fehlt der Fassade die Seele, das Herzstück. Erst das Denken und Gestalten im Ensemble macht die Fassade zu dem, was sie sein sollte, zur Seele eines Hauses in Gemeinschaft ihrer Nachbarhäuser. Ein ganzheitlicher Ensemble-Städtebau bietet die Chance, immer wieder neue Geschichten und Geschichte zu erzählen, Gegenwart und Zukunft kreativ miteinander zu verknüpfen. Frau Kahlfeldt hat das sehr deutlich gezeigt. Das bewahrt uns vor Selbstinszenierung und stärkt die Erinnerungskultur, die für die zukünftige Stadtentwicklung von großer Bedeutung sein wird. Deshalb sollten wir den Fokus in der Stadt- und Baugestaltung auf klar lesbare, städtebauliche Ensembles legen, die zudem eine eindeutige Raumgeborgenheit für die Bewohner im Quartier vermitteln.

Stephan Wenn ich vielleicht kurz noch etwas zum Kollegen Wappner sagen darf. Das, was ich gezeigt habe, ist nicht nur die Architektur der letzten 100 Jahre gewesen, sondern die Architektur der letzten 2.500 Jahre. Die finde ich im griechischen Athen ebenso wie im Mittelalter. Ich finde sie bei Mies van der Rohe, sowohl im Dorf als auch in der Stadt. Da brauche ich keine preußischen Könige. Das sind zeitlose Gestaltungsprinzipien. Ich glaube, dass es gut ist, sich wieder auf diese zeitlosen Gestaltungsprinzipien zu besinnen.

Mäckler Ich möchte auch etwas zu Ludwig Wappner sagen. Ich glaube, dass es egal ist, ob man Tonnen von Bronze oder Tonnen von Stein an eine Fassade hängt. Das ist für die Stadt völlig unwichtig. Jürg Sulzer hat das bereits ein bisschen angedeutet und ich würde das gerne unterstreichen: Wir sind hier in einem Gremium, in dem wir über Städtebau reden. Zum ersten Mal haben wir Architekten eingeladen. Es geht hier nicht darum zu entscheiden, ob eine bestimmter Stil richtig oder falsch ist. Es geht vielmehr darum, wie unsere Fassaden in den öffentlichen Raum hinein wirken. Das ist das Wesentliche.

Die letzten Fassaden, die wir gesehen haben, finde ich von der handwerklichen Qualität sehr spannend. Das ist etwas, das wir Architekten wieder lernen und verstehen müssen. Wir müssen wieder lernen, dass das Innen und Außen, wie Sophie Wolfrum es heute wunderbar gezeigt hat, eine unglaublich große Rolle spielt. Wir müssen mit diesem Innen und Außen einen städtischen Raum kreieren, der in irgendeiner Weise gefasst werden muss. Da sind Stile ziemlich gleichgültig. Es geht um Material, Qualität, Farbe und Ensemble.

Es hat zu allen Jahrhunderten gute und schlechte Architektur gegeben, im Barock, im 19. Jahrhundert, in den Fünfzigerjahren und in Neunzigerjahren des 20. Jahrhunderts. Das ist nicht das, worüber wir hier diskutieren. Wir reden über den öffentlichen Raum.

Arnold Bartetzky, Christoph Mäckler, Volker Staab

Dieser Raum gehört der Stadt und jedem, der in ihr lebt. Vorhin hat jemand von Arm und Reich gesprochen. Wir müssen erkennen, mit welchem Privileg wir in Europa, in der europäischen Stadt leben. Wir haben wundervolle öffentliche Räume, die allen gehören und die als gesellschaftliche Räume wirken und funktionieren.

Bartetzky Ich möchte gerne zu diesem Apell an eine gewisse Demut etwas beitragen. Ich horchte auch bei dem Diktum von Herrn Schade-Bünsow auf, wir sollten uns die Architektur nicht aufdrücken lassen. Ich würde dem entgegenhalten, dass wir uns demütig und schonend gegenüber den Städten verhalten sollten. Wir wissen, dass wir endliche Wesen sind und nur einen sehr kurzen Aufenthalt in unseren Städten haben. Die Städte aber sind viel älter und werden wahrscheinlich auch länger als wir stehen bleiben.

Da stellt sich mir die Frage: Was passiert denn, wenn wir den Städten unsere jetzige Lebensweise und Lebensform aufdrängen? Das ist doch das, was das 20. Jahrhundert immer wieder getan hat. Man hat den Städten Funktionstrennung aufgedrückt, ebenso die autogerechte Stadt. Nun höre ich immer wieder, dass sich unsere heutigen Wohnformen, unsere Lebensverhältnisse unbedingt widerspiegeln müssten.

Was soll das genau bedeuten? Das haben Sie nicht klar erläutert. Ich beobachte, dass die oftmals beschimpften, konventionellen Wohnungen mit Flur und mehreren Räumen sich über eineinhalb Jahrhunderte oder noch länger bewährt haben. Sie waren für eine bürgerliche Familie des 19. Jahrhunderts genauso tauglich wie für eine Kommune oder für eine Wohngemeinschaft nach 1968.

Man hört zum Beispiel immer wieder von Heimarbeitsplätzen, davon, dass das Verhältnis von Wohnen und Arbeiten heute ganz anders konfiguriert sei. Wenn sich all dies im Wohnungsbau niederschlagen würde, hätte es weitreichende Folgen. Dann könnte es sein, dass man die 350.000 Wohnungen, die pro Jahr gebaut werden sollen, in 20 Jahren wieder abreißen muss, weil sich die Lebensformen in einigen Jahren vielleicht schon wieder verändert haben.

Es sollte doch darum gehen, Wohnungen und Wohnhäuser zu entwickeln, die sich über Jahrhunderte in ganz unterschiedlichem Gebrauch, durch ganz unterschiedliche Bewohner, bewähren können.

Schade-Bünsow Darauf muss ich antworten. Es geht nicht nur um die einfachen Wohnungen, sondern darum, dass wir unsere Architektur und unseren Städtebau nicht der Entwicklung der Gesellschaft anpassen.

Sie haben völlig zu Recht gesagt, dass das immer passiert ist. Im Zuge der Industrialisierung haben wir festgestellt, dass wir die Funktionen Arbeiten, Erholen und Wohnen trennen müssen. Als das Autozeitalter begann, haben wir beschlossen, dass wir eine autogerechte Stadt bauen wollen. Auch heute gibt es radikale Änderungen in unserer Gesellschaft. Wir werden andere Wohnungen haben, die auch funktionieren. Wir werden eine ganze Menge ändern müssen. Davor können wir uns nicht verschließen, weil sich die Gesellschaft durch Mobilität, Kommunikationsmittel und demografischen Wandel ändert. Außerdem ziehen Menschen zu uns, die hier früher nicht gelebt haben. Viele Menschen mit Migrationshintergrund sind nicht so ausgebildet, wie wir uns das wünschen. Sie werden sich Arbeitsfelder in der Stadt schaffen, weil sie nur dort ihre Zielgruppe finden. Denen müssen wir Raum schaffen. All das wird unsere Städte und unsere Planung verändern. Da wage ich es zu behaupten, dass die Architektur und die Stadt darauf ebenfalls reagieren müssen, anstatt das zu wiederholen, was schon war. Es wäre auch unglaublich traurig und zukunftspessimistisch, wenn es in der Architektur und Baukultur nichts Neues mehr geben könnte. Dann müssten wir nur so weiterarbeiten wie bisher. In der Kunst, in der Musik, in der Literatur, in der Sprache wäre dies völlig unvorstellbar. Wir aber glauben, in der Architektur und Baukultur sei schon alles fertig. Das könnte ich nicht ertragen.

Pesch Ich glaube ebenfalls, dass unsere Baustrukturen eine enorme Anpassungsfähigkeit haben. Die Gründerzeitwohnung ist die Idealwohnung in Bezug auf Anpassungsfähigkeit. Heute wird allerdings anders gebaut. Ich würde mich freuen, wenn wir uns in der nächsten Runde nicht nur auf einen so kleinen Teil der Bauproduktion beschränken würden, wie wir es im Fall von Berlin gemacht haben. Wir sollten die Konfliktlinien, auf die beispielsweise Sophie Wolfrum hingewiesen hat, diskutieren: Wie entwerfe und realisiere ich das Erdgeschoss eines Hauses, das nicht ausgerechnet am Kurfürstendamm steht? Das ist eine ganz zentrale Frage. Wie schaffe ich es, dass eine Fassade zum Interface im öffentlichen Raum wird, wenn dazu gerade kein Carrara-Marmor als Material zur Verfügung steht? Was tun wir, wenn die Rahmenbedingungen des Bauherrn lauten, dass er 80 Prozent der BGF als vermietbare oder verkäufliche Fläche und KFW 70 Standard mit einem Wärmedämmverbundsystempaket benötigt? Vielleicht hilft uns Herr Forster gleich in der nächsten Runde.

Fassaden
in Frankfurt
am Main

Vortrag 1
Volker Staab

[1] Max-Planck-Institut, Frankfurt am Main

Vielen Dank für die Einladung. Oft habe ich das Gefühl, dass die Stadt wie eine gute Gesellschaft am Abend ist. Es sollte nicht zu viele eitle Diven geben, aber auch zu viele Langweiler können den Abend verderben. In diesem Spektrum bewegt sich auch unsere Architektur.

Uns interessiert bei der Diskussion bezüglich Ausdruck, Fassade und Auftritt in der Stadt stets die Gradwanderung zwischen autonomen Aspekten von Architektur und der Verbindung zum Bestand. Wenn wir uns mit der Verbindung zu den bestehenden Bauten beschäftigen, kann man das Material – wie heute schon mehrmals erwähnt – als erste Ebene der Verbindung sehen. Ebenso wichtig für die Kontaktaufnahme mit der Nachbarschaft sind jedoch räumliche und ikonografische Verbindungen sowie geschichtliche Spuren innerhalb eines Stadtgrundrisses. Dazu kommt die Ebene des stilistischen Auftritts.

Diese Beziehungen sind wichtig. Ich glaube aber, dass ein gutes Haus neben diesen kontextuellen Aspekten immer auch autonome Elemente mitbringen sollte. Ein gutes Gebäude besitzt eine innere Grammatik, eine Art innere Logik und strukturelle Eigenheit. Diese machen das Eigenleben des Projekts aus.

Ich wurde gebeten, auf dieser Konferenz zwei Häuser von mir zu zeigen. Eins wurde mir vorgegeben, das andere habe ich selbst gewählt. Das erste Haus ist das Max-Planck-Institut für europäische Rechtsgeschichte am Campus Westend in Frankfurt am Main. [1] Ich möchte an dieser Stelle darauf aufmerksam machen, dass wir bei unseren Projekten nicht an die moralische Überlegenheit bestimmter Materialien glauben, sondern versuchen, das Spezifische eines Ortes, einer städtischen Situation und eines Raumes herauszufinden, um damit operieren zu können.

[2] Max-Planck-Institut, Frankfurt am Main

[3] Innenhof und Arbeitsturm

[4] Innenhof

Die Antwort, die wir für diese Aufgabe entwickelten, bestand in einem porösen Block, der das Volumen aufbrechen und in die drei funktionale Einheiten zerlegen sollte. [2] Die drei aufgehenden Baukörper sind über ein gemeinsames Erdgeschoss verbunden.

Der Wohnblock ist über das Erdgeschoss und den Innenhof an das Institut angebunden. Die tiefen Loggien in der Fassade bieten einen den Wohnungen zugeordneten, privaten Außenraum. Gleichzeitig wird mithilfe des

Beim ersten Projekt war das Material für die Fassade als städtebauliche Vorgabe gegeben. Der Werkstoff musste Stein sein und er stärkt auf dem gesamten Campus durchaus die Ensemblewirkung. Wir durften uns mit einem kleinen Eckgrundstück auseinandersetzen, das ganz verschiedene Problematiken mit sich brachte. Zum einen liegt das Grundstück an einer stark befahrenen Straße. Zum anderen hatten wir es mit einem relativ kleinen Baufeld zu tun, das es schwierig machte, dem Blockinneren so gerecht zu werden, dass ein funktionierender Hof entstand. Die dritte Schwierigkeit war, dass das Raumprogramm verschiedene inhaltliche Funktionen vorsah. Neben dem Arbeitsbereich der Wissenschaftler mussten eine Bibliothek und ein kleiner Wohnbereich für Gäste in dem Gebäude untergebracht werden.

Materials Holz eine wohnliche Atmosphäre geschaffen und der innere Wohnbereich nach außen erweitert.

Für uns war in diesem Zusammenhang immer wichtig, dass in der Fassade alle Bereiche des Hauses Beachtung finden. Sie sehen den Blick über den Innenhof zum Arbeitsturm, dessen liegende Fensterformate eine flexible Bürostruktur ermöglichen sollen. [3] Man sieht auch, dass durch das Aufbrechen der Kubatur oberhalb des Erdgeschosses die hermetische Wirkung des Innenbereichs aufgelockert wird. Darüber hinaus ergeben sich von allen Arbeitsplätzen und Wohnräumen Ausblicke in die Parklandschaft. Dadurch soll eine Verbindung zur umliegenden Stadt entstehen.

Ich möchte noch kurz auf den *Kreuzgang*, wenn man ihn so nennen möchte, zu sprechen kommen. [4] Auch diese innere Erdgeschosszone des Baublocks

[5] Bibliothek

zeigt eine autonome Grammatik. Jede Funktionseinheit des Hauses hat eine eigene Logik und bildet selbstständige Details aus. So sitzen zum Beispiel in dem *Kreuzgang* die großen Öffnungen flächig in der Fassade, während sie in den oberen Geschossen tiefer in der Fassade liegen.

Abschließend möchte ich über die Bibliothek sprechen. [5] Sie bildet eine schallschützende Grenze zwischen der stark befahrenen Straße und dem Blockinneren. Ihre Eigenart wird durch die kleinen Öffnungsformate bestimmt. Hinter der Fassade befinden sich über die gesamte Breite lang gestreckte Bücherregale.

Durch die Öffnungen des Blocks ergeben sich immer wieder neue Perspektiven, Fassadenkonstellationen und -kompositionen, die den Eindruck unterschiedlicher Fassadengestaltungen vermitteln. [6]

[6] Blick durch Arbeits- und Bibliothekstürme auf den Wohnturm

[7] Hochhaus der Hochschule Darmstadt vor der Sanierung [8] Hochhaus der Hochschule Darmstadt nach der Sanierung

Das zweite Projekt, das ich vorstelle, ist eine Art Gegenmodell. Es könnte die Diskussion darüber anregen, ob Stadt vielleicht doch auch an Orten stattfindet, an denen es keine Viertel aus dem 19. Jahrhundert gibt.

Bei unserem Projekt handelt es sich um die Sanierung eines Hochhauses für die Hochschule Darmstadt. [7, Bestandsfoto vor dem Umbau] Unser Büro hat häufig mit dem öffentlichen Hochschulbereich zu tun. So haben wir immer wieder die Aufgabe, uns mit Gebäuden aus den Sechzigerjahren zu beschäftigen. Diese Gebäude sind inzwischen in die Jahre gekommen, und wir müssen einen angemessenen Umgang mit ihnen finden. Diese Häuser befinden sich in städtebaulichen Strukturen, bei unserem Beispiel in Darmstadt sind es offene Campus-Strukturen, die auch die Grundlage unseres Entwurfs bilden.

Wir fragen uns, was darüber hinaus die Themen dieses Hauses sein könnten.

Der Bau wurde uns vorgeführt, als wir beim Kolloquium des Wettbewerbs vor Ort waren. Es war Sommer und die Innenräume sehr stark aufgeheizt. Die außenliegenden Sonnenschutzelemente wurden von Motoren betrieben, die inzwischen defekt waren. So ergab sich fast von alleine ein Thema. Kombiniert wurde es natürlich mit den konstruktiven Fragestellungen, die ein Haus aus den Sechzigerjahren mit sich bringt, zum Beispiel Tragwerksplanung und Brandschutz.

Man muss wissen, dass das Haus ein zentraler Punkt des Hochschulcampus ist. Folglich ist es auch ein Orientierungspunkt. Wir kamen zu dem Schluss, dass die vollkommen nach Süden ausgerichtete Fassade mit einem leichten Material verkleidet werden sollte. Die Oberfläche sollte so gestaltet werden, dass keinerlei bewegliche Elemente als Sonnenschutz an der Fassade benötigt werden. Einzig über die Geometrie der Oberfläche sollte eine Ausblendung der Sonne von April bis Oktober stattfinden. Als Material wählten wir Aluminium.

Auch bei diesem Haus haben wir eine autonome Grammatik für die Fassade entwickelt. [8] Sie sollte sich nicht in ein Element des Sonnenschutzes und ein Element der Verkleidung aufteilen. Stattdessen sollte aus der Vorstellung einer bewegten Oberfläche ein Element des Sonnenschutzes entwickelt werden. Das sich daraus ergebende Raster sollte eine Sprache entwickeln, die eine gewisse Zeichenhaftigkeit mit sich bringt.

Parallel dazu haben wir die Sonnenstände analysiert, um zu erarbeiten, welche Verschattung die Elemente leisten müssen. Anhand dieser Analyse hätten wir 500 verschiedene und funktionierende Elemente gestalten können. Da wir uns das nicht leisten konnten, wurden schließlich drei verschiedene Elemente variiert. Aus der Kombination dieser drei Elemente ergibt sich letztlich die Gestalt der Südfassade, auch im Erdgeschoss und am Eingangsbereich. [9]

[9] Fassadendetail

Vortrag 2
Wouter Suselbeek

Vielen Dank für die Einladung. Es ist meine Aufgabe, zwei Häuser vorzustellen. Ich werde dazu einen Trick anwenden: Ich präsentiere Ihnen die Braubachstraße 25 und anschließend noch mal die Braubachstraße 25. Das eine Haus ist noch nicht gebaut, das andere Haus wurde bereits abgerissen.

Auch ich beziehe mich auf die Geschichte, weil sie mit der Bauaufgabe sehr stark verwoben ist. Innerstädtischer kann man nicht bauen. Das Haus steht im Herzen der Stadt Frankfurt am Main. Die Braubachstraße 25 ist im Krieg verhältnismäßig glimpflich davongekommen und wurde nur teilweise zerstört. Die Reste wurden später jedoch zugunsten des Technischen Rathauses abgetragen. Dieses wurde 1974 fertiggestellt und 45 Jahre später wieder abgerissen. Im Rahmen des sogenannten DomRömer-Projekts soll auf dem freigeräumten Grundstück nun ein neues Stadtquartier entstehen. Die kleinteilige Parzellierung und der Verlauf von Straßen und Plätzen aus der Zeit vor dem Krieg werden dabei wieder aufgegriffen. Ein Teil der Altstadthäuser wird rekonstruiert und die neuen Entwürfe sollen sich harmonisch in das Stadtbild einfügen. Die Vorgaben sind sehr streng.

Ich zitiere aus dem allgemeinen Ausschreibungstext: »Gefordert ist eine Architektur des Weiterbauens, die von konkreten historischen Vorgängerbauten spricht. (...) Es geht um eine konkrete Architektur, die auf der Ebene des Hauses bis ins gebaute Detail hinein eine Auseinandersetzung mit Ort und Geschichte führt.«

Außerdem gibt es zu jedem Haus und jeder Parzelle eine Beschreibung, aus der hervorgeht, wie der Vorgänger aussah. [1] In unserem Fall liest sich die Beschreibung wie folgt: »Viergeschossiges, durch einen breiten Giebel zentriertes geputztes Gebäude nach dem Entwurf des Architekten H. Senf. Das oberste Vollgeschoss war durch ein Gesims abgesetzt. Fester Rhythmus durch dreigekoppelte Fenster im ersten und zweiten Obergeschoss. Dekorative Dachlaterne über dem zentralen Treppenhaus. Im hinteren Teil

[1] Vorgängerbau an der Braubachstraße

waren Bauteile einer Fassade von 1766 integriert. (...)« Es handelt sich bei dem Gebäude um ein Eckhaus, das mit seiner breiten Fassade an der Braubachstraße und mit seiner schmalen Fassade an der Neugasse steht.

Die Vorgaben haben wir dergestalt übersetzt, dass wir eine zeitgenössische Interpretation des Vorgängerbaus entworfen haben, die dem Gebäude von Senf sehr ähnlich sieht. [2, 3]

Wir haben in einer der Diskussionen über Stil gesprochen. Uns geht es hier nicht um Stil. Unser Entwurf ist in einer Auseinandersetzung mit dem Vorgängerbau entstanden.

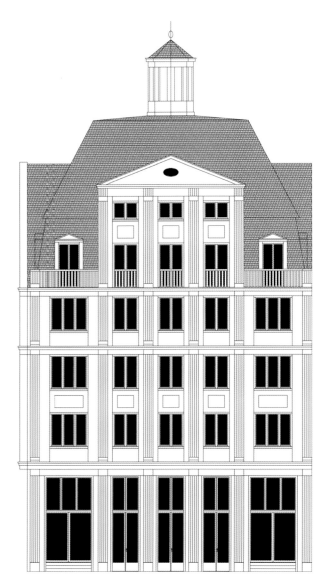

[2] Entwurf der Fassade an der Braubachstraße

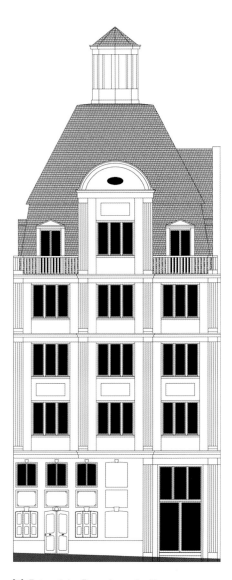

[3] Entwurf der Fassade an der Neugasse

Leider kann ich Ihnen keine Bilder eines fertigen Hauses zeigen, da es sich zurzeit im Bau befindet. Der Rohbau ist heute ungefähr so hoch wie die Kriegsruine war. [4]

Der Rohbau hat mich an Adolf Behne und sein Buch *Neues Wohnen. Neues Bauen* erinnert. [5] Er führt darin eine historistische Villa aus dem Grunewald an. [6] Daneben zeigt er eine Zeichnung derselben Villa ohne Bauplastik, Ornamente und Dach, die einem Rohbau ähnelt. Laut Behne sähe die Villa so aus, nachdem die »Ritterrüstung« entfernt wäre: »(...) entschieden besser, aber doch noch nicht gut, da die Beziehungen von Wand und Öffnung noch nicht bewusst gestaltet sind.«

Dem stellt er eine Villa von Walter Gropius gegenüber und schreibt: »Dies ist ein Beispiel, wie stark allein schon die bewusste In-Beziehung-Setzung von Wand und Öffnung zu einem elementaren Schönheitsfaktor wird.« [7]

[4] Rohbau

[5] Adolf Behne: Villa im Grunewald ohne »Ritterrüstung«

[6] Adolf Behne: Villa im Grunewald

Damit möchte ich auf Folgendes hinaus: Vielleicht braucht man für städtische Bauten doch etwas von dieser Ritterrüstung. Gerade, wenn wir über gebaute Häuser mit einem tektonischen Ausdruck sprechen und nicht über abstrakte Kisten. Wir sollten über Charakter sprechen. Dazu möchte ich noch einmal aus dem Wettbewerbstext zitieren: »Das Oberflächenprofil darf nicht abstrakt, anonym bleiben, sondern muss in Struktur und Relief plastisches Leben anzeigen und mit dem Raum kommunizieren. Zu diesen architektonischen Kommunikationsmitteln gehört auch die Sprache von Relief und Ornament, die den Übergang vom Optischen zum Haptischen und Tektonischen vermittelt.«

[7] Villa von Walter Gropius

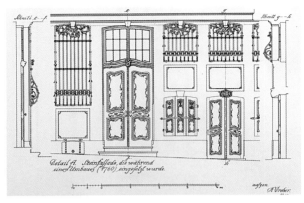

[8] Zeichnung zum Umbau des Sockelgeschosses an der Neugasse

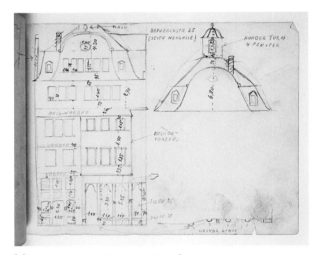

[9] Aufmaßzeichnung Brauchbachstraße

Wir sollten vielmehr über Hauseingänge, also Adressen sprechen. Dies war auch bei unserem Haus einerseits sehr wichtig, andererseits aber auch ganz einfach, da das Haus zwei Eingänge hat. Diesbezüglich möchte ich auf die Fassade zur Neugasse zu sprechen kommen, die einen untergeordneten Hauseingang für die Wohnungen im Obergeschoss hat.

Ich zeige Ihnen eine Zeichnung des Sockelgeschosses nach einem Umbau von 1760. [8] Dieses Fassadenstück wurde nicht im Krieg zerstört, sondern erst für den Bau des Technischen Rathauses abgerissen. Unsere Aufgabe war es, auch diesen Fassadenteil wiederaufzubauen.

In der Kürze der Zeit kann ich leider nicht erläutern, wie wir die einzelnen Fassadendetails herausgearbeitet haben. In einem kurzen Exkurs möchte ich aber darauf eingehen, dass man bei einem solchen Entwurf nicht ohne eine gewisse Art von Linienformen und Linienführung auskommt.

Zu den *Lineamenta* schreibt Alberti in *De re aedificatoria*: »Es ist Aufgabe und Zweck der Linienbeziehungen (Lineamenta), den Bauten und Teilen der Bauten den geeigneten Ort und das bestimmte Maß anzuweisen: Die würdige Art und die angenehme Anordnung, so dass die ganze Form und Gestalt des Gebäudes durch diese linearen Beziehungen ihre innere Ruhe erhält.« 500 Jahre später schreibt Fritz Schumacher in *Geist der Baukunst*: »Diesem Liniensystem ist es nicht eigen, dass es der materiellen Form folgt, sondern es ist so, dass wir das Vorhandensein dieser Linienzüge in vielerlei Bauten spüren, wo ein und derselbe Gestaltungsgeist in ihnen erkennbar ist.«

Sogar Le Corbusier, der die *Lineamenta Maßregler* nennt, schreibt in *Vers une architecture moderne* über diese Werkzeuge des Architekten: »Die Verpflichtung zur Ordnung. Die Maß-Regler sind Selbstversicherungen gegen die Willkür. Sie befriedigen den Geist. (…) Die Maß-Regler sind Hilfsmittel und kein Rezept. Ihre Wahl und ihre Ausdrucksformen sind integraler Teil der schöpferischen Gestaltung der Architektur.« Nicht zuletzt Hans Kollhoff hat sie bei seinem Entwurf von 1993 für das Berliner Schloss wieder aufgegriffen.

Im Verlauf meines Vortrages werde ich in Kürze unseren Fassadenentwurf zur Neugasse anhand der wichtigsten Themen einer städtischen Fassade beschreiben, die durch das *Liniensystem* zum Ausdruck gebracht werden:

Die Fassade zur Neugasse ist nicht vollständig in Fotografien erhalten, sondern lediglich das Erdgeschoss. Ein Grund dafür ist die Enge der Gasse. Allerdings haben wir in einer Aufmaßzeichnung Anhaltspunkte gefunden. [9] Zum einen geht es um die Kubatur.

[10] Entwurfszeichnung Fassade an der Neugasse

[11] Fotografie der Brauchbachstraße 25

[12] Die neue Brauchbachstraße

Diese war durch die Parzelle vorgegeben. Die Höhe wurde durch die Nachbarbauten bestimmt.

Die Basis ist ein weiterer Punkt. Wie steht das Haus auf der Erde? Die Neugasse läuft zum Main hin schräg ab. [10] Daher ist es sinnvoll, dort eine Basis zu schaffen. Die Basis ist aus Basalt, wie es bei den Häusern in Frankfurt üblich ist. Die Sockellinie dient als Verbindung zum öffentlichen Raum, folglich zur Straße. Die Dachlinie funktioniert als Abgrenzung zum Himmel und die Dachform wird vorgegeben durch das Mansarddach des Vorgängerbaus.

Zur Gliederung des Baukörpers: Diese kann nicht nur durch die zweidimensionale Linienzeichnung erfolgen, sondern es war uns auch wichtig, den Erker zur Gasse wieder auszubilden und die Eckgestaltung zu thematisieren. Wenn wir das Haus unten und oben definieren, sollten wir es auch links und rechts klar beschreiben. Die Geschossdecken geben die horizontale Gliederung vor.

Wir haben zwei Geschosse zu einer Kolossalordnung zusammengefasst. Auch damit haben wir uns am Vorgängerbau orientiert. Pfeiler und Wände bilden die vertikale Gliederung und zeigen, wo die Innenwände auf die Fassade treffen. Die Öffnungen, Brüstungen und Stürze bilden den horizontalen Kontrast. Beim Eingang oder der Adresse kommt die Rekonstruktion zum Tragen. Der obere Abschluss des Hauses wird mit der Laterne betont.

Ich möchte meinen Vortrag mit einer Gegenüberstellung des Vorgängers in einer Fotografie und unseres Hauses in einer Zeichnung beenden. [11, 12]

Vielen Dank.

Vortrag 3
Stefan Forster

Guten Tag, meine sehr verehrten Damen und Herren,

mir ist zum ersten Mal die Ehre erteilt worden, hier eingeladen zu werden. Ich muss gestehen, dass mir hier alles etwas seltsam vorkommt. Man tritt in eine merkwürdige Welt ein, die weit entfernt von der Realität ist, in der ich arbeite und lebe. Hier wird eine hochintellektuelle, kunsthistorische Diskussion geführt, der ich teilweise nur mit Mühe folgen konnte.

Gestern war ich bei einer Diskussion, in der es um die Nachverdichtung einer Siedlung mit 800 neuen Wohnungen für zehn Euro Miete pro Quadratmeter ging. In einem weiteren Termin drohte mir der Bauherr mit Vertragskündigung, falls ich die Fassade nicht für 250 Euro pro Quadratmeter planen könnte. Heute nun höre ich hier von meterdicken Marmorelementen, die mit dauerelastischen Fugen zusammenstoßen. Ich muss gestehen, dass mir das alles doch fremd ist.

Vielleicht kann ich aber trotzdem einen Beitrag zu dieser Konferenz leisten. Ich sehe meine Aufgabe als Architekt darin, Alltagsarchitektur mit geringen Mitteln zu realisieren und dabei anständig zu bleiben.

Das Deutsche Institut für Stadtbaukunst hat unser erstes größeres Gebäude in Frankfurt für meinen Vortrag ausgewählt. Es handelt sich um die sogenannte ABG-Siedlung in der Voltastraße. Die Bestandsgebäude aus den Zwanzigerjahren mussten wegen Baufälligkeit abgerissen werden. Das gab uns die Möglichkeit, das Grundstück und die Aufgabe neu zu interpretieren.

Man baut Stadt weiter, indem man den massiven Rand weiter nach außen verschiebt, die klassische Art wie Stadt organisch wächst. Das ewige zitierte Beispiel für dieses Wachsen ist das Wien der Dreißigerjahre. Wir nehmen das Thema des städtischen Blocks auf und manifestieren dadurch das Wachsen der Stadt, in diesem Fall von Osten nach Westen. Stadtrand heißt dementsprechend nicht Auflösung des Randes mit

[1] Eckansicht des Wohnblocks

Stadtvillen, sondern die Ausbildung einer massiven Kante. Sie ermöglicht weiteres organisches Wachstum.

Somit handelt es sich bei dem Gebäude um einen großen Wohnblock; in der Mischung zwischen sozialem Wohnungsbau und freifinanziertem Wohnungsbau, [1] eine in Frankfurt häufig angewandte Praxis. In unserer Architektur geht es darum, bei den Menschen verlorengegangenes Vertrauen wiederherzustellen, folglich eine Architektur zu kreieren, die den Menschen vertraut ist.

Das Gebäude soll beim Betrachter ein Déjà-vu erzeugen. Man glaubt, es schon irgendwo einmal gesehen zu haben. Das Haus könnte vor 40, 50 oder erst vor wenigen Jahren gebaut worden sein. Es steht an diesem Ort, als hätte es dort schon immer gestanden. Die Großform Block, eine Siedlungstypologie und Zeichen einer kollektiven Wohnform, ist die Übernahme des Wiener Themas.

Neben dem Weiterbauen der Stadt beschäftigen wir uns mit der Fassade. Nichts ragt aus dieser heraus. Wir verzichten zugunsten der Loggia auf den klassischen Balkon. Er stülpt das Privatleben auf die Straße, wo es nichts zu suchen hat. Mit der Loggia nehmen wir die Privatheit zurück hinter die Flucht der Fassade. Ein weiteres Element unserer Architektur ist die Profilierung der Fassade. Das Projekt ist 2001 entstanden. Wir haben es damals geschafft,

[2] Fassade des Wohnblocks

[3] Hochparterre

vier verschiedene Fassadentiefen im Klinker zu generieren. Etwas, das heutzutage, dank der EnEV und der Gier der Bauherrn, nicht mehr möglich ist. Heute sind wir immer mehr gezwungen, diese Profilierung im WDVS herzustellen. Wenn wir Glück haben, gelingt es uns, den Klinker im Sockel zu verwenden. Wenn wir Pech haben, müssen wir den Klinker durch Riemchen simulieren. Das ist unser Alltag als Wohnungsbauer.

Ich hätte natürlich auch gerne einen Bauherrn, der sich das Gebäude in vollem Marmor wünscht, aber im Massenwohnungsbau gibt es so etwas leider nicht. Die Fassadenprofilierung stellt verschiedene Schattenwürfe, je nach Tageszeit, her. [2] Wenn man am Gebäude hochblickt, sieht man sehr schön, wie diese Profilierung funktioniert. Sie wird unterstützt durch auskragende Betonfensterbänke, die heute ebenfalls nur noch sehr schwer durchsetzbar sind.

Weiterhin geht es uns um die Ausbildung der Erdgeschosszone. [3] Das Hochparterre schützt die Privatheit der Erdgeschosswohnungen, da es keine Einblicke von der Straße in die Wohnung zulässt.

Wie betritt man ein solches Gebäude? Es fehlt die obligatorische, auskragende Vordachkonstruktion, der stehende Briefkasten, die seitlichen Fallrohre. Stattdessen tritt die Fassade vom Bürgersteig zurück und schafft einen eigenen Eingangsvorraum. Sämtliche notwendigen Objekte wie Briefkasten, Klingelanlage, Lampe sind flächenbündig in die seitlichen Wände beziehungsweise Decke eingelassen. Nichts ragt störend in den öffentlichen Raum. [4]

Das ist für mich Wohnungsbau. Hier leben Menschen aus verschiedenen Nationen mit verschiedenen finanziellen Möglichkeiten um diesen gemeinsamen Hof. Auch einige meiner Mitarbeiterinnen wohnen dort mit ihren Familien. Daher weiß ich, dass alles

[4] Eingang

[5] Gemeindehaus

sehr gut funktioniert. Es gibt eine Art von Nachbarschaft, welche sich auch dadurch besser bilden kann, weil niemand von außen auf das Gelände gelangen kann, der dort nicht hingehört, da die Zugänge mit Klingeln versehen sind.

Das Gebäude sieht heute immer noch so aus wie vor 15 Jahren. Auch dies ist für mich ein Qualitätsmerkmal. Wie altert Architektur? Wie funktioniert sie? Wie verhalten sich die Mieter ihrem Haus gegenüber? Wie gehen sie damit um? Diese Aspekte kontrolliere ich immer wieder. Häuser sind wie Kinder. Man sieht, wie sie wachsen. Werden sie missraten oder vernünftig?

Das zweite Gebäude, das ich Ihnen zeigen möchte, ist ein aktuelles Gebäude. [5] Ich zeige es Ihnen, um darzustellen, wie sich unsere Architektur entwickelt.

Im Prinzip sehen unsere Häuser immer sehr ähnlich aus, man könnte sogar sagen, dass sie gleich seien.

Das zweite Haus steht im Westhafenviertel an einem Platz. Dort gibt es ein Hochhaus, einen Kindergarten und unser Gebäude. Bei dem Projekt ging es darum, ein Ersatzgebäude für eine abgerissene Kirche zu bauen. Darin unterzubringen waren der Gemeindesaal und darüber Wohnungen für Kirchenmitglieder sowie Generationswohnungen.

Wir haben zu dem Platz hin eine Erhöhung umgesetzt, um ihn zu definieren. Für das Haus planten wir drei komplett verschiedene Fassaden, je nach Lage und Funktion dahinter. Es gibt die klassische Straßenfassade eines Wohnhauses mit normalem Zugang, Tiefgaragenabfahrt, verschiedenen Fenstern und Loggien. [6] Das durften wir komplett in Holz realisieren, dem evangelische Verband steht etwas mehr Geld als anderen zur Verfügung.

Mit der Fassade zum Platz und ihrer Klinkerhandwerklichkeit wollten wir eine klassische Kirchenfassade

[6] Straßenfassade

[7] Platzfassade

simulieren, an der nichts auf eine Wohnhausnutzung in den Obergeschossen schließen lässt. [7]

Zum Hof hin öffnet sich das Haus. [8] Im Erdgeschoss trennt ein umschlossener Innenhof den Kirchensaal vom davorliegenden Spielplatz des Kindergartens. Es galt, dort einen Raum zu definieren, der ganz der kirchlichen Arbeit gewidmet ist. Darüber öffnet sich das Haus mit durchlaufenden Loggien. Ganz oben befindet sich ein Penthaus. Das Haus reagiert mit seinen Fassaden somit auf die verschiedenen Ansprüche der jeweiligen Seiten, das ist unser Ansatz – Reaktion der Architektur auf die Anforderungen des Ortes und der Funktion.

Wir verwenden bei unseren Gebäuden, wenn man uns lässt, Betonwerkstein und die immer gleichen Treppengeländer mit Stahlwange.

Der Gemeindesaal im Erdgeschoss funktioniert als multifunktionaler Raum, in dem sich die Menschen des Quartiers zu gemeinsamen Aktivitäten treffen können.

Boris Schade-Bünsow hat mich um die Angabe von drei Punkten gebeten, die beschreiben, wie ein Haus funktioniert. In drei Punkten geht das leider nicht. Das wäre so ähnlich wie die Aufgabe, das Funktionieren eines Autos in drei Punkten zu beschreiben.

Ich habe 18 Punkte aufgelistet, wie ein Haus in der Stadt unserer Meinung nach auszusehen hat. Ich habe mich damit an einem Regulativ versucht, das erklärt, wie man Stadtfassaden organisieren kann, ohne dicken Marmor oder Bronze verwenden zu müssen. Ich will nicht näher darauf eingehen, stelle es aber für die Konferenzpublikation zur Verfügung. Dies sind Elemente, die wir vor zehn Jahren entwickelt haben. Es werden zum Beispiel die Fragen geklärt, wie das Verhältnis von Öffentlichkeit zu Privatheit funktioniert, wo die Verantwortlichkeit des Architekten liegt, wenn er an einer

[8] Rückfassade

Straße in der Stadt baut und so weiter. Wir haben diese 18 Punkte in Frankfurt relativ früh propagiert. Inzwischen sind sie größtenteils Bestandteil von Wettbewerbsausschreibungen geworden. Man kann also doch etwas bewirken, wenn man hartnäckig bleibt.

Ich danke Ihnen.

Stefan Forster: 18 Punkte

1. Das Wohnen im Erdgeschoss eines städtischen Hauses hat im Hochparterre stattzufinden.

2. Der Sockel des städtischem Hauses ist mindestens bis zum 1. Obergeschoss in Stein auszuführen.

3. In den Straßenraum hineinragende Vordachkonstruktionen sind untersagt.

4. Der Eingang muss von der Straße zurückversetzt angeordnet werden.

5. Das Treppenhaus muss durchgesteckt werden (direkte Verbindung von der Straße zum Hof).

6. Briefkästen und Klingelanlagen sind flächenbündig auszuführen.

7. Der Müllraum ist direkt von der Straße aus zugänglich.

8. Der Fahrradraum liegt am Durchgang zum Hof.

9. Regenfallleitungen sind flächenbündig an der Trennung zum Nachbarhaus anzuordnen.

10. Auskragende Balkone sind untersagt.

11. Der notwendige Außenbezug der Wohnungen ist über Loggien herzustellen.

12. Auskragungen (z. B. Erker) sind auf maximal 1 Meter Tiefe zu beschränken.

13. Das Treppenhaus, falls auf der Straßenseite liegend, ist kein Gestaltungselement.

14. Sturz- und Brüstungshöhen aller Fenster und Fassadenöffnungen liegen auf einer Höhe.

15. Fensterbänke und Gesimse sind mit einer massiven Anmutung herzustellen.

16. Grelle Fassadenfarben sind untersagt.

17. Das Farbkonzept ist aus den Farben des Kontextes abzuleiten.

18. Die Straßenfassade muss profiliert ausgeführt werden.

Vortrag 4
Meinrad Morger

Unser Frankfurt-Beitrag beschäftigt sich ebenfalls mit dem Frankfurter Römerberg, genauer mit der Überbauung des *DomRömer*-Areals.

Wir wurden eingeladen, fünf Beiträge einzureichen, einen davon konnten wir gewinnen. Mehr leider nicht! Das kleine Haus wird nun realisiert. Darüber möchte ich gerne berichten. Ich werde nur diese eine Arbeit vorstellen, da sich zur Zeit kein weiteres Projekt in Frankfurt in Planung befindet. Basis unserer Entwurfsidee ist eine aktuelle Erläuterung mittelalterlicher Stadthäuser. Unser Interesse gilt ganz der zeitgemäßen Interpretation und nicht dem historisierenden Zitat.

Historische Bilder und Fotografien von Altstadtszenen waren für uns wichtige Grundlagen, um die atmosphärische Wirkung der Häuser im öffentlichen Raum zu verstehen und sie für den Entwurf zu verwenden. Wir haben uns von diesen Dokumenten leiten lassen, haben sie analysiert und in der Folge bewertet. Die wesentlichen *Ingredienzen* sind elementare Klarheit, haptisch ausdrucksstarke Materialien und grundlegende Gliederung der Fassaden. Aufgrund der Parzellenstruktur verfügt das Gebäude über einen sehr tiefen Grundriss und über zwei unterschiedliche Seiten mit je einer giebelständigen beziehungsweise traufständigen Fassade. [1] Folglich konnten wir uns systematisch mit diesen beiden elementaren Gebäudeformen auseinandersetzen.

Uns interessiert seit jeher die Reduktion – in einer Zeit der totalen eklektizistischen Bilder- und Formenflut. Unsere lapidare These geht von einer vorhandenen Masse aus, die durch ein subtraktives Verfahren ihre architektonische Form findet. So gesehen ist für uns das Wegnehmen von größerem Interesse als das Hinzufügen.

Wir werden ein klassisches, ein mustergültiges Haus bauen, wo die ideale Form durch eben diesen Prozess der Subtraktion gefunden wird. Die Positionierung und Fügung der Teile bestimmen die relevanten Proportionen der Fassaden und der Innenräume.

Grundriss und Fassade stehen also in einer ganz direkten Beziehung zueinander: Hinter der giebelständigen Fassade verbirgt sich pro Geschoss je ein Raum. [2] Jeder Raum erhält ein Fenster. Die Fenster sind mittig im Raum angeordnet und raumhoch. Das ergibt in der Fassade drei übereinander angeordnete Fenster und eine gleich große Türöffnung im Erdgeschoss. Da die gegenüberliegende Hausbreite größer ist, befinden sich hinter der traufständigen Fassade zwei Räume, daher erscheinen in der Fassade ebenfalls zwei Fenster. Die Lage der Fenster in der Fassade wird durch deren jeweilige mittige Lage im Raum bestimmt. Dies alles erfolgt ganz im Sinne von Donald Judds Äußerung, dass die Summe von eins und eins nachvollziehbar, die Regelung des Goldenen Schnittes jedoch nicht vorstellbar ist. Wir lieben die konkrete Architektur!

Die Auslober stellten den verschiedenen Häusern Spolien für den Einbau zur Verfügung. Wir haben uns entschieden, an der Fassade zur Gasse Hinter dem Lämmchen eine dreiachsige Buntsandstein-Spolie als Portikus einzubauen. [1] Das verwendete Relikt schafft eine strukturelle Fassadenordnung und ermöglicht es gleichzeitig, in einer hinteren Raumebene die Zugänge zu den Wohnungen beziehungsweise die Schaufensterfront mit Ladenzugang individuell zu regeln.

Referenzielle Überlegungen führten beim Wettbewerb zum Entscheid einer Holzbau-Konstruktion. Uns interessierte eine Anwendung mit den heutigen technischen Möglichkeiten. Leider verhinderten schlussendlich die gesetzlichen brandschutztechnischen Bestimmungen eine sinnvolle Umsetzung. Wiederum mit historischem Bezug haben wir uns für ein 49 Zentimeter starkes, monolithisches Einsteinmauerwerk aus Poroton-Ziegelsteinen entschieden. Dem Hausbau liegt eine Konstruktion zugrunde, die weder eine effekthascherische Verblendung

[1] Fassade Hinter dem Lämmchen 3

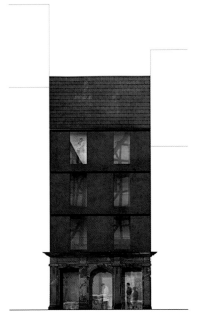

Fassade Markt 30

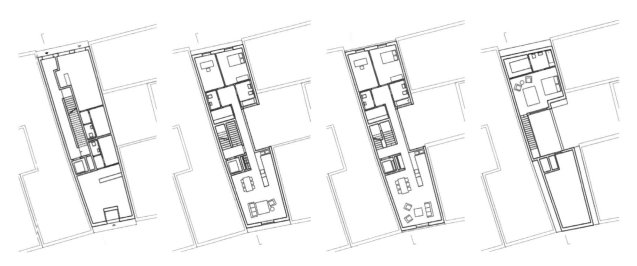

[2] Grundrisse

vortäuscht noch einen komplexen mehrschichtigen Fassadenaufbau verfolgt, sondern sich vielmehr aus dem historischen Kontext begründet.

Einige wenige Gestaltungsvorschiften für Fassadenmaterialien sollen die Homogenität wie auch die historische Reminiszenz der Überbauung gewährleisten. Vorgegeben waren dunkler Basalt für den Sockel, roter Sandstein für das Erdgeschoss und schwarze Schieferplatten für die Dacheindeckung. Auf das Einsteinmauerwerk wird außen ein Kratzputz aufgetragen. Die Schönheit der Oberfläche entsteht durch seine Kratzputztechnik, die seit dem Mittelalter bekannt ist und als bedeutendes baugestalterisches Kunsthandwerk anerkannt wird. Um der Hausform trotz ihrer typischen Staffelung der Geschosse eine starke verbindende Ausdruckskraft zu verleihen, werden Kratzputz und Sandstein möglichst monochrom erscheinen. Der Kratzputz nähert sich durch seine Rezeptur mimetisch dem roten Sandstein. Das Haus erscheint relativ dunkel. In den engen Gassen wird sich das Licht in den Fassaden nicht sinnlos reflektieren, sondern die Fassade selbst in dezenter Form zum Leuchten bringen.

Ein außen bündig angeschlagenes, fein dimensioniertes Fenster wird zu einem besonders wichtigen Element für die homogene Gestalt der Fassade. Ein eigens für dieses Projekt entwickeltes Kastenfenster ermöglicht es trotzdem, die Tiefe der Fassade sicht- und wahrnehmbar zu machen. Das äußere, einfach verglaste Fenster öffnet in den Gassenraum, das innere, isolierverglaste Eichenfenster in den Innenraum. Die äußere Homogenität erhält durch das Bewohnen und den Gebrauch die von uns gewünschte Differenziertheit und Lebendigkeit.

Unser kleines Haus steht inmitten eines großen Ensembles. [3–4] Bei der nun vorhandenen Vielfältigkeit der verschiedenen Häuser stellt sich die abschließende Frage, ob durch einen *Kontrollverlust* das Ensemble eine unangenehme Heterogenität erfahren hat. Wir werden es bald vor Ort nachprüfen können.

Die letzte Abbildung stellt alle unsere Wettbewerbsbeiträge in einer Darstellung dar. [5] Sie zeigen exemplarische Neuinterpretationen des Typus *Altstadthaus* mit verschiedenen, zum Teil hybriden Nutzungen. Ich zeige sie, weil ich es sehr bedaure, dass inzwischen überwiegend Rekonstruktionen und nur noch ganz wenige Neubauten realisiert werden. Eine große Chance wird verpasst!

Herzlichen Dank.

[3] Fassadenabwicklung Hinter dem Lämmchen

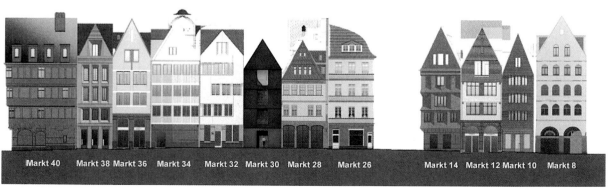

[4] Fassadenabwicklung Markt

[5] Weitere Wettbewerbsbeiträge

Vortrag 5
Till Schneider

[1] Grünflächenamt, Frankfurt am Main

Guten Tag.

Die beiden Projekte, die ich zeige, befinden sich in einem städtischen Kontext, aber auf andere Weise, als bisher hier vorgestellt wurde. Bei beiden Grundstücken handelt es sich nämlich um Konversionsflächen. Das erste Beispiel ist eine Konversionsfläche der Deutschen Bundesbahn. Die Stadt kam hier auf die Idee, zwei Ämter zu vereinen: Das eine ist das Grünflächenamt, das andere das Amt für Straßenbau und Erschließung. [1]

Das erste ist ein schmales und langgestrecktes Grundstück in unmittelbarer Nachbarschaft zu den Gleisen der Bahn. Wir wollten etwas entwickeln, das diese Länge durchaus zelebriert! Das erinnert ein wenig an Schiffe und die Gliederung und Strukturierung ist dabei besonders wichtig. Was findet dort statt? Wo geht man hoch, wo geht man runter? Wo kommt man raus?

Das waren Themen, die uns beschäftigt haben. Der Grundriss teilt sich in einen Teil für das Grünflächenamt und einen Teil für das Amt für Straßenbau und Erschließung. [2] Die Stadt Frankfurt arbeitet mit Passivhäusern. Wann immer sie etwas baut, muss der Architekt dies beachten. Dass es sich um ein Passivhaus handeln muss, hat bestimmte Konsequenzen. Viele von Ihnen werden das wissen. Das macht es natürlich etwas schwierig, wenn man ein Raumprogramm hat, in dem es nicht nur um Amt und behördliche Vorgänge geht, sondern auch darum, dass dort größere Gerätschaften untergebracht werden sollen. Gemeint sind Werkfahrzeuge vom Grünflächenamt,

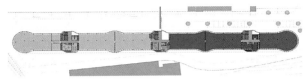

[2] Grundriss

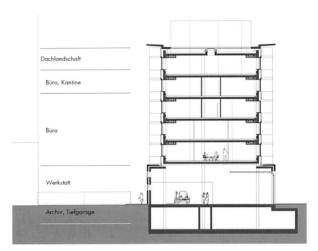

[3] Schnitt Grünflächenamt

zum Beispiel spezielle Bagger. Im Sockel müssen letztere Platz finden. Insofern ergab es sich, dass das Gebäude keine Struktur aufweist, die von oben bis unten gleich ist. Dieser Unterschied wird auch im Schnitt deutlich. [3]

Sie sehen, wie das Gebäude erscheint, wenn man sich ihm sukzessive nähert. [4]. Der obere Teil ist ein Wärmedämmverbundsystem, das aufgrund der Kosteneinschränkung ausgeführt werden musste. Da geht es uns ähnlich wie Stefan Forster. Wärmedämmverbundsysteme fangen immer besonders an zu leiden, wenn man mit reinen Löchern arbeitet. Dort können sich Pilzkulturen einnisten und das Gebäude ziemlich schnell schäbig aussehen lassen. Wir versuchten diesem Problem vorzubeugen, indem wir mit vielen Bändern gearbeitet haben. Vertikal erscheint das Gebäude nur an den Stellen, wo sich das Treppenhaus und die Erschließung befinden.

Das Gebäude beinhaltet zwei Welten. Einerseits gibt es den industriell geprägten Teil, der robust sein muss. Grund dafür sind die Maschinen und Fahrzeuge, die nicht immer kontrolliert und mit einem angemessenen Sicherheitsabstand zur Fassade fahren. Manchmal treten sie mit dem Haus in Kontakt. An diesen Stellen muss das Gebäude stabil sein, damit es die Berührung aushält und kein Loch im Wärmedämmverbundsystem entsteht.

Der Sockel und das moderne Kranzgesims laufen durch. Dies führt zu einer Ordnung der Fassade. Bezogen auf das relativ schmale Grundstück wird der Baukörper auf diese Weise an das Umfeld anschlussfähig. Es entsteht eine Gliederung, die berücksichtigt, wie man sich in dem Haus und der verkürzten Perspektive bewegt. [5] Letztere ergibt sich aus den Straßenräumen. Auf diese Weise wird ein interessantes, wellenförmiges Bild erzeugt, das nicht unbedingt dieser simplen Staffelung der einzelnen Ebenen entspricht.

Bezüglich des Sockels haben wir entschieden, dass dieser nicht nur mit einer Klinkerfassade versehen wird, sondern auch die Rhythmisierung, die es im oberen Teil gibt, fortführt. Gleichzeitig nimmt sie Rücksicht auf das, was dahinter stattfindet. Dort gibt es Werkstätten und Arbeitsräume.

Wichtig war auch, wie man mit dem Thema des Eingangs in einer solchen Situation umgehen sollte. Das Gebäude befindet sich nicht mitten auf der *Kaiserstraße*, nicht am *Ku'damm*, nicht auf der *Kö* in Düsseldorf, sondern hat ein industriell geprägtes Umfeld. Trotzdem ist es auch da genauso wichtig, dass der Eingang etwas Freundliches hat und einen klaren Hinweis darauf gibt, dass man dort richtig ist.

Das Haus hat nur einen Eingang. Erst im Inneren entscheidet man, ob man das Amt für Straßenbau und Erschließung oder das Grünflächenamt betritt. Weiterhin gibt es eine Dachterrasse. Dies ist ein Ort,

[4] Ansicht von Südwesten

den man wunderbar gestalten kann. Man profitiert von der Höhe und kann das genießen, was Frankfurt noch zu bieten hat.

Das zweite Projekt ist der Westhafen Tower. [7] Wir haben uns nicht nur mit dem Turm beschäftigt, sondern auch mit dem Masterplan, also der Entwicklung möglicher Baufeldstrukturen. Gemeinsam mit der Stadt haben wir uns viele Gedanken diesbezüglich gemacht. Auf einer Konversionsfläche eines ehemaligen Hafenareals ist vieles möglich. Wie einheitlich oder unterschiedlich soll es dort sein?

Ein wesentlicher Aspekt ist das steinerne Material, das die ehemalige Hafennutzung stark geprägt hat. Ein weiterer besteht darin, dass der Main in letzter Zeit immer stärker an Außenraumqualität gewonnen

[5] Fassade in der Verkürzung

[6] Eingang

[7] Westhafen Tower

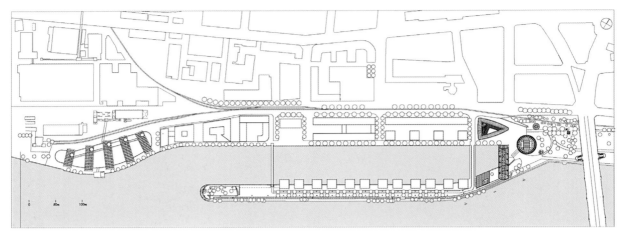

[8] Westhafenareal

hat. Die Grünanlage endet genau an der Schnittstelle zum ehemaligen Hafenareal. [8] Dass man an einer solche Stelle nicht einfach ein ganz normales Haus bauen kann, ist logisch. Das Gebäude dort definiert den Auftakt des neuen Stadtteils. Wir haben entschieden, mit drei sehr einfachen Baukörpern zu arbeiten: Es gibt einen vertikal geprägten Teil, den ich noch genauer vorstellen werde. Es gibt dort ein Brückengebäude, das über einer ehemalige Schleusenanlage liegt; weiterhin befindet sich dort das sogenannte Westhafen-Haus, was den Auftakt dafür bietet, dass dahinter noch viel gebaut werden kann.

Warum ist das Haus rund? Es ist rund, da es in Frankfurt an den ehemaligen Stadteingängen die sogenannten *Warten* gab. Das Thema der *Warte* haben wir aufgenommen. Aus Süden von Sachsenhausen über den Main-Pfad kommend, ist das der erste Ort, der den nördlichen Teil von Frankfurt charakterisiert. Insofern war für uns ziemlich schnell klar, dass das Haus rund sein sollte.

Was für ein Material sollte die Fassade erhalten? Wir wollten es möglichst transparent realisieren, sodass es viel von dem zeigen kann, was innen stattfindet. Dazu haben wir uns ein Konzept überlegt, wie wir die Haustechnik dort integrieren können. Wenn ein Haus rund ist, möchte man am liebsten gebogene Glasscheiben einbauen. Beim Grünflächenamt hatten wir an einigen Stellen, die uns besonders wichtig waren, auf diese Art der Scheiben Wert gelegt. Bei einem großen Gebäude in einer solchen Lage ist dies aber illusorisch. Darüber brauchten wir gar nicht nachzudenken.

Das Schöne für uns war das Auseinandersetzen mit Geometrie und damit, wie sich eine Fassadenstruktur entwickeln kann. Darüber gelangt man zu Themen, etwa wie sich so ein Haus ganz normal belüften lässt. Wir haben eine dreieckige Fassadenstruktur entwickelt. [9] Sie ist natürlich sowie künstlich be- und entlüftbar. Wichtig dabei ist auch die Art der Reflexion. Auf dieser speziellen Faltung wird etwas sehr Faszinierendes wiedergegeben, das nicht nur daran gebunden ist, dass Häuser immer nur bei blauem Himmel schön ausschauen, sondern auch bei schlechterem Wetter dramatische Qualitäten entwickeln können.

An diesem Glas fasziniert uns ebenfalls, dass man einerseits durchschauen kann und andererseits je nach Standpunkt das Gefühl bekommt, dass es ein reiner Spiegel sei. Es entsteht beinahe eine Paneel-Wirkung. Das Durchspielen dieser unterschiedlichen Möglichkeiten des Werkstoffes Glas ist faszinierend. Seit 17 Jahren steht dieses Gebäude dort. Wir werden nicht müde, immer wieder dorthin zu schauen.

[9] Fassadenstruktur

[10] Foyer

[11] Sockel

Unser Büro befindet sich gegenüber, auf der anderen Seite des Bahnhofs. Wir haben von dort glücklicherweise einen unverbaubaren, direkten Blick dorthin.

Bei der Eingangssituation geht es nicht darum, dass der gesamte Sockel geöffnet wird, weil es bezüglich der Nutzungen nicht erforderlich ist. Es gibt ein Foyer, das der Geometrie der Fassade folgt. [10] Wie können dort sinnvolle Orte geschaffen werden, die eine Verbindung zwischen außen und innen erzeugen? Es sollen angemessene Räume entstehen, die einen Bezug zu anderen Orten bilden können. Obwohl dieser Zylinder relativ pur im städtischen Raum sitzt, weist nicht nur sein Sockel eine Besonderheit auf, sondern auch das Dach. Dort gibt es einen Raum, der dreigeschossig ist. Innerhalb dieses dreigeschossigen Konus, der sich auf der Innenseite bildet, ist ein Großteil der Haustechnik untergebracht, ohne die ein solches Gebäude nicht existieren kann.

Ich erläutere nun noch ein kleines, letztes Sockeldetail. [11] Durch Frankfurt fließt der Main. Das dortige Umfeld wird berechnungstechnisch noch immer als Überflutungsgebiet angesehen. Deshalb war es überhaupt nicht möglich, unterhalb dieser Ebene irgendetwas anderes anzubieten als etwas, das Wasser, Baumstämme und Boote gut abhalten kann. Wir haben uns entschlossen, eine Fassade zu bauen, die aus Winkelstählen aufgebaut ist. Seriell zieht sie sich um das Haus herum. Dadurch ist es sehr robust und verträgt es, wenn Kinder dort beispielsweise Fußball spielen. An der Struktur passiert dann nichts.

[12] Frankfurter Apfelwein

[13] Werbeplakat mit Westhafenturm

Wir sind oftmals damit konfrontiert worden, ob wir zu viel Apfelwein getrunken hätten und dadurch auf den Gedanken gekommen wären, ein solches Gebäude zu entwickeln. [12] Wenn man genau hinschaut, sieht man ein Apfelweinglas, das für Frankfurt sehr typisch ist. Es ist aus Rauten aufgebaut. Unser Gebäude besteht ebenfalls aus Dreiecken. Es hat uns gefreut, dass dieses Gebäude mittlerweile in Frankfurt das *Gerippte* genannt wird. Die Werber sind sehr versiert darin, solche Orte auszudeuten. Die Werbeansage der Helaba lautete wie folgt: *Sie haben nur Augen für die Schönheit der Architektur? Wir nicht.* [13]

Vielen Dank.

**Diskussion
Fassaden in
Frankfurt am Main**

*Arnold Bartetzky
Rob Krier
Christoph Mäckler
Meinrad Morger
Wolfgang Sonne
Jörn Walter
Thomas Will*

Bartetzky Herzlichen Dank, Till Schneider und den anderen Referenten. Dieser letzte Block ist für die Konferenz sehr wichtig; nicht nur, weil Frankfurt eine wichtige Stadt ist, sondern weil es hier nicht ausschließlich um privilegierte Bauaufgaben ging, die die bisherigen Blöcke teils dominiert haben. In Frankfurt ging es um verschiedene Projekte, die es zum Teil mit ganz unterschiedlichen Restriktionen zu tun haben: Vom Kostendruck bis hin zu komplizierten Standortbedingungen. Wir sind mit dieser Konferenz folglich nicht im Elfenbeinturm und auch nicht fernab des Alltags.

Walter Ich möchte ein paar Punkte aus der Perspektive von jemandem, der selbst keine Architektur macht, sondern aus Sicht des Städtebauers ansprechen. Über die Bedeutung der Fassaden als Gesicht der Stadt herrscht großes Einvernehmen. In den letzten 20 bis 30 Jahren hat sich dort meines Erachtens viel Positives getan. Das konnte man auf dieser Konferenz in allen Varianten sehen. Diesem Thema wird wieder mehr Aufmerksamkeit und Sorgfalt gewidmet. Es gibt, ob nun am Frankfurter Römerberg oder in Berlin, wieder einen ganz anderen Aufwand, der insbesondere in den zentralen Orten auf die Gestaltung der Fassaden verwandt wird. So weit eigentlich, so gut. Aus der Sicht des städtebaulichen Kontextes stellt sich für mich aber heute häufiger die Frage, warum mit welchen Fassadentypen an bestimmten Orten gebaut wird.

Wenn historisierende Entwürfe auf der grünen Wiese oder in Sechzigerjahresiedlungen präsentiert werden, frage ich mich schon, was diese dort sollen. Es ist das gleiche Problem, das wir bis heute mit der Architektur der Sechzigerjahre in den historischen Innenstädten haben, nur in umgekehrter Weise.

Wenn wir heute über Stadtplanung oder Städtebau reden, müssen wir analysieren, welche Typologie an welchem Ort richtig ist. Wenn wir nach Kontext suchen, müssen wir zur Kenntnis nehmen, dass die Kontexte in unseren Städten heutzutage höchst unterschiedlich sind. Ich sehe es als eine zentrale Aufgabe der Architekten an, stärker darüber nachzudenken, wo sie bauen.

Ein zweiter Punkt, den ich ansprechen möchte, wurde bereits im Vortrag von Stefan Forster erwähnt. Wir werden in den nächsten Jahren vor neuen Problemen und Herausforderungen stehen. Wir werden uns in den Städten darauf einstellen müssen, dass wir unseren Fokus, durch die Zuwanderung und den dringend notwendigen Wohnungsbau, wahrscheinlich von den historischen Stadtzentren wieder stärker auf die Vorstädte richten müssen. Dies geschieht entweder im Sinne des Weiterbauens oder des Bauens ganz neuer Städte. In diesem Kontext spielen die Kosten und das Massengeschäft eine zentrale Rolle. Auf dieser Konferenz wurden überwiegend finanziell besser ausgestattete Beispiele gezeigt.

Wir stehen vor dem Problem, dass die Kosten im Wohnungsbau massiv ansteigen und zugleich sehr viel größere Quantitäten gebaut werden müssen. Wir brauchen aber auch in der Masse unbedingt qualitativ hochwertige Fassaden. Da spielen natürlich all die Themen, die bereits angesprochen wurden, eine große Rolle. Ich spreche von Materialität, Dauerhaftigkeit, Nachhaltigkeit, Gliederung und vielem mehr. Beim Vortrag von Herrn Morger hat mir diese Reduktion auf das, was wirklich wichtig ist, sehr gefallen.

Wichtig ist außerdem, auf welche Weise die Häuser mit der Stadt in Kontakt treten. Da spielen die Sockelzone, das Erdgeschoss, der Eingang und so weiter eine ganz zentrale Rolle. Das ist weniger eine Frage des Preises, der Kosten oder des Stils. Die Häuser müssen in diesen Bereichen *Zugänglichkeit* zeigen. Ich könnte diesbezüglich das Wort Porosität wieder aufnehmen.

Wir müssen bei unseren Neubauten ein Gesicht und eine *Zugänglichkeit* zur Stadt erzeugen. In vielen Entwürfen für die Alltagsarchitektur, den Hintergrund unserer Städte, wird dies nicht beachtet. Damit meine ich nicht die edlen Beispiele, die wir heute gesehen haben. Aber es ist auffällig, welche Unaufmerksamkeit der Architektur diesbezüglich im Alltagsgeschäft zugewandt wird.

Noch eine Bemerkung zu Herrn Forster: Ich möchte nicht entscheiden, ob Häuser Balkone zur Straße haben dürfen oder nicht. Mit solchen allgemeinen Regeln muss man vorsichtig sein. Man kann lange darüber streiten, ob es beispielsweise überhaupt keine Vordächer in einer Stadt geben darf. Darüber zu sprechen, wie man mit sehr einfachen Mitteln einen Eingang im Massenwohnungsbau formuliert, ist unverzichtbar. Da gibt es unterschiedliche Lösungen. Selbst mit bescheidenen Mitteln kann man relativ viel erreichen. Das hat mir beim Grünflächenamt und bei den Berliner Projekten sehr gut gefallen, obwohl mir letztere stilistisch nicht so liegen. Den Eingang überhaupt zum Thema zu machen, ist dort aber wirklich gut gelungen.

Es gibt ein paar Bindemittel, die man in der Stadt braucht, um Kontakt zu erzielen. Ich beziehe mich auf das schöne Bild der Tischgesellschaften von Volker Staab. Die beiden Tischgesellschaften haben wir lebhaft vor Augen, weil wir sie alle schon einmal erlebt haben. Man braucht im Städtebau zwei oder drei Bindemittel. Das können Maßstab und Proportion sein oder auch die Frage nach horizontaler und vertikaler Gliederung. Es kann aber auch das Material sein, das die Stadt zusammenbindet.

Sie als Architekten müssen dort hinschauen, wo Sie bauen. Es gibt auch Solitärstandorte, die etwas Besonderes brauchen. Das sind die Diven, die wir an solchen Orten benötigen. Das Haus, das Herr Schneider gezeigt hat, ist eine solche Diva. Aber sie steht an einem Ort, an dem eine Diva notwendig und richtig ist. Man kann sie nicht überall vertragen, dort aber steht sie richtig gut.

Bartetzky Danke, Herr Walter. Besonderen Dank für den Hinweis auf das Massengeschäft und die Alltagsarchitektur. Wir hatten es hier zwar auch mit Alltagsarchitektur zu tun, aber meist ging es um privilegierte Projekte. Das liegt auch daran, dass es Projekte hervorragender Architekten waren. Andere Architekten sind hier nicht versammelt.

Ich würde gerne einen Punkt von Ihnen herausgreifen, Herr Walter, weil es dazu vielleicht unterschiedliche Positionen geben könnte. Sie haben historisierende Entwürfe auf der grünen Wiese kritisiert. Eine Gegenposition dazu könnte sein, dass man auf der grünen Wiese genau so bauen kann wie in der Stadt. Ich möchte dazu ein Zitat von Herrn Forster bringen, der sagte: »Vertrauen wiederherstellen, etwas bauen, was vertraut ist, was so aussieht als wäre es schon immer da gewesen.« Kann man oder sollte man nicht vielleicht sogar an einem neuen Ort so bauen wie in der bereits existierenden historischen Stadt? Möglicherweise greifen wir diese Frage wieder auf. Zunächst geht es weiter mit unserer Rednerliste.

Will Herr Denk hat von der Schärfung der Begriffe gesprochen, ob nun in der Sprache selbst oder in der Architektur als Sprache. Wir haben etwas von Opulenz gehört, von Reduktion, schweren Steinen und von Leichtigkeit. Das alles sind aber keine Werte an sich. Das können an einigen Stellen richtige und wertvolle Dinge sein. Der Oberbegriff dieser ganzen Veranstaltung, Schönheit und Lebensfähigkeit, beschreibt hingegen Werte an sich.

Deshalb möchte ich zwei Punkte aufgreifen, die für mich bisher nicht deutlich wurden. Wir müssen von einer Hierarchie der Bauaufgaben ausgehen. Unterschwellig ist das jedem bewusst. Die Aspekte, die Herr Stephan angesprochen hat, stammen alle aus einem bestimmten Segment der Bauaufgaben. Wenn man diese in ihrer ganzen Breite betrachtet, steht auf der einen Seite das Monumentale und das Öffentliche. Auf der anderen Seite steht der Wohnungsbau, von dem Herr Forster gesprochen hat. Wenn wir das versuchsweise kombinieren, gibt es Missklänge. So gibt es zum Beispiel die Aneignungen der monumentalen,

Rob Krier, Anne Hangebruch

herrschaftlichen Architektursprachen durch das Bürgertum. Dies hatte zur Folge, dass eine Villa plötzlich wie eine Ritterburg auftritt.

Aber wir wissen auch, dass die Stadt als Ganzes ein System ist, das eine Struktur hat. Darin tauchen Elemente des Monumentalen auf, aber nicht zu viele. Das müssen nicht immer Primadonnen oder Diven sein, aber doch monumentale Setzungen – die Primärelemente, von denen Aldo Rossi sprach. Hier würde ich das sehr schöne Beispiel von Herrn Staab einordnen, auch das kleinere von Uwe Schröders Kunstgalerie. Auf der anderen Seite stehen die profanen Bauten der Alltagswelt, einst mit Holz und Strohdach, heute eben auch mit WDVS. Auf der anderen Seite gibt es die tollen Beispiele von Stefan Forster oder auch das von Herrn Kister. Was dem einen Bereich angemessen ist und was man ihm zugestehen muss, die strenge Ökonomie der Mittel, ist für den anderen zu wenig.

Nun komme ich zum zweiten Punkt. Herr Morger, Sie sagten, dass Sie die Reduktion interessiert. Uns alle interessiert sie, aber sie ist auch ein historisches Thema. Malewitsch ist seit über 80 Jahren tot. Nach seinem *Schwarzen Quadrat* konnte nichts mehr folgen. Reduktion ist wie eine Diät. Sie funktioniert nur eine gewisse Zeit. Dann tritt eine Bewegung in die andere Richtung auf. Ich kann nur reduzieren, solange etwas vorhanden ist.

Insofern fand ich das Projekt großartig, wie Ihr Haus ja auch in der gesamten Besprechung und Fachpresse einen sehr positiven Widerhall gefunden hat. Nun kam in Ihrem Vortrag sehr oft »uns interessiert« und »mich interessiert« vor. Das kann nur der Auftakt eines Gesprächs sein. Es gibt immer ein Gegenüber, das ebenfalls Interessen hat. Das kann zum Beispiel die Stadt oder die Stadtgesellschaft sein. Bei Projektvorstellungen heißt es sehr häufig: »Mich interessiert«. Louis Kahn hat bekanntlich gerne umgekehrt argumentiert (»der Ziegel verlangt danach ...«), auch wenn er seine Interessen ebenfalls untergebracht hat.

Sie haben das Gebäude sehr stark reduziert. Das hat mir in der Zeichnung sehr gefallen. Aber man denkt dann auch nach, wie es in der gebauten Praxis sein wird. Sämtliche Fenster waren als Ganzglasscheiben dargestellt. Im Ausführungsplan haben sie eine Teilung bekommen. Ist das nicht ein Hinweis darauf, dass die Reduktion ein anfängliches Ideal ist, das uns interessiert, die Praxis aber wieder ein bisschen Futter vertragen kann, zum Beispiel eine Fensterhandhabung, die die Bewohner interessiert?

Morger Es geht mir nicht um die totale Reduktion, um das Erreichen des Nichts, die Auflösung des Materiellen. Substanziell ist für mich zwischen der Idee und Ausführung kein Unterschied auszumachen. Das Notwendige entstand aus dem sinnvollen Gebrauch.

Krier Ich möchte die Finger in eine Wunde legen, die bei keinem einzigen Beitrag angeklungen ist. Die Architektur hat seit der Antike und der Vorantike global eine Funktion erfüllt, die bis knapp vor einem Jahrhundert noch gang und gäbe war. Die Architektur ist in ihrer gesamtheitlichen Mission die *Mutter aller Künste*. Sie wurde bereits von Vitruv so genannt. Das wurde auf perfekte Art und Weise praktiziert. Beispielsweise bei den Wienern Otto Wagner oder von Jože Plečnik.

Wo bleibt der ikonografische Beitrag aus dem Bereich der humanen, der bildnerischen, der skulpturalen, der piktoralen Künste in der Architektur? Diese sind vollkommen verschwunden. Es hat einen ganz einfachen wirtschaftlichen Grund. Deshalb habe ich da, wo ich gebaut habe, immer selbst die Skulpturen mitgeliefert. Weil sich kein einziger Künstler mehr dazu bereit erklärt, überhaupt seine Kunst noch an den Bau zu bringen. Natürlich gibt es ein paar wenige Ausnahmen wie beispielsweise Markus Lüpertz. Kunst am Bau ist ein Terminus, der extrem runtergewirtschaftet ist und der auf dem Kunstmarkt zum Nullbegriff geworden ist. Alles, was Künstler an den Bau liefern, hat keinen Marktwert mehr.

Das ist ein Thema, das mich grundsätzlich beschäftigt. Ich habe der Architektur ade gesagt und praktiziere nur noch Bildhauerei. Dort kann man noch etwas ausdrücken. In der Architektur ist das kaum mehr möglich.

Sonne Am Ende dieser Veranstaltung möchte ich ein kurzes Resümee ziehen. Wir haben von sehr unterschiedlichen Standpunkten und mit verschiedenen Geschmacksvorstellungen konkret über Fassaden gesprochen. Gelegentlich sind wir in ideologische Argumentationen abgeglitten. Dennoch haben wir es geschafft, im gemeinsamen Gespräch immer wieder zu konkreten Beispielen, zur konkreten Wirkung einer bestimmten Fassade zurückzukommen. Trotz der sehr unterschiedlichen Beispiele, die wir bewusst so ausgesucht haben, ist es uns gelungen, tatsächlich über die Wirkung von Privatarchitektur im öffentlichen Stadtraum zu reden. Das ist die Leistung dieser Konferenz.

Es ist ganz klar, dass nicht alle Häuser einer Stadt in einem Stil gestaltet sein können. Diese Offenheit bringen wir mit, ohne uns dem fachlichen Streitgespräch zu verwehren. Für uns gibt es nur eines, was Stadtarchitektur nicht darf, egal ob Umbau oder Neubau: Eine Fassade darf sich nicht unstädtisch verhalten. Ich glaube, dass wir alle in diesem Punkt übereinstimmen. Deshalb bin ich auch zuversichtlich hinsichtlich einer positiven Gestaltung des öffentlichen Raumes in kommenden Projekten.

Dazu könnten wir in Zukunft noch einmal die Schönheit diskutieren. Sie ist nämlich nicht das Feigenblatt der Investoren. Die Schönheit ist vielmehr die Forderung, die wir als Öffentlichkeit und als Bürger an die Investoren haben.

Dankeschön.

Mäckler Ich habe zu dieser Veranstaltung verschiedene Meinungen. Diese Konferenz ist ein Anfang gewesen, über die Architektur der Stadt zu reden. Zuvor haben wir hier sechsmal über Stadt diskutiert und zwar überwiegend mit Planern. Heute und gestern waren Architekten hier und ich kann sagen, dass Planer, Architekten und Historiker das Thema Stadtraum doch sehr unterschiedlich angehen. Wir Architekten haben nur wenig Disziplin. Architekten scheinen auch nicht richtig zu lesen. Das sieht man daran, dass viele von euch gar nicht verstanden haben, um was es auf der Konferenz ging. Ihr habt zwar gewusst, dass wir über Fassade reden, aber es ging um die Fassade im städtischen Raum und was diese mit dem städtischen Raum macht. Das ist das zentrale Thema. Es geht auch nicht darum, ob wir sozialen Wohnungsbau machen oder ob wir für Vermögende arbeiten. Und es geht nicht darum, ob wir mit dickem Naturstein, mit Glas oder mit einer Ziegelfassade arbeiten.

Es geht es um die Architektur des Ortes. Darauf hat Jörn Walter eben noch einmal aufmerksam gemacht. Es geht nicht um Stile, sondern darum, wie der städtische Raum geformt wird. Da spielt die Architektur, ihre Proportion, ihr Material natürlich eine sehr große Rolle. Deswegen haben wir uns auch erlaubt, euch eine Fassade vorzugeben und ich freue mich sehr, dass ihr dem gefolgt seid.

Das hier ist eine Diskussion um den städtischen Raum. Da sind wir Architekten gefragt. Besonders bemerkenswert finde ich die Aussage von Sophie Wolfrum als Planerin, dass Stadt Architektur sei. Ja, Stadt ist Architektur. Der städtische Raum besteht aus Architektur, deswegen muss er geformt werden. Ich fahre jeden Morgen am Campus Westend vorbei und sehe zwei Bibliotheken. (S. 259, Abb. 5) Die erste ist von Ivan Reimann, die zweite von Volker Staab. Beide Architekten schätze ich über alles. Beide Architekten gehen in völlig anderer Weise an den städtischen Raum heran. Die eine Fassade ist zur Straße hin geöffnet und die andere dagegen schließt sich zum Straßenraum ab. Wir möchten mit Ihnen darüber sprechen, was an den Fassaden städtisch ist und was nicht. Was trägt die Stadt, was belebt die Stadt und was verhindert städtisches Leben. Das ist etwas, was wir in unserer Profession wieder lernen sollten. Wir können unsere Gebäude nicht als perfekte Formen schaffen, sie dann aber als etwas betrachten, das keinen Kontext hat. Wir müssen verstehen, dass wir, wann immer wir ein Haus in die Stadt bauen, dieses in den städtischen Raum hineinwirkt. Dafür tragen wir Verantwortung.

Deshalb ist es so spannend, was in Lübeck passiert ist. Dort gibt es einen Bausenator, der die Bürger der Stadt gefragt hat, wie sie sich die Stadt vorstellen. Das Ergebnis des Diskussionsprozesses war, dass es ganz einfache Lübecker Häuser werden sollten. Und jetzt kommt das Spannende: Bei dem Wettbewerb, bei dem fast 150 Arbeiten abgegeben wurden, gewinnen sieben junge vierzigjährige Architekten!

Diese Architekten haben mit Giebelfassaden überhaupt kein Problem, weil sie anders als wir erzogen wurden. Für uns war ein Dach immer nur *Flachdach*. Erker war Spieß und Fassade war überhaupt gar kein Thema. Wenn wir aber in die Architekturgeschichte zurückblicken, dann war die Gestaltung der städtischen Fassade in der Architektur von zentraler Bedeutung, weil sie den öffentlichen Raum prägt.

Ich sage es noch einmal: Der öffentliche städtische Raum ist *das* Goldstück der europäischen Stadt. Wir müssen ihn wieder formen lernen, denn er ist von Bedeutung für die Gesellschaft und erfüllt wichtige Funktionen. Nach den Terroranschlägen in Paris haben die Menschen nicht irgendwo in den *Banlieues* demonstriert, sondern im städtischen öffentlichen Raum im Zentrum der Stadt, auf den Plätzen und Stadtstraßen von Paris.

Ich möchte abschließend noch einmal auf Stile zu sprechen kommen. Die Diskussionen darüber haben mich an den letzten beiden Tagen sehr beschäftigt. Wir haben es noch immer nicht geschafft, Stile ohne ideologische Brille zu betrachten. Denken Sie an Le Corbusier. Er baute sein Elternhaus im Stil des 19. Jahrhunderts, dann die Villa Savoye mit dem *Fenêtre longueur* und dann kam Ronchamp, wo er zum ersten Mal wieder ein Dach baute und die Wände rematerialisierte. Schließlich hat er mit der Villa Jaoul ein Haus mit Kappendecken gebaut. Mit Ziegeln gemauerte Kappendecken in den Wohnräumen! Vom Elternhaus bis dahin hat dieser Architekt in der Ausformung seiner Architektur eine unglaubliche Entwicklung genommen. Diese sollten wir uns zum Vorbild nehmen, statt in stilistischen Grabenkämpfen zu verharren! Lasst uns über die Architektur der Stadt nachdenken!

Abschließend möchte ich dem Moderator, allen Referenten und Diskutanten sowie den Mitarbeitern des Instituts herzlich danken. Kommen Sie gut heim!

Christoph Mäckler, Barbara Ettinger-Brinckmann

Michael Arns, Wolfgang Sonne, Boris Schade-Bünsow, Gunther Adler

Birgit Roth, Dankwart Guratzsch

Uwe Schröder, Jan Pieper

Rob Krier, Christoph Sattler

Jürg Sulzer, Wolfgang Sonne

Hans Stimmann, Helmut Holzapfel

Franz-Peter Boden, Jost Haberland, Franz Pesch

Torsten Kulke, Dankwart Guratzsch

Petra Kahlfeldt

Jörn Düwel, Klaus Theo Brenner

Samuel Lundberg, Anne Hangebruch

Boris Schade-Bünsow, Barbara Ettinger-Brinckmann, Ludwig Wappner

Trio HörBar (Matthias Butzlaff, Matthias Schubert, Ulli Wanka)

Julius Mihm, Ansgar Schulz

Kurzbiografien

Gunther Adler ist seit 2014 Staatssekretär im Bundesministerium für Umwelt, Naturschutz, Bau und Reaktorsicherheit. Er war von 1992 bis 1994 Mitarbeiter von Dr. Hans-Jochen Vogel, MdB im Bundestag und von 1998 bis 1999 von Ministerpräsident Johannes Rau. Von 1999 bis 2004 arbeitete er als Referent im Büro des Bundespräsidenten und bis 2008 war er Leiter des Vorstandsbüros des Parteivorstandes der SPD. Von 2012 bis 2014 war er Staatssekretär im Ministerium für Bauen, Wohnen, Stadtentwicklung und Verkehr NRW.

Arnold Bartetzky arbeitet seit 1995 als Wissenschaftlicher Mitarbeiter am Geisteswissenschaftlichen Zentrum für Geschichte und Kultur Ostmitteleuropas an der Universität Leipzig. Er studierte in Freiburg im Breisgau, Tübingen und Krakau und promovierte im Fach Kunstgeschichte. Bartetzky lehrte an den Universitäten Jena und Paderborn und publizierte unter anderem in der *Frankfurter Allgemeinen Zeitung*.

Peter Berner ist geschäftsführender Gesellschafter bei ASTOC Architects and Planners in Köln, die er 1990 zusammen mit Kees Christiaanse, Oliver Hall und Markus Neppl gegründet hat. Er ist seit 2011 Landesvorsitzender des BDA Nordrhein-Westfalen und seit 2012 Mitglied im Kuratorium der Landesinitiative. Er studierte an der RWTH Aachen.

Franz-Peter Boden ist Senator der Hanse- und UNESCO-Stadt Lübeck und für den Fachbereich Planen und Bauen verantwortlich. In Dortmund studierte er Raumplanung. Nach seinem Studium war Boden in der Landesentwicklungsgesellschaft des Landes Nordrhein-Westfalen tätig. Weitere Stationen seiner beruflichen Karriere waren die Städte Gevelsberg, Heilbronn und Hürth.

Ludger Brands ist Professor für Entwurf und Konstruktion an der FH Potsdam. Er studierte an der Universität Dortmund und ist seit 1991 selbstständiger Architekt in Berlin und in Potsdam. Zuvor war er bei Josef Paul Kleihues und Sir James Stirling angestellt.

Klaus Theo Brenner leitet seit 1996 den Lehrstuhl für Städtebau und Entwerfen an der FH Potsdam. Er studierte Architektur in Berlin und war danach in den Büros von Josef Paul Kleihues in Berlin und Vittorio Gregotti in Mailand tätig. Brenner war Mitarbeiter an der Hochschule der Künste in Berlin, Gastprofessor am Politecnico di Milano und am SCI-Arc in Vico Morcote. In Berlin führt er das Büro Klaus Theo Brenner – Stadtarchitektur.

Andreas Denk ist Chefredakteur der Zeitschrift *Der Architekt* des Bundes Deutscher Architekten BDA und Professor am Institut für Entwerfen-Konstruieren-Gebäudelehre an der TH Köln. Er studierte Kunstgeschichte, Städtebau, Technik-, Wirtschafts- und Sozialgeschichte sowie Vor- und Frühgeschichte in Bochum, Freiburg und in Bonn.

Jörn Düwel ist seit 2002 Professor für Geschichte und Theorie der Architektur an der HafenCity Universität in Hamburg. Er studierte Kunstgeschichte und Germanistik in Greifswald, promovierte 1994 und war zunächst freiberuflich in Berlin tätig. Dann abeitete er als Wissenschaftlicher Mitarbeiter an den Architekturfakultäten in Stuttgart und Darmstadt und betreute mehrere Forschungsprojekte und Veröffentlichungen zu Architektur und Städtebau in Europa des 19. und 20. Jahrhunderts.

Wolfgang Dunkelau führt seit Januar 2016 sein Büro in Partnerschaft mit Birgit Giebel. Er studierte Architektur und Städtebau an der Universität Kassel. Danach war er Mitarbeiter in verschiedenen Büros, unter anderem bei Prof. Vladimir Nicolic und bei Schultze+Schulze, beide in Kassel. 1993 gründete er das Büro crep-d architekten in Kassel und 1999 in

Frankfurt am Main. Er hatte Lehraufträge an der Universität Kassel und der FH Frankfurt am Main sowie eine Vertretungsprofessur Städtebau und Entwerfen und von 2010 bis 2012 für Wohnungsbau und Siedlungsplanung an der FH Frankfurt am Main.

Barbara Ettinger-Brinckmann ist seit 2013 Präsidentin der Bundesarchitektenkammer. Von 1974 bis 1977 war sie Mitarbeiterin des Städtebaulichen Instituts der Universität Stuttgart und verschiedener Architekturbüros. Seit 1980 arbeitet sie freischaffend. 1998 initiierte sie das KAZ im KUBA (Kasseler Architekturzentrum) und ist seitdem seine Vorsitzende. Von 2004 bis 2013 war sie Präsidentin der Architekten- und Stadtplanerkammer Hessen.

Peter Fassl ist seit 1987 Heimatpfleger des Bezirks Schwaben. Er studierte Geschichte und Theologie. Nach einer Tätigkeit am Haus der Bayerischen Geschichte in München wechselte er 1985 zum Stadtarchiv Augsburg. Fassl unterrichtet seit 1990 an der Universität Augsburg und der Fachhochschule Augsburg. Er ist Sprecher der bayerischen Bezirksheimatpfleger.

Stefan Forster ist Architekt in Frankfurt am Main. Dort gründete er 1989 das Büro Stefan Forster Architekten. Er studierte Architektur an der TU Berlin und erhielt 1985 ein Stipendium für einen Studienaufenthalt in Venedig. Danach arbeitete er in Büros in Berlin und Mannheim. Von 1988 bis 1993 war er Assistent am Lehrstuhl Wohnungsbau an der TU Darmstadt.

Dankwart Guratzsch ist Journalist und Architekturkritiker. In Marburg, München und Hamburg studierte er Geschichte und Germanistik. Mitte der Siebzigerjahre begann Guratzsch bei der Tageszeitung *Die Welt* als Redakteur für die Fachgebiete Architektur und Städtebau. Für seine Publikationen wurde er unter anderem mit dem Deutschen Preis für Denkmalschutz ausgezeichnet.

Jost Haberland gründete 2000 das Büro Haberland Architekten in Berlin. Er studierte Architektur an der Universität Hannover und der ETH Zürich. Er war Mitarbeiter im Büro Schweger und Partner in Hannover und im Büro Walter A. Noebel in Berlin. Von 1998 bis 1999 war er Assistent für Entwurf und Konstruktion an der ETH Zürich. Von 2003 bis 2006 hatte er einen Lehrauftrag für Entwerfen an der Fachhochschule Dortmund und von 2011 bis 2012 für Baukonstruktion an der Hochschule Bremen.

Anne Hangebruch arbeitet selbständig als Architektin in Berlin. Sie studierte Architektur an der TU Dortmund und der ETH Zürich. Sie arbeitete bei Diener & Diener in Basel, bei Hans Kollhoff in Zürich und Berlin und bei David Chipperfield in London.

Helmut Holzapfel ist Stadtplaner, Verkehrswissenschaftler und Bauingenieur. Nach dem Studium des Bauingenieurwesens an der TU Braunschweig war er an der TU Berlin als Wissenschaftler tätig und promovierte in dieser Zeit. Von 1995 bis 1998 war er Abteilungsleiter für Verkehr im Ministerium für Wohnungswesen, Städtebau und Verkehr in Sachsen-Anhalt. Von 1998 bis 2015 war er Professor für Verkehrswesen an der TU Kassel.

Christoph Ingenhoven ist Architekt in Düsseldorf. Dort gründete er 1985 das Büro ingenhoven architects. Er studierte Architektur an der RWTH Aachen und an der Kunstakademie Düsseldorf. Mit seinen Projekten, aber auch in zahlreichen Wettbewerbsverfahren, ist Ingenhoven weltweit tätig.

Petra Kahlfeldt ist seit 2004 Professorin im Lehr- und Forschungsgebiet Bauen im Bestand, Denkmalpflege und Entwurf an der Hochschule für bildende Künste in Hamburg. Sie studierte Architektur an der TU Berlin und Universitá degli Studi Firenze. Seit 1987 ist sie selbständig in der Bürogemeinschaft mit Paul Kahlfeldt tätig. Sie ist Milglied im Gestaltungsbeirat DomRömer in Frankfurt am Main.

Johannes Kister ist seit 1994 Professor für Entwerfen und Baukonstruktion an der Hochschule Anhalt am Bauhaus Dessau. Er studierte Architektur an der RWTH Aachen. Danach arbeitete er bei Suter & Suter in Basel und im Büro Prof. Schürmann in Köln. 1992 gründete er das Büro kister scheithauer & partner. 1997 wurde sein Büro zu kister scheithauer gross umfirmiert. Von 2006 bis 2009 war er Dekan des Fachbereiches Architektur an der Hochschule Anhalt am Bauhaus Dessau.

Jan Kleihues ist seit 2011 Professor an der Fachhochschule Potsdam im Fachbereich Architektur und Städtebau. Er studierte Architektur an der Hochschule der Künste in Berlin. Nach seinem Diplom arbeitete er im Büro Prof. Peter Eisenman in New York. Von 1989 bis 1991 war er Mitarbeiter im Büro Prof. Daniel Libeskind in Berlin und von 1991 bis 1992 im Büro Prof. Rafael Moneo in Madrid. 1992 gründete er das Büro Jan Kleihues in Berlin und 1996 das Büro Kleihues + Kleihues in Berlin.

Rob Krier arbeitet als Architekt und Bildhauer in Berlin. Nach seinem Architekturstudium in München war er bei Oswald Mathias Ungers und Frei Otto tätig. Krier lehrte in Stuttgart, Lausanne und New Haven und war Professor an der TU Wien. International bekannt wurde er durch seine 1975 erschienene Publikation *Stadtraum*, in der er sich mit der städtebaulichen Rekonstruktion zerstörter urbaner Strukturen auseinandersetzt.

Andrea Krupski von Mansberg ist Stellvertreterin und persönliche Referentin des Oberbaudirektors der Hansestadt Hamburg Jörn Walter. Sie studierte Architektur an der TU Braunschweig und an der ETH Zürich. Anschließend arbeitete sie in verschiedenen Architekturbüros und als Wissenschaftliche Mitarbeiterin an der TU Hambur-Harburg. Seit 2005 ist sie im Hamburger Amt für Landesplanung tätig.

Johannes Kuehn ist Architekt in Berlin, wo er 2001 das Büro Kuehn Malvezzi mit Wilfried Kuehn und Simona Malvezzi gründete. Er studierte Architektur an der RWTH Aachen und war nach seinem Diplom 1998 Mitarbeiter und Projektleiter in Rotterdam. Von 2009 bis 2010 hatte er eine Gastprofessur an der RWTH Aachen.

Samuel Lundberg gründete 2006 das Architekturbüro Hermansson Hiller Lundberg Arkitekter, zusammen mit Andreas Hermansson und Andreas Hiller. Er studierte Architektur an der KTH in Stockholm und an der UdK in Berlin. Von 2009 bis 2010 lehrte er an der KTH in Stockholm.

Christoph Mäckler ist Professor für Architektur und Städtebau an der TU Dortmund und Direktor des Deutschen Instituts für Stadtbaukunst, das er mit Wolfgang Sonne im April 2008 gründete. Er studierte Architektur in Darmstadt und Aachen. Von 1990 bis 1997 war er Gastprofessor in Neapel, Braunschweig und Hannover und ist Mitglied der Internationalen Bauakademie Berlin. Mäckler arbeitet als Architekt in Frankfurt am Main.

Michael Mönninger ist Professor für Geschichte und Theorie der Bau- und Raumkunst an der Hochschule für Bildende Künste in Braunschweig. Er studierte zuerst Schulmusik und Klavier in Frankfurt am Main, dann Germanistik, Philosophie, Soziologie und Kunstgeschichte an der Goethe-Universität in Frankfurt am Main. 1995 promovierte er im Fachbereich Kunstgeschichte an der Staatlichen Hochschule für Gestaltung in Karlsruhe. Von 2002 bis 2007 war er Frankreich-Korrespondent der Wochenzeitung *DIE ZEIT* in Paris.

Meinrad Morger ist seit 2010 Professor für Entwerfen und Gebäudelehre an der TU Darmstadt. Nach seiner Lehre als Hochbauzeichner studierte er Architektur an der HTL Wintherthur. Er war Mitarbeiter in verschiedenen Architekturbüros in Basel und Brugg. Von 1988 bis 2006 war er Partner im Büro Morger & Degelo, anschließend bis 2015 war er in einer Büropartnerschaft mit Fortunat Dettli. Von 2008 bis 2010 war er Universitätsprofessor an der RWTH Aachen. 2015 wurde sein Büro in Morger Partner Architekten umfirmiert.

Tobias Nöfer ist seit 1998 freischaffender Architekt in Berlin. Er studierte Architektur an der RWTH Aachen und der ETH Zürich. Er arbeitete im Architekturbüro Prof. Ungers in Köln und im Architekturbüro Kollhoff & Timmermann in Berlin. Von 1999 bis 2002 war er Wissenschaftlicher Mitarbeiter am Lehrstuhl Städtebau, bei Prof. Christopf Mäckler, an der TU Dortmund.

Franz Pesch arbeitet als Architekt und Stadtplaner. Er ist Inhaber des 1983 gegründeten Büros Pesch Partner Architekten Stadtplaner in Dortmund und Stuttgart. Bis 2015 lehrte er als Professor für Stadtplanung und Entwerfen am Städtebau-Institut der Universität Stuttgart. An der RWTH Aachen studierte er Architektur und Städtebau. In den Jahren 1992 bis 1993 war Pesch Gastprofessor an der Gesamthochschule Kassel.

Jan Pieper war Professor für Baugeschichte und Denkmalpflege an der RWTH Aachen. In Berlin und Aachen studierte er Architektur und forschte an der Architectural Association School of Architecture in London. Pieper arbeitete im Büro von Gottfried Böhm in Köln. In den Achtzigerjahren lehrte Pieper an der Fachhochschule in Aachen und von 1988 bis 1993 an der TU Berlin.

Helmut Riemann ist seit 1977 Architekt in Lübeck. Nach einer Tischler- und Maurerlehre machte er seinen Abschluss an der Staatlichen Ingenieurkammer in Berlin. 2015 wurde er in die Freie Akademie der Künste in Hamburg berufen.

Christoph Sattler arbeitet als Architekt in München. Er studierte Architektur in München und Chicago und arbeitete im Büro Mies van der Rohe in Chicago. Nach seiner Tätigkeit im Planungsbüro der Neuen Heimat Bayern folgte 1974 die Gründung des Büros Hilmer & Sattler.

Matthias Sauerbruch gründete 1989 mit Louisa Hutton das Büro Sauerbruch Hutton, das seit 1992 seinen Sitz in Berlin hat. Nach seiner Lehre als Bauzeichner in Stuttgart studierte er Architektur in Berlin und London. Von 1985 bis 1989 arbeitete er im Londoner Büro von OMA. Von 1995 bis 2001 war Sauerbruch Professor an der TU Berlin. Danach lehrte er von 2001 bis 2007 an der Staatlichen Akademie der Bildenden Künste Stuttgart. 2005 war er Gastprofessor an der University of Virginia.

Boris Schade-Bünsow ist seit 2011 Chefredakteur der *Bauwelt*. In Bielefeld studierte er Betriebswirtschaft und Maschinenbau. Nach seinem Studium arbeitete er als Chefredakteur bei der Bertelsmann Fachzeitschriften GmbH in Gütersloh. 2001 wurde er Verlagsleiter bei der Bertelsmann Fachzeitschriften GmbH (heute Bauverlag BV GmbH).

Klaus Schäfer ist seit 2005 Professor für Städtebau und Entwerfen an der Hochschule Bremen. Er ist als Städtebauer tätig und hat seit 1998 eine Lehrtätigkeit für Städtebau und Entwerfen. Er studierte Bauingenieurwesen in Münster und Architektur an der Hochschule der Künste in Berlin.

Till Schneider arbeitet als Architekt in Frankfurt am Main und gründete 1988 zusammen mit Michael Schumacher das Büro Schneider + Schumacher. Er studierte Architektur an der Universität Kaiserslautern und der TH Darmstadt sowie an der Städelschule in Frankfurt am Main bei Peter Cook. Von 1987 bis 1988 war er freier Mitarbeiter bei Eisele + Fritz und Prof. Mürb in Darmstadt. Von 2005 bis 2006 war er Vertretungsprofessor für Entwerfen und Gebäudetechnologie an der TU Darmstadt.

Uwe Schröder ist seit 2008 Professor für das Lehr- und Forschungsgebiet Raumgestaltung an der Fakultät für Architektur an der RWTH Aachen. Er studierte Architektur an der RWTH Aachen und der Kunstakademie Düsseldorf bei Oswald Mathias Ungers und Wolfgang Döring. 1993 gründete er sein eigenes Architekturbüro in Bonn. Seit 2009 hatte er Gastprofessuren an verschiedenen Universitäten in Italien inne.

Ansgar Schulz gründete 1992 mit seinem Bruder Benedikt das Büro Schulz und Schulz mit Sitz in Leipzig. Er studierte von 1985 bis 1992 Architektur an der RWTH Aachen und der ETSA de Madrid. Von 2002 bis 2004 lehrte Ansgar Schulz an der TU Karlsruhe. Seit 2010 leitet er gemeinsam mit seinem Bruder den Lehrstuhl Baukonstruktion an der Fakultät Architektur und Bauingenieurwesen der TU Dortmund.

Ingo Siegmund studierte zuerst Geschichte, Kunstgeschichte und Soziologie an der Universität Hamburg und danach Architektur an der Fachhochschule Lübeck. Von 1990 bis 1991 arbeitete er im Stadtplanungsamt Lübeck. 1993 gründete er das Büro Konermann Pawlik Siegmund Architekten in Hamburg, das 2004 in Konermann Siegmund Architekten umfirmiert wurde.

Ullrich Sierau ist seit 2007 Oberbürgermeister der Stadt Dortmund. Er begann in Dortmund das Studium der Raumplanung und schloss es nach mehrfachen Studienreisen nach Afrika, Asien und Südamerika 1982 als Diplom-Ingenieur (Dipl.-Ing.) Raumplanung ab. Nach verschiedenen wissenschaftlichen und kommunalpolitischen Tätigkeiten wechselte er 1986 in das Ministerium für Stadtentwicklung, Wohnen und Verkehr des Landes Nordrhein-Westfalen.

Wolfgang Sonne leitet seit 2007 den Lehrstuhl für Geschichte und Theorie der Architektur an der TU Dortmund und ist seit 2013 Dekan der Fakultät Architektur und Bauingenieurwesen. Er ist stellvertretender Direktor des Deutschen Instituts für Stadtbaukunst, das er 2008 mitbegründete. In München, Paris und Berlin studierte er Kunstgeschichte und Archäologie. Er lehrte an der ETH Zürich, der Universität Wien, der Harvard University und der University of Strathclyde in Glasgow.

Volker Staab ist seit 2012 Professor am Institut für Entwerfen und Raumkompositionan der TU Braunschweig. Er studierte Architektur an der ETH Zürich. 1991 gründete er sein Büro in Berlin. Von 2002 bis 2004 war er Gastprofessor an der TU Berlin und von 2005 bis 2007 an der FH Münster.

Peter Stephan ist seit 2013 Professor für Geschichte der Architekturtheorie an der FH Potsdam. Er studierte Alte Geschichte, Klassische Archäologie und Christliche Archäologie in Freiburg und Heidelberg. Er promovierte in Kunstgeschichte und Klassischer Archäologie in Freiburg und Würzburg. 2005 habilitierte er an der Universität Freiburg. 2012 wurde er zum außerplanmäßigen Professor für Kunstgeschichte an der Universität Freiburg ernannt.

Hans Stimmann ist Honorarprofessor an der TU Dortmund und Vorstandsmitglied des Deutschen Instituts für Stadtbaukunst. Er absolvierte eine Maurerlehre und studierte Architektur in Lübeck sowie Stadt- und Regionalplanung in Berlin. Er lehrte in Berlin und Hamburg. Von 1986 bis 1991 war er Bausenator in Lübeck, anschließend Senatsbaudirektor sowie Staatssekretär für Planung in Berlin.

Michael Stojan ist Stadtbaurat in Siegen. Er studierte Stadt- und Regionalplanung in Berlin und absolvierte ein städtebauliches Referendariat. Danach war er Planungsamtsleiter in Ingolstadt und Gütersloh. Weitere Stationen waren Potsdam, Gladbeck und Garbsen. Stojan ist Vorsitzender der Gemeinschaft zur Förderung regionaler Baukultur.

Wouter Suselbeek ist seit 2009 Professor für Grundlagen der Architektur an der TU Dortmund. Er studierte

Architektur an der TU Delft. Danach arbeitete er in verschiedenen Architekturbüros, unter anderem bei Josef Paul Kleihues und Bangert, Jansen, Scholz und Schultes. Von 1990 bis 1994 war er Wissenschaftlicher Mitarbeiter am Institut für Architektur der TU Berlin. Von 2000 bis 2006 war er als Professor für Architekturentwurf und Stadtgestaltung an der Hochschule der bildenden Künste in Hamburg tätig. Er ist Partner im Büro Eckert Negwer Suselbeek in Berlin.

Jürg Sulzer war bis 2014 Inhaber der Stiftungsprofessur Stadtumbau und Stadtforschung an der TU Dresden und Leiter des Kompetenzzentrums revitalisierender Städtebau in Görlitz. Er studierte Architektur und Städtebau an der TU Berlin und war danach als freischaffender Stadtplaner in Berlin tätig. Von 1983 bis 2004 wirkte er als Direktor für Stadtplanung in Bern.

Jörn Walter ist seit 1999 Oberbaudirektor der Freien und Hansestadt Hamburg. Nach seinem Studium der Raumplanung war er zunächst Städtebaureferendar in Düsseldorf. Anschließend leitete er die Stadtplanungsämter in Maintal und Dresden. Walter lehrte in Wien und Dresden, ist Mitglied der Akademie der Künste Berlin-Brandenburg und engagiert sich bei der Fachkommission Stadtplanung beim Deutschen Städtetag.

Ludwig Wappner gründete 1993 das Büro Allmann Sattler Wappner in München. Seit 2010 ist er Professor für Baukonstruktion und Entwerfen am Karlsruher Institut für Technologie (KIT), ehemals Universität Karlsruhe. 2011 war er Gastprofessor an der Central Academy of Fine Arts (CAFA) in Peking. Seit 2015 ist er Mitglied des Stadtgestaltungsbeirats der Stadt Bamberg.

Thomas Will lehrt seit 1994 als Professor für Denkmalpflege und Entwerfen an der TU Dresden. Nach seinem Architekturstudium in München, Zürich und an der Cornell University (USA) arbeitete er im Büro von Oswald Mathias Ungers in Köln. Will war Mitarbeiter am Lehrstuhl für Entwerfen und Denkmalpflege an der TU München und später Partner im Büro Valena & Will in München. An der North Carolina State University hatte er eine Gastprofessur.

Sophie Wolfrum ist Professorin für Städtebau und Regionalplanung an der TU München. Sie studierte Raumplanung an der TU Dortmund. Seit 1989 führt sie gemeinsam mit Alban Janson ein Büro für Architektur und Stadtplanung in München und Karlsruhe.

Gerwin Zohlen ist als Schriftsteller, Architekturkritiker und Herausgeber tätig und lebt in Berlin. Er studierte Literaturwissenschaft, Geschichte, Philosophie in Heidelberg und Berlin.

Schirmherrschaft
Präsidentin des Deutschen Städtetages,
Oberbürgermeisterin Eva Lohse, Stadt Ludwigshafen

Kooperationspartner
Architektenkammer Nordrhein-Westfalen
Architekten- und Stadtplanerkammer Hessen
Architekten- und Ingenieurkammer Schleswig Holstein
BDA Bund Deutscher Architekten,
Landesverband Nordrhein-Westfalen
BDLA Bund Deutscher Landschaftsarchitekten NRW
Bundesarchitektenkammer
DASL Deutsche Akademie für Städtebau und
Landesplanung NRW
SRL Vereinigung für Stadt-, Regional- und Landesplanung
Architektur Centrum Hamburg

Medienpartner
Bauwelt
DOM publishers

Sponsoren und Förderer
Albrecht Jung GmbH & Co. KG
Architektenkammer Nordrhein-Westfalen
Architekten- und Stadtplanerkammer Hessen
Deppe Backstein Keramik GmbH
Franz Schneider Brakel GmbH + Co KG
Gesellschaft der Freunde der TU Dortmund e.V.
GROHE Deutschland Vertriebs GmbH
Julius Ewald Schmitt Grundstücksgesellschaft b. R.
Naber GmbH
OLFRY-Ziegelwerke GmbH & Co. KG
TU Dortmund

Organisation der Konferenz
Karen Seiler
Gina Berker, Katharina Ern, Frank Fietz, Dennis Glettenberg, Hendrik Gödecker, Moritz Henkel, Christian Honstein, Heike Koenders, Christoph Mäckler, Theresa Lang, Martin Lange, Birgit Roth, Wolfgang Sonne, Tim Theißen

Fotografien
Porträts der Referenten und alle weiteren Bilder der Veranstaltung: Detlef Podehl.

Sonstige Abbildungen (nach Seitenzahlen)
Archiv, Deutsches Institut für Stadtbaukunst, TU Dortmund, Fotograf: Christoph Mäckler: 11–13, 14 ol, und 15; Archiv, Deutsches Institut für Stadtbaukunst, TU Dortmund, Fotograf: Georg Knolle: 14 u; Dr. Arnold Bartetzky: 33–37; Bildarchiv Kunstgeschichtliches Institut, Universität Freiburg: 40 o, 46, 47 o, 53 u, 59 m, 60 or, 65 ur, 67, 68, 69, 70, 71 ol; Bildarchiv Arbeitsstelle für christliche Bildtheorie, Katholisch-Theologische Fakultät, Westfälische Wilhelms-Universität Münster: 40 u; Bildarchiv Studiengang Architektur und Städtebau, Fachhochschule Potsdam: 45, 48, 52, 57 u, 61, 64, 65 o; Prof. Dr. Peter Stephan: 47 m, 57 o, 59 o, 60 lo, 66, 75; Bildarchiv Archäologisches Institut, Universität Freiburg: 47 u, 63; Paul Spies, Peter Schwirmann, Dominik Bartmann (Hg.), *Schloss.Stadt.Berlin. Die Residenz rückt in die Mitte*, Berlin 2016, S. 147: 53 o; Bildarchiv Institut für Kunstgeschichte, Universität Leipzig: 55; Wolff-Thomsen, *Die Wachsbüste einer Flora in der Berliner Skulpturensammlung und das System Wilhelm Bode. Leonardo da Vinci oder Richard Cockle Lucas?*, Kiel 2006, S. 170: 58 o; Peter Betthausen u. a., *Die Museumsinsel zu Berlin*, Berlin, 1987, S. 25: 58 u; Peter-Klaus Schuster, Cristina Steingräber (Hg.), *Museumsinsel Berlin*, Berlin / Köln 2004, S. 188: 61; Bildarchiv Seminar für Europäische Kunstgeschichte, Ruprecht-Karls-Universität Heidelberg: 71 or; Prof. Sophie Wolfrum: 80, 81, 82 or, 83; © Markus Lanz: 82 ol; Bernhard Mende, Lübeck: 89; Hansestadt Lübeck: 90–92, 94–96, 101 ur, 102, 103; polis aktiv, Hamburg: 93; Preisträger und Anerkennungen Fassadenwettbewerb,

Lübeck: 98; Hansestadt Lübeck, Haufe Petereit Architekten, Lübeck, Konermann Siegmund Architekten, Lübeck, Anne Hangebruch, Berlin, Christoph Mäckler Architekten, Frankfurt: 99; Hansestadt Lübeck, Konermann Siegmund Architekten, Lübeck, Max Nalleweg Architekten, Berlin, Anne Hangebruch, Berlin, Berghoff Löser Lott Architekten, Berlin: 100 o; Konermann Siegmund Architekten, Lübeck, Althen Architekten, Hamburg, Anne Hangebruch, Berlin, Kim Nalleweg Architekten, Berlin, Berghoff Löser Lott Architekten, Berlin: 100 u; Hansestadt Lübeck, Thomas Radbruch, Lübeck: 101 o; Haberland Architekten, Berlin: 105, 106; Anne Hangebruch: 109–111; Hermansson Hiller Lundberg Arkitekter: 113; © ingenhoven architects: 116, 117; Riemann Gesellschaft von Architekten mbH: 122; Jens Gehrcken – JG-visualisierung + architekturfotografie, Berlin: 123; Sauerbruch Hutton: 147, 150 u, 151 152 u, 153 o; © Jan Bitter: 148 o; Michael Kaune: 148 u, 150 o; Rogers Stirk Harbour + Partners, Fotograf: Eamonn O'Mahony: 152; © Andreas Lechtape: 153 u; Schulz und Schulz Architekten GmbH, Fotograf: Roland Halbe: 155, 157 u; Tilia Monto, Edificio Carrión, September 2016, CC BY-SA 3.0: 157 o; ksg kister scheithauer gross architekten und stadtplaner GmbH: 159; Stefan Müller, Berlin: 181–183; Kuehn Malvezzi, Karlstraße 47, München 2015, © Ulrich Schwarz: 186, 187; Kuehn Malvezzi, Joseph-Pschorr-Haus, München 2014, © Ulrich Schwarz: 189–191; Allmann Sattler Wappner Architekten: 194–196, 198 ol; Allmann Sattler Wappner Architekten, Fotograf: Florian Holzherr: 197, 198 or; Kleihues + Kleihues, Prof. Jan Kleihues: 211, 212 ol, 212 om, 213 or, 215 ur; Kleihues + Kleihues, Prof. Jan Kleihues, Fotograf: Stefan Müller, Berlin: 212 or; Bebauungsplan: Senatsverwaltung für Stadtentwicklung und Umwelt: 213 mr; Kleihues + Kleihues, Perspektivist: Stefan Lotz: 214, 215 or; Stefan Müller, Berlin: 218, 219 ol, 219 u, 220, 221; usarch, Bonn: 219 or; Nöfer Architekten: 223 or, 224, 225 u, 231; Bewag-Archiv bei Vattenfall Wärme, Berlin: 223 mr; Jörg Franke: 225 o; Visualisierung Nöfer Architekten: 227, 228, 229, 230; Kahlfeldt Architekten: 233–236, 238, 239; Marcus Ebener: 257–259; Staab Architekten: 260 l; Werner Huthmacher Photography: 260 r, 261; Wettbewerb DomRömer-Areal, Auslober Stadt Frankfurt am Main vertreten durch die DomRömer GmbH: 263, 266, 267 om; Büro EckertNegwerSuselbeek Architekten BDA: 264, 265 o, 267 ol, 267 or; Adolf Behne, *Neues Wohnen – neues Bauen*, Leipzig 1930: 265 m, 265 u; Jean Luc Valentin: 269, 270, 271 l; Lisa Farkas: 271 r, 272, 273; Morger Partner: 276, 278, 279; Jörg Hempel: 281, 283, 284, 287; schneider + schumacher: 282, 286, 288 ml; Kirsten Bucher: 285, 288 ol; Kelterei Possmann GmbH & Co. KG: 289 l; Landesbank Hessen-Thueringen: 289 r

Anmerkung
Wir haben uns bemüht, sämtliche Rechteinhaber ausfindig zu machen. Sollte es in Einzelfällen nicht gelungen sein, Rechteinhaber zu benachrichtigen, so bitten wir diese, uns darüber in Kenntnis zu setzen.

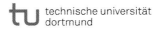

Herausgeber
Christoph Mäckler und Wolfgang Sonne
Deutsches Institut für Stadtbaukunst

**Konferenz zur Schönheit und
Lebensfähigkeit der Stadt**

Band 7

**Die Architektur der Stadt
und ihre Fassaden**

Die *Deutsche Nationalbibliothek* verzeichnet diese Publikation in der *Deutschen Nationalbibliografie*; detaillierte bibliografische Daten sind im Internet über *http://dnb.d-nb.de* abrufbar.

ISBN 978-3-86922-602-6

© 2017 by *DOM publishers*, Berlin
www.dom-publishers.com

Dieses Werk ist urheberrechtlich geschützt. Jede Verwendung außerhalb der Grenzen des Urheberrechtsgesetzes ist ohne Zustimmung des Verlags unzulässig und strafbar. Dies gilt insbesondere für Vervielfältigungen, Übersetzungen, Mikroverfilmungen sowie die Einspeicherung und Verarbeitung in elektronischen Systemen. Die Nennung der Quellen und Urheber erfolgt nach bestem Wissen und Gewissen.

Redaktion
Hendrik Gödecker
Gina Berker

Korrektorat
Inka Humann

Gestaltung
Nicole Wolf

Druck
Tiger Printing (Hong Kong) Co., Ltd.
www.tigerprinting.hk